Christiane Bongertz
Natali Michaely

NABELSCHAU

Christiane Bongertz
Natali Michaely

Nabelschau

Zwei Frauen enthüllen die letzten 55 Geheimnisse ihrer Spezies

Mit einem Vorwort von Jörg Thadeusz

ARISTON

Bibliografische Information der Deutschen Bibliothek:
Die Deutsche Bibliothek verzeichnet diese Publikation
in der Deutschen Nationalbibliografie; detaillierte
bibliografische Daten sind im Internet über
http://dnb.ddb.de abrufbar.

Umschlaggestaltung: Die Werkstatt München / Weiss · Zembsch
Redaktion: Angela Troni, München
Produktion: Ortrud Müller
Satz: EDV-Fotosatz Huber / Verlagsservice G. Pfeifer, Germering
Druck: GGP Media, Pößneck
Printed in Germany

ISBN: 3-7205-2449-3

Vorwort

Jörg Thadeusz

Warum haben so viele Männer am Ende von *Titanic* geweint? Aus Mitgefühl mit Leonardo di Caprio, weil er es nicht so schön warm hatte wie seine Geliebte Rose auf der Planke? Weil sie geahnt haben, dass Rose-Darstellerin Kate Winslet mit dem Film sehr berühmt und damit auch zwangsläufig magersüchtig werden würde?

Auch wenn Männer sich in ihrer Mehrheit vor kaltem Wasser fürchten und auch wenn Kate Winslet tatsächlich nie mehr wieder in dieser Formenvollendung prominent aufgetreten ist: Die Männer haben aus Angst geweint.

Im Film erzählt die alte Rose die Geschichte von ihrem untergegangenen Lieblingsliebhaber zum allerersten Mal, nach vielen Jahrzehnten. Um mit einem verstörenden Satz zu enden: »Das Herz einer Frau ist ein tiefer Ozean voller Geheimnisse.«

Selbstverständlich hängt an diesem Satz ordentlich Hollywood-Glibber, und die leichtfertigen Geschlechtsgenossen haben einfach abgewischt und wieder mal behauptet, sie hätten nur was ins Auge bekommen.

Viele andere aber werden nachgedacht haben.

Welche Wasserleiche treibt denn wohl im Erinnerungsschlick der Frau auf dem Nachbarsitz?

Manche Geheimnisse der Frauen glauben die Männer enträtselt zu haben. Ganz alltägliche Tücken. Frauenphänomene wie Haare im Föhn, Prachttelefonate im 16:9-Format und Reiseführer-Leidenschaft. Der moderne Kerl hat sich daran gewöhnt.

Selbst im Kino, nach der *Titanic*-Vorstellung, stellen sich Schwierigkeiten in den Weg, die es in Begleitung von Männern nicht gibt. Nach dem Film bleibt vor der Damentoilette immer Zeit für mindestens zwei Zigaretten. Weil es da drinnen Warteschlangen gibt, die Männer nicht kennen, weil sie nebeneinander an der Wand stehen und pinkeln dürfen. Sie will auf dem Weg aus dem Filmpalast noch ein Eis, weil sie eigentlich immer ein Eis will, nimmt dann aber keins und ist deswegen schlecht gelaunt. Zieht der begleitende Mann in Betracht, dass auf einen Kinoabend ein neuer Morgen folgt, an dem Hosen eventuell wegen eines einzigen Eises kneifen können, so resigniert er vielleicht – aber hat er ein Geheimnis gelüftet?

Wissenschaftler haben bewiesen, dass die Anzahl der Wörter, die eine Frau pro Tag spricht, ein Vielfaches dessen umfasst, was der statistische Durchschnittsmann so von sich gibt.

Trotzdem bleiben die wahren Geheimnisse da, wo wir Männer nicht rankommen. Bei den als recht verschwiegen geltenden Mehrzellern der Tiefsee, um im Bild zu bleiben.

Dieses Buch ist die Einladung zu einer Fahrt auf einem Glasbodenschiff mit fachkundiger Reiseleitung. Der männliche Fahrgast sieht, hört, staunt und versucht zu begreifen. Die Rätsel bleiben trotzdem unantastbar hinter der Glasscheibe. Der weibliche Fahrgast kennt sich ja ohnehin aus im Ozean der Geheimnisse, wird erkennend nicken und amüsiert zu den Männern schielen.

Wie auch immer: So eine Fahrt mit dem Glasbodenschiff ist viel schöner als eine U-Boot-Reise, denn dieses tiefe Tauchen soll sehr bedrückend sein. Nicht nur, weil man den Meeresgrund sehen kann.

Gute Fahrt!

Frauen und die unerträgliche Leichtigkeit des Seins

Von der Barbie-Puppe zum Gala-Abo

Warum kann die weibliche Sozialisation nicht ohne solch delikate Kapitel ablaufen?

> Rings um das Schloss aber begann eine Dornenhecke zu wachsen, die jedes Jahr höher ward und endlich das ganze Schloss umzog und darüber hinauswuchs, dass gar nichts mehr davon zu sehen war, selbst nicht die Fahne auf dem Dach. Es ging aber die Sage in dem Land von dem schönen schlafenden Dornröschen, denn so ward die Königstochter genannt, also dass von Zeit zu Zeit Königssöhne kamen und durch die Hecke in das Schloss dringen wollten.
>
> *Gebrüder Grimm*, Dornröschen

Die Gebrüder Grimm sind schuld. Genauso wie alle Eltern und Babysitter, die ihrem Nachwuchs die Psychothriller von Jacob und Wilhelm seit mittlerweile Jahrhunderten vorlesen. Noch immer wird die Märchen-Vorlesestunde für pädagogisch wertvoller gehalten als das Parken des Kindes vor dem *Tigerenten-Club* oder der *Sesamstraße*. Speziell für Mädchen hat das Folgen! Bei den Grimms geht's ja nicht nur immer blutrünstig zu, sondern die schönen Frauen sind meistens adelig. Mit anderen Worten: Es handelt sich um Prinzessinnen. Am Ende des Märchens ist die jeweilige Blaublüterin immer mit dem geilen Königssohn verheiratet (wir nehmen an, ein Typ wie Enrique Iglesias, man war ja damals noch etwas kleiner), der vorher nur ein paar alberne Aufgaben zu erledigen hatte wie in Froschkostümen herumzurennen, Hecken zu schneiden und so weiter. Der Prinz muss sich jedenfalls immer ziemlich zum Deppen machen, um schließlich ... nun ja, Sie wissen schon.

Die Botschaft sinkt also früh und tief ins Unterbewusstsein des kleinen Mädchens, das derartigen Schwachsinn vorgelesen bekommt. Die

Botschaft lautet: Wenn ich einen Typen will, der tofte aussieht und mir den Allerwertesten hinterherträgt, damit ich mich nicht unnütz überarbeiten muss, ist es von Vorteil, schön zu sein. Und dazu am besten Prinzessin. Wenn ich das nicht bin, muss ich eben einen Prinzen finden, der mich dazu macht. Diese frühkindliche Konditionierung erklärt einiges ansonsten Unverständliche.

Ein Beispiel: Auf dem flugs als Kostümfest deklarierten nächsten Kindergeburtstag kleidet sich das verblendete Kind in alte Gardinen, behängt sich mit Firlefanz aus der Weihnachtsbaumschmuck-Kiste, zwingt die Mutter (die bedauerlicherweise keine Königin ist), ihm ein Krönchen zu basteln, und macht auf blaublütig. Es näselt herum, ernennt Lakaien, erteilt Befehle. Die Erwachsenen finden es allerliebst, belohnen die Kleine mit Komplimenten und bereiten somit zukünftigen unheilvollen Entwicklungen fruchtbaren Boden. Die Jungs erscheinen unterdessen cool als Cowboy, Spiderman oder Zorro, keiner von ihnen kommt auf die Idee, in Strumpfhosen als Prinz aufzulaufen und auszusehen wie das Logo einer Kekspackung. Eigentlich könnte dem aufmerksamen Beobachter bereits jetzt auffallen, dass die Herren zwar in der weiblichen Prinz-Prinzessinnen-Fantasie eine tragende Rolle spielen, aber auf das Ganze später vermutlich genauso wenig Bock haben werden wie darauf, die Schrottverwertungsfirma oder das Beerdigungsunternehmen ihres Vaters zu übernehmen.

Eng mit der Prinzessinnen-Fantasie der präpubertierenden Maid hängt ebenfalls die Tütü-Phase zusammen: Das Mädchen will plötzlich zum Ballett. Offiziell, weil Nina von gegenüber ja schon »auf Spitze« kann, doch eigentlich nur, weil es in der Vorstellung einer Siebenjährigen kaum etwas Prinzessinnenhafteres gibt als rosa Leibchen und rosa Schühchen in Kombination mit gestärktem Tüll. Kluge Eltern erkennen spätestens jetzt, was im Busch ist, verbieten den Quatsch und kaufen ihrer Tochter eine Carrera-Bahn oder eine Werkbank oder beides. Leider sind die wenigsten so weitsichtig. Also hoppelt die Kleine irgendwann wie ein mit Tüll umwickelter Flummi durch ein Weihnachts*märchen*, die Mutter verdrückt ein Tränchen und seufzt ergriffen: »Sieht sie nicht aus wie eine ...« Pause. »... Wie, wie ...« Schluchzen. »Wie eine *Prinzessin*?« Mütter waren schließlich auch mal kleine Mädchen. Schlimm, wenn dann auch noch der Vater gedankenlos in die gleiche Kerbe haut und der Tüll-Tochter (»Sie ist nicht irgendeine Prinzessin, sie ist *meine* Prinzessin!«) – eine Belohnung verspricht:

»Wünsch dir was!« Das kriegen die Märchen-Tussis ja ständig zu hören.

Auf so ein Angebot haben die Kleinen freilich nur gewartet: Es gibt schließlich ein paar Dinge, die Hobby-Prinzessinnen seit Jahrzehnten begehren. Die wahrscheinlichste Möglichkeit: Sie wollen »irgendwas von Barbie«. Das ist offenbar überall so, wo es Barbies gibt. Der US-Einzelhandelsverband, die National Retail Federation, hat für das Jahr 2002 ermittelt, dass das am meisten nachgefragte Geschenk für Mädchen im Weihnachtsgeschäft die Rapunzel-Barbie war. Zur Erinnerung: Rapunzel war die in einen türlosen Turm eingesperrte betörende blonde Maid, die den von ihr favorisierten Königssohn (was anderes wäre ja nicht in Frage gekommen) immer an ihrer Megamähne hat hoch- und runterklettern lassen, anstatt von ihm die Beschaffung einer Leiter zu verlangen. Das Ganze ist nicht nur einer der ersten Blondinen-Witze, sondern ein weiteres Indiz, das die Brüder Grimm belastet! Aber auch jenseits von Rapunzel sind Barbies die idealen Prinzessinnen-Projektionsflächen. Sie sehen aus wie Claudia Schiffer und Britney Spears in einer Person, sie haben Spitzenklamotten wie sonst nur die *MTV*-Moderatorinnen, und sie verfügen mit Ken über einen Multifunktions-Prinzen, der die Klappe hält, selbst wenn er in einem rosa Plastikbett mit den Händen über der Bettdecke schlafen muss.

Vielleicht wünscht sich die kleine Prinzessin auch, reiten zu lernen, weil sie sich im Geiste schon anmutig vor ihrem Hofstaat hertraben sieht. Häufig wird perfide die Drohung hinzugefügt »... und wenn ich nicht reiten darf, will ich Blockflöte lernen.« Eltern, die nicht taub sind, wählen das vermeintlich kleinere Übel. Reitstiefel werden angeschafft, das Mädchen bekommt Unterricht, und die Gutmütigen unter den Eltern besorgen auch gleich einen Gaul. Was das alles kostet!

Kommt die vermeintliche Königstochter ins BRAVO-Alter, werden die urplötzlich etwas altbacken anmutenden Adels-Ideen modernisiert. Schön und reich möchte es immer noch sein, aber jetzt identifiziert sich das adoleszente Mädchen gern mit den gerade angesagten Models. Sie verkörpern das Ideal der Prinzessin, indem sie mehrere Kriterien erfüllen: a) Sie sehen wahnsinnig gut aus, b) ohne weiteres Können verdienen sie damit wahnsinnig viel Geld und c) sie kriegen die wahnsinnig begehrten Typen: die Popstars.

Popstars sind die Prinzen der Moderne. Es gibt kaum einen Platinplatten-Inhaber, der sich nicht mit einem Super-Model schmückt. Also

Alain Delon
Prototyp des Verführers
(Vgl. Robbie Williams)

werden die Pferdebilder abgehängt und die Wände mit Postern von jungen bis mittelalten Herren mit seltsamen Frisuren zugekleistert. Um einen dieser Typen wenigstens mal kennen zu lernen, versuchen viele Mädchen, bei verschiedenen Castings mitzumachen, mit deren Hilfe Models, Moderatoren oder Mega-Stars gesucht werden und die mittlerweile sogar von Metzgereien in der Fußgängerzone veranstaltet werden. Die Prinzessin hofft, auf diese Weise »entdeckt« zu werden wie das arme Aschenbrödel.

Das klappt natürlich nur in Ausnahmefällen und irgendwann sehen die meisten Damen ein, dass sie mit Louis aus der Parallelstraße und einer Ausbildung zur Bankkauffrau zuverlässiger rechnen können als mit einer internationalen Karriere im Glamour-Business und Hunderten männlicher Groupies (im Märchen waren das immer die Typen, die mit den Drachenköpfen und Diamanten anrückten und beim König um die Hand der Tochter anhielten).

Das war's dann mit dem Traum. Nun ja, fast. Denn wenn man schon nicht dazugehört zur High Society, dann will man wenigstens das Geschehen verfolgen. Und das funktioniert am besten mit Hilfe von Hochglanz-Publikationen, die das Neueste über Stars, Models und manchmal auch echte Prinzessinnen auf vielen bunten Seiten auswalzen und die jeweiligen Affären öffentlich sezieren. Da kann die Prinzessinnen-Anwärterin von einst fast froh sein, nicht dazuzugehören. Offiziell gibt natürlich kaum eine Frau zu, die diesbezüglich relevanten Blätter zu lesen, aber irgendwie kommen diese Werte ja zustande: Die GALA zum Beispiel, das Lieblingsblatt der Prominenz, erreichte laut einer Marktanalyse von 2002 gut 1,23 Millionen Leser, davon 82 Prozent Frauen. Die Burda Media veröffentlicht auf ihrer Website Zahlen von Anfang 2003: Das im Stars- und Sternchen-Segment marktführende Blatt BUNTE hat wöchentlich 4,15 Millionen Leser. Drei Millionen davon sind Frauen.

Und wer ist dafür verantwortlich? Genau, die Herren Grimm! Mit anderen Worten: Wir können gar nichts dafür.

Die Bombe tickt ...

Von plötzlichen Kinderwünschen, dem Schöntrinken von potenziellen Samenspendern und anderen Verzweiflungstaten

> Der Mann ist für das Weib ein Mittel:
> Der Zweck ist immer das Kind.
> *Friedrich Nietzsche,* Zarathustra

Werden Frauen 30, dann werden sie wunderlich. Das passiert nicht über Nacht, nein, schon in ihren ausklingenden 20ern lassen sich vermehrt Anzeichen dafür beobachten, dass die Frau nicht mehr Herrin ihrer Verstandesregungen ist. In besonders schweren Fällen ist sogar zu bezweifeln, ob sie überhaupt noch über solche verfügt. Ein Beispiel aus dem Leben einer der Autorinnen? Gern.

Erst kürzlich machte ich einen Einkaufsbummel mit meiner lieben Freundin K., die rund um Erntedank dieses Jahres ihr 30-jähriges Daseinsjubiläum feiern wird. Also ein schöner Anlass, endlich einmal wieder all die Dinge zu tun, die Menschen meines Jahrgangs höchstens noch auf der Laienspielbühne oder bei Schaumpartys in Großraumdiskos straffrei ausüben dürfen. Beide Anlässe stehen in absehbarer Zeit nicht in meinem Terminkalender, insofern war ich im Grunde meines Herzens erfreut über K.s herannahenden Ehrentag. Endlich mal wieder niveaubefreite Witze erzählen! Mehr Piña Colada trinken, als gut für Hirn und Teint ist! Katja-Ebstein-Lieder singen! Flaschen drehen!

Nun gut, man muss ja nicht gleich übertreiben. Wie sich herausstellte, hatte K. sowieso andere Pläne. Und zwar solche, die all die oben genannten kleinen Entgleisungsperlen in die tragikomische Kategorie der »Weißt du noch, wie wir damals ...«-Geschichten verwiesen. K., dieses charakterschwache Wesen, hatte sich nämlich vorgenommen, ihren Geburtstag auf dem Golfplatz zu verbringen. Doch, doch, Sie haben richtig gelesen. Da will eine Frau, die noch an ihrem 25sten durch den angemieteten Kiez-Italiener hoppelte und *My Way* in eine Valpolicella-Flasche grölte, ihren 30sten da verbringen, wo sonst doppelt so alte Mitmenschen in Karoshorts und Kniestrümpfen kleine weiße Bälle in Erdlöcher schubsen. Begründung: Ruhe und Natur entsprächen viel eher ihrem derzeitigen Lebensgefühl, ich hätte ja keine Ahnung, wie sich so ein Nachmittag der inneren Sammlung auf die Tiefenstruktur der Epidermis auswirke, außerdem habe sie nicht umsonst 200 Euro für diese todschicken Golfschuhe von *Ludwig Reiter* ausgegeben. Was ich des Weiteren nach penetrantem Bohren erfuhr: In dem Club, in dem K. an ihrer Platzreife feilt, herrscht eine Männer-Frauen-Quote von 78 zu 22 Prozent. Ah, ja ...

Ich weiß nicht, ob sie die weiteren Symptome der Krankheit kennen, die K. befallen hatte? Falls nicht, stellen sie sich bitte Folgendes vor: Sie gehen mit einer Freundin durch die Stadt, stieren gerade den kernigen Waden eines vorbeihetzenden Fahrradkuriers hinterher, als 800 Phon ihr Trommelfell zerlegen: »Süüüüüüß, guck mal, die kleinen Schühchen! Und dann nur 35 Euro, dabei sind die von *Adidas*!« Drei Straßenecken weiter erleidet Ihre Freundin einen Spontaneisprung, weil dort ein *Baby GAP* eröffnet, und natürlich bekommt jeder noch so unfein daherplärrende Milchzahnbesitzer im Off-Road-Buggy ein übertriebenes Gurren mit auf den Weg. Auch wenn Sie es mit List und Tücke schaffen, sie an *Pronuptia* vorbeizubugsieren, können Sie nicht anders, als einzusehen: Ihre Freundin ist nicht mehr Ihre Freundin – Ihre Freundin ist eine Gebärmutter mit der Fähigkeit zur menschlichen Sprache. Was im Grunde nicht wirklich schlimm wäre, gäbe es da ein männliches Wesen in ihrem Leben, das ähnlich tickt. Dumm gelaufen: K.s letzte längere Beziehung liegt zweieinhalb Jahre zurück und die nächste in weiter Ferne. Denn wer könnte nicht all die Tims, Georgs oder Sebastians verstehen, die K. in irgendwelchen Kneipen oder Yogakursen auftut, sie nach ein paar aktiven Nächten in Windeseile zu potenziellen Kindsvätern hochstilisiert, um dann ebenso schnell von ihnen verlassen zu werden? Und sagen Sie jetzt bitte nicht: »Typisch Mann, nie bereit, die Verantwortung zu tragen!« Kein Mensch kann eine ernsthafte Beziehung zu jemandem aufbauen, der nach sechs Wochen Bekanntschaft Sätze sagt wie: »Jetzt könnten wir schon fast zu dritt sein ...« Oder einem Nahverkehrsnutzer nahe legt, sich bei Gelegenheit mal den Volvo V70 anzuschauen: »Der hat Stil – und einen integrierten Kindersitz!«

Im hormonellen Zwangskorsett der Endzwanzigerphase schwebt K. auf einer rosaroten Wolke aus »niiiiedlichen« Sigikid-Plüschtieren und *H&M*-Zwergenware. Woher das Geld kommen soll, wenn sie aus Fortpflanzungsgründen ihren Job aufgeben muss? Schulterzucken. Dann, unverkennbar schnippisch: »Ist das allein mein Problem? Das Kind hat schließlich auch einen Vater.« Dabei scheint sie zu vergessen, dass es den eben *nicht* hat und Männer, die man in Kneipen und an Käsetheken aufliest, nur in den seltensten Fällen aus der Thyssen-Dynastie stammen. Der letzte designierte Kindsvater war einer von der Sorte, die unter Zuhilfenahme von lustigen Spielchen Zigarettenproben in Szenelokalen verteilen und K. war, als er an ihren Tisch kam, obendrein bereits so alkoholisiert, dass sie selbst Guido Westerwelle angebaggert hätte. Sie erahnen die Schwere des Problems?

Vergessen wir aber mal für einen Augenblick K. und ihre düstere Zukunft und stellen uns lieber die Frage, warum das alles so ist. Warum Frauen, die bisher eigentlich recht glücklich mit ihrem Beruf, der eigenen Wohnung und ihrem Leben im Allgemeinen waren, zu greinenden kleinen Mädchen werden, sobald die böse Dreißig auf sie zutorkelt. Immerhin hat jede vierte Frau ab 30 Angst vor der tickenden Uhr, das ergab eine Umfrage der Frauenzeitschrift ELLE. Zum einen, man höre und staune, ist unser innerer Sklaventreiber, die Biologie, daran natürlich nicht ganz unschuldig. Stärker als bisher angenommen, verebbt die weibliche Fruchtbarkeit mit zunehmendem Alter. Nicht mal 3 Prozent aller Kinder werden von Müttern geboren, die über 40 sind, erfuhr man in der Zeitschrift BRIGITTE WOMAN im Januar 2003, bereits mit 35 nimmt die Empfängnisbereitschaft überproportional stark ab. Immer kleiner wird die Zahl der brauchbaren Eizellen, immer größer dagegen die der Frauen, die nach Studium, Berufseinstieg und ersten erklommenen Karrierestufen mit ihrem Partner für ein Baby trainieren, aber nicht über das Übungscamp hinauskommen. Und die sich irgendwann die Frage stellen müssen, ob sie sich von der Reproduktionsmedizin ins Ziel helfen lassen wollen – erfahrungsgemäß kein seelisches und körperliches Zuckerschlecken, außerdem gibt es auch auf diesem Weg keine Erfolgsgarantie. So viel also zu Tante Marthas inflationär an den Mann gebrachter Lieblingsweisheit: »Euch jungen Leuten von heute stehen doch alle Möglichkeiten offen!«

Barbiepuppe, die
Lehrmaterial für angehende Friseurinnen, der wir außerdem die von der Männerwelt gern bemühte Mär von den »90-60-90« verdanken

Trotzdem macht laut Regina Müller, Autorin von *Für mich soll's rote Rosen regnen*, ebendieses trügerische Gefühl der grenzenlosen Freiheit die Frauengeneration der zirka 30-Jährigen so bindungsbeflissen und anfällig für etwas, das sie die Romantikfalle nennt. »Wir sind durch nichts festgelegt«, so Müller in einem Gespräch mit dem HAMBURGER ABENDBLATT. »Wir müssen keine Kinder kriegen, wir müssen nicht heiraten. Wir müssen nur wahnsinnig strampeln, um unsere eigenen Erwartungen ans Leben zu erfüllen. Da sagt man sich schon irgendwann: O Gott, das wird mir alles zu viel. Die Sehnsucht nach einer heilen, einfachen Lösung wird übergroß: nach dem richtigen Typen, der die ganzen Sorgen von uns nimmt.« Ist zudem die Freundin schwanger und eingetaucht in eine Welt aus rosa *Oshkosh*-Latzhosen und *Penaten*-Puder, will man das natürlich auch.

Das Fatale an dieser Art von Romantik: »Sie bindet so viel Lebensenergie, dass keine Energie mehr für wirkliche Entfaltung übrig bleibt«, so Regina Müller. Wie Recht sie damit hat, beweisen unsere Lieblingsgrazien aus *Sex and the City*. Wer immer nur darum kreist, in welcher New Yorker Bar Mister Boombastic auf einen warten könnte, hat zwar alle Lacher auf seiner Seite, kommt aber über *Gucci*-Fummel als Ersatzbefriedigung nicht wirklich hinaus. Wer sollte das besser wissen als TV-Kollegin Ally McBeal, die ja streng genommen nur nebenberuflich Anwältin ist? Ihr Hauptberuf: Traumprinz-Jägerin – um endlich die High Heels im Schuhschrank und die Paragraphen im Gesetzbuch lassen zu können. O-Ton Ally: »Ich dachte immer, wenn ich 30 bin, dann hätte ich Erfolg, drei Kinder und einen Mann, der abends auf mich wartet und mir die Füße krault. Und jetzt sieh mich an: Mir gefallen nicht einmal meine Haare!«

Ob K. mit ihrer Frisur zufrieden ist, weiß ich nicht, seitdem sie sie unter einem Golfkäppi versteckt, mit dem sie die Immer-noch-kinderlos-Problematik auf eine möglicherweise unbeabsichtigte, aber ungewöhnliche Art löst. Immerhin lässt das Ding sie ungefähr so jung und wild aussehen wie Inge Meysel. Das könnte ihr zwar jede Menge Mitfahrgelegenheiten im Elektro-Caddy einbringen, auf gar keinen Fall jedoch aus reiner Torschlusspanik geborenen Nachwuchs. Und irgendwann wird K. vielleicht begreifen, dass das Leben einer Frau ab 30 erst wahre Bocksprünge macht. Eine Erkenntnis, an der ich noch eifrig feile, aber mein Therapeut ist schon recht zufrieden mit mir.

Ich müsste mal (mein Näschen pudern)

Warum Frauen zusammen auf's Klo gehen

Ein tiefer Sinn wohnt in den alten Bräuchen.
Friedrich Schiller, Maria Stuart

Ihr müsst unbedingt schreiben, warum Frauen immer zusammen aufs Klo gehen, trugen uns die Herren unseres sozialen Umfeldes wiederholt auf, als wir von diesem Buchprojekt erzählten. Das erstaunt uns, denn eigentlich dachten wir bisher, die Fragestellung ließe sich mit ein wenig gesundem Menschenverstand rasch klären. Offenbar ist dieses weibliche Verhalten für Männer aber tatsächlich so undurchschaubar wie (für manche) die Handhabung einer handelsüblichen Waschmaschine. Vielleicht vermuten sie, dass hinter der verschlossenen Toilettentür geheime Rituale stattfinden, bei denen aus Klopapier Voodoo-Puppen gefertigt und mit Haarnadeln und Kunstblut aus Lippenstiftrot präpariert werden. Doch Männer verstehen ja auch andere Dinge nicht. Etwa, warum nur aus ein paar Riemchen bestehende Schuhe schon mal so viel kosten dürfen wie eine Woche Sporturlaub und wieso es stört, wenn der Schimmel am heimischen Duschvorhang sich zu Mustern formiert, die eines Jackson Pollock würdig wären.

Zuallererst haben wir Frauen das Glück, auch unser kleines Geschäft in verschlossenen, getrennten Kabinen verrichten zu dürfen. Nicht wie die Männer nebeneinander im Stehen, wo das Hauptaugenmerk auf der Größe des Geschlechtsteils des Nachbarn liegt. Verständlich, dass sich die Herren da lieber möglichst allein ihres Drucks entledigen und im Einzelfall auch mal ganz das Etablissement verlassen und an den nächsten Baum pinkeln. Wir würden das angesichts des zweifelhaften Hygienezustands mancher Toilette auch hin und wieder gerne tun, doch das ist ein anderes Thema.

Wenn erwachsene Frauen private oder öffentliche Sanitäranlagen auf-

Bettwäsche
Textil, an dem eine Frau auf einen Blick erkennt, ob ein Mann als Sozial- und/oder Sexualpartner geeignet ist. Disqualifizierende Motive: Logo des favorisierten Fußballvereins, Konterfei eines Actionhelden oder Formel-1-Stars. Mit Vorsicht zu genießen sind ebenso Frottee- oder Rheumabettwäsche.

suchen, hat das meist ganz praktische Gründe. Oft verspürt die betreffende Frau einen leichten bis starken Harndrang. Das mag verwundern, macht aber sogar für Frauen Sinn. Die entscheidende Frage bleibt allerdings, wieso eine zweite Frau augenblicklich ruft: »Ich komme mit.« So, als hätte sie die ganze Zeit nur darauf gewartet und sei nicht in der Lage, selbst zu entscheiden, wann der Gang in Richtung »00« geboten ist. Für dieses in der Tat auffällige Verhalten gibt es verschiedene Erklärungen, von denen mal die eine, mal die andere zutrifft.

Zunächst a) die simpelste Möglichkeit: Die Freundin verspürt ebenfalls einen latenten Blasendruck und wird in just dem Moment daran erinnert, in dem die andere Dame das Thema anschneidet. Wahrscheinliche Folge: Sie schließt sich an.

Ferner gibt es noch b) den bereits aus den Fünf-Minuten-Pausen an der Schule bekannten Sprint zur Toilette, weil die Damen schon die ganze Zeit eingehalten haben – die weibliche Blase hat nämlich etwas weniger Fassungsvermögen als die männliche. In allen anderen Fällen verschwinden die Mädchen gesammelt zum heimlichen Zigarettenkonsum. Ähnliches kann sich auch im Erwachsenenalter noch überall dort abspielen, wo nicht öffentlich geraucht werden darf.

Eine weitere Variante c) ist jene, bei der sich die beteiligten Damen zunächst zusammen in einer größeren Runde befinden. Sagen wir, beim Klassentreffen, wo sie nicht über jedes Thema frei sprechen können. Zwei Frauen tauschen nun Blicke aus, die ungefähr besagen: »Ich muss dir dringend was erzählen.« Wenn schließlich die eine verkündet: »Ich muss mal kurz wohin« und sich vom Tisch entfernt, folgt die zweite auf dem Fuße. Während im Anschluss parallel gepinkelt wird – ein bisschen was geht immer, wo man gerade schon mal da ist –, werden die Neuigkeiten systematisch abgearbeitet. Etwa, dass »die Brigitte ja unglaublich fett geworden ist«, worauf aus der Nebenkabine über das Plätschern hinweg mit Insiderinformationen aufgetrumpft wird. »Stimmt, aber vielleicht ist sie auch wieder schwanger, Kira hat mir erzählt, dass die schon zwei Kinder hat. Ihr Mann hat sie hergebracht, hast du vielleicht gesehen.« »O Gott, der alte Sack mit der Querkämmfrisur war ihr *Mann*? Ich dachte, das sei ihr Vater gewesen.« »Der sieht nur so alt aus. Kira sagt, der ist jünger als wir.« »*Nein*! Jünger als wir?« Ungefähr an diesem Punkt der Konversation dürfte dann die Verrichtung der Notdurft beendet sein, und wenn die beiden Glück haben, steht »die Brigitte« nicht mit hochrotem Kopf draußen vor der Kabine und hat alles mitgehört, weil sie so was irgendwie schon geahnt hat.

Die nächste Möglichkeit d): Heiße Ware wird ausgetauscht. Damit sind jetzt nicht Rauschmittel gemeint – obwohl so was sicher auch schon mal vorkommt –, sondern Hygieneartikel wie Tampons oder Slipeinlagen. In diesem Fall wird meist zuvor ein bisschen getuschelt, um das Prozedere abzusprechen, dann geht es gemeinsam ab Richtung WC. Hin und wieder muss auch mit Lippenstift, Puder, Zahnseide oder Haarbürste ausgeholfen werden. Oder mit Nagellack, weil die Strumpfhose eine frische Laufmasche hat, die es aufzuhalten gilt.

Manchmal, das sind die Gelegenheiten, wo es besonders lange dauert, spielen sich zwischen WC-Kabine, Waschbecken und Handtuchspender auch Dramen e) ab. Meistens wurde dann gerade der Exfreund einer der Darstellerinnen mit seiner neuen Ische im Lokal gesichtet. Bevor nun öffentlich geheult wird und man damit dem Ex und der Nachfolgerin womöglich einen Triumph bereitet, wird lieber das Klo aufgesucht. Selbstverständlich flankiert von der besten Freundin, die sofort kombiniert hat, was Sache ist. Ihre Aufgabe ist es jetzt, selbst unter der kalten Neonbeleuchtung eines Kneipenklos Trost und Taschentücher zu spenden sowie nach dem Weinkrampf bei der Restaurierung des verschmierten Make-up-Kunstwerks inklusive verlaufener Wimperntusche behilflich zu sein.

Diese Auflistung mag unvollständig sein, sie ist gleichwohl Manifest einer aussterbenden weiblichen Verhaltensweise. Denn es ist auf männlicher Seite in Mode gekommen, das gemeinsame Verschwinden mit verschmitztem Grinsen zu kommentieren: »Na, zusammen zur Toilette? Näschen pudern?« So vorhersehbar wollen wir selbstverständlich nicht sein. Außerdem ist es nicht gerade angenehm, wenn nach unserer Rückkehr mit der Diskretion eines Marktschreiers auf dem Hamburger Fischmarkt Fragen gestellt werden wie: »Und? War's schön?« oder – noch schlimmer – mit einem demonstrativ zusammengekniffenen Auge begrüßt zu werden.

Gehen wir eben getrennt. Wir können auch anders. Damit das mal klar ist.

Blinde Kuh

Was haben Frauen gegen Frauen?

> So schlecht ein Mann auch über Frauen denken mag, es gibt doch keine Frau, die über diesen Gegenstand nicht noch schlechter dächte als er.
>
> *Chamfort*

Frauen mögen Frauen – als beste Freundinnen, Großraumbüro-Kolleginnen, Badminton-Partnerinnen, Mütter, Gynäkologinnen oder Zahnärztinnen. Frauen mögen Frauen, weil Frauen gut zuhören, sanfter bohren, Verständnis für die Anbetung von Robbie Williams haben und wissen, wie sehr PMS plagen kann. Frauen mögen Frauen – mit einer großen Ausnahme: Frauen wollen Frauen nicht als Boss.

Eine Umfrage des Meinungsforschungsinstitutes Gallup aus Berlin sorgte vor ein paar Jahren für eine Überraschung. Nur 35 Prozent der Männer, aber die Hälfte der Frauen wollen lieber unter einem männlichen Vorgesetzten arbeiten! Manche Damen würden sogar lieber kündigen, als die Anordnungen einer Chefin zu befolgen. Wer hätte das gedacht? Eine private, ausdrücklich nicht repräsentative Erhebung bestätigt das Ergebnis. Unsere Freundin Kerstin meint zum Beispiel: »Instinktiv würde ich sofort sagen: lieber einen Mann als Chef.« Warum? »Frauen sind doch oft Zicken.« Kerstin arbeitet im Moment freiberuflich, also allein, und hat demnach gerade mit Zickenterror nichts am Hut. Sie war aber auch selbst schon einmal auf der anderen Seite – als Leiterin eines gemischtgeschlechtlichen Teams. Damals kam sie ebenfalls mit den Männern besser klar: »Die Mädels waren immer viel bockiger.« Nun ...

Hier nähern wir uns also einem der letzten großen Rätsel unserer Zeit. Werden die Damen befragt, was sie gegen ihresgleichen in der Chefetage vorzubringen haben, dann fällt schnell ein ziemlich böses

Wort, das klingt wie aus einem Internatsroman der 50er Jahre: Den weiblichen Führungskräften wird von ihren weiblichen Untergebenen »Stutenbissigkeit« vorgeworfen. Wie bitte?

Hat etwa Frau Schwarzer, Alice, versagt? Torpedieren sich Frauen gegenseitig, weil sie sich lieber einem Mann unterordnen als einer Geschlechtsgenossin? Wir möchten in diesem Zusammenhang die Kommunikationsexpertin Deborah Tannen zitieren, die sich einige Gedanken zum Thema Frauen und Führungspositionen in der Politik gemacht hat: »Die Merkmale eines guten Mannes und die eines guten Politikers sind identisch, aber eine Frau muss sich entscheiden, ob sie als starke Führungspersönlichkeit *oder* als gute Frau gelten will. Wenn ein Mann durchsetzungsfähig, logisch, direkt, kompetent und mächtig erscheint, erhöht er seinen Wert als Mann. Wenn eine Frau durchsetzungsfähig, logisch, direkt, kompetent und mächtig erscheint, riskiert sie, ihren Wert als Frau zu untergraben.«

Aha! Ganz offensichtlich machen die Damen (noch?) aufgrund der gleichen Faktoren Karriere wie die Herren, allerdings wirken diese Eigenschaften bei ihnen irgendwie fehl am Platz – finden offenbar vor allem die anderen Frauen. Sind also nicht die Chefinnen stutenbissig, sondern die Damen, die ihnen diese Position missgönnen? Oder doch ganz andersherum? Die Psychologin Julia Onken vermutet in ihrem Buch *Herrin im eigenen Haus*, dass Frauen in Machtpositionen andere Frauen eigentlich gar nicht mögen *können*: »Das heranwachsende Mädchen lernt, dass es durch die Tür, die in die Welt führt, nur gehen kann, wenn es sich von bestimmten als weiblich geltenden Eigenschaften freimacht und ganz der männlichen Bewertungsskala folgt. Es identifiziert sich also mit den Siegern in dieser Gesellschaft (Anmerkung der Autorinnen: damit sind »die Männer« gemeint) und will möglichst nicht in die Nähe der weiblichen Verliererinnen geraten. Solche Frauen sagen dann auch frisch von der Leber weg: ›Frauen mag ich nicht!‹«

Wir fassen einmal kurz zusammen: Die Chefinnen mögen ihre Mitarbeiterinnen nicht und die Mitarbeiterinnen haben was gegen ihre Chefinnen, also im Prinzip gilt jede gegen jede, zumindest, sobald sie

Blasen
a) Funktion an handelsüblichen Laubsaugern, b) Fußschäden, z. B. hervorgerufen durch zu langes Tragen formschöner Riemchensandaletten,
c) irreführende Bezeichnung für die orale Behandlung des männlichen Fortpflanzungsfortsatzes

sich nicht mehr auf einer Hierarchieebene bewegen, und Schuld haben irgendwie eigentlich doch die Männer. Hört sich ganz schön verquast an. Das Konzept sollte also dringend mal überarbeitet werden. Entschuldigend sei vorgebracht: Vielleicht braucht die Damenwelt auch nur noch ein bisschen Eingewöhnungszeit. Dass Männer sagen, wo es langgeht, und sie selbst wenig zu melden haben, daran sind Frauen schließlich seit Jahrtausenden gewöhnt. Der Satz von Nietzsche, den selbst Menschen kennen, deren einziges Buch der Leitfaden zur Playstation ist, lautet noch immer: »Gehst du zum Weibe, vergiss die Peitsche nicht.« Bis 1975 musste in der Bundesrepublik Deutschland eine Ehefrau ihren Mann um Erlaubnis fragen, wenn sie überhaupt aushäusig arbeiten wollte. War beispielsweise Günther der Ansicht, seine Gisela vernachlässige durch diese neumodische Erwerbstätigkeit ihre »häuslichen Pflichten«, weil sie zum Beispiel während der *Sportschau* nicht zu Hause wäre, um ihm ein frisches *Wicküler* ans Sofa zu bringen und einen Kartoffelsalat mit Würstchen zu bereiten, konnte er die Unerfreulichkeiten unterbinden.

Das ist nicht mal 30 Jahre her. Kein Wunder, dass das berufliche Selbstverständnis der Damen noch auf wackeligen Beinen steht. Während also die Frauen Zeit damit verplempern, Groll gegeneinander zu hegen, organisieren sich eine Menge Herren wie eh und je in Rotary- oder Lions Clubs und treffen sich in holzvertäfelten Salons. In der etwas weniger elitären Variante gehen sie schlicht nach der Arbeit zusammen ein paar Bierchen heben und schanzen sich dabei gegenseitig Aufträge und Posten zu. Die Frauen bleiben meistens außen vor – und die Chefsessel fest unter männlichem Hintern. Das hat Tradition. Stopp, mag jetzt der oder die ein oder andere rufen, es gibt doch Frauennetzwerke! Und Mentoring! Und Gleichstellungsbeauftragte! Prinzipiell alles prima Ansätze. Doch zum erfolgreichen Seilziehen brauchen zumindest ein paar der Frauen Macht und Einfluss. Beides müssen sie erst mal haben. So ein Netzwerkabend unter lauter Mädels, die sich in etwa auf dem gleichen (niedrigen) beruflichen Level befinden, ist sicher ein netter Event. Dass Sachbearbeiterin Müller der Sachbearbeiterin Kunz ihr Leid über ihre miese Bezahlung klagt, mag höchstens das psychische Gleichgewicht von Frau Müller wieder herstellen, nützt aber in punkto Karriere relativ wenig. Und wenn den paar Damen in den Top-Führungspositionen – im Jahr 2001 waren das in Deutschland kümmerliche 3,5 Prozent aller erwerbstätigen Frauen –

neben den üblichen Schwierigkeiten (wie fehlende Kinderbetreuung, schlechtere Bezahlung als ihre männlichen Kollegen et cetera pp.) auch noch von den anderen Ladys das Wasser abgegraben wird oder sie ihrerseits die Förderung ihrer Geschlechtsgenossinnen für unnötig halten, dann stehen die Vorzeichen denkbar schlecht.

Vielleicht sind es auch die starken Hierarchien, die den Frauen einfach nicht entsprechen. Denn die haben offensichtlich irgendwas mit dem XY-Chromosomensatz zu tun. Eine Studie der Soziologin Marjoree Harness Goodwin hat gezeigt, dass sich bereits Gruppen kleiner Jungen automatisch hierarchisch organisieren. Schon bei den Dreikäsehochs ist einer immer das Alpha-Männchen – also der Chef. Meistens der mit der größten Klappe (im Berufsjargon hieße das Durchsetzungsvermögen) und/oder den besten Ideen (im Job: kreatives Innovationstalent). Dieser Knirps hat das Sagen und die anderen akzeptieren das klaglos – bis ein Besserer daherkommt. Kleine Mädchen achten dagegen immer auf Harmonie und Gleichheit innerhalb der Gruppe. Erziehung oder Erbgut? Wer weiß das schon einwandfrei.

Übrigens: Auf gleicher Ebene harmonieren die Mädels auch als Erwachsene meistens hervorragend. Selbst Kerstin, die weder über noch unter sich mit anderen Frauen klar kommt, würde eine eigene Firma am liebsten mit anderen Frauen zusammen gründen. Das Beispiel von unserer Freundin Danila, die in einer Event-Agentur als Art-Buyerin arbeitet, bestätigt ebenfalls, dass Frauen am besten im Pool mit geringen Hierarchien arbeiten. Was sie berichtet, hört sich toll an: »Wir sind acht Frauen inklusive unserer Chefin. Wir gehen vorsichtig und höflich miteinander um, respektieren die Kompetenz und den Bereich der Kollegin. Die Hierarchien sind verschwommen, und jede setzt sich für die andere ein. Knotenpunkt dabei ist unsere Chefin. Sie meistert den Spagat zwischen Vorgesetzter und Teammitglied hervorragend. Sie agiert nie mit Druck, sondern immer und ausschließlich mit Motivation und Vertrauensvorschuss.«

Na also, geht doch! Zumindest, wenn die Männer nicht mitmachen.

Mach mir den Popstar (Jede Frau ein Groupie? – Teil I)

Warum die beste Anmachstrategie für Männer das Erlernen eines portablen Instrumentes ist

> Groupie {grupi; engl.} *das;* -s, -s: a) weiblicher Fan, der immer wieder versucht, in möglichst engen Kontakt zu der von ihm bewunderten Person zu kommen; b) zu einer Gruppe, Organisation außerhalb der etablierten Gesellschaft gehörendes Mädchen.
>
> *Duden,* Das Fremdwörterbuch

Können Sie sich noch an März 2003 erinnern? Damals traten im Finale von »Deutschland sucht den Superstar« die stimmgewaltige Musicalsängerin Juliette und ein stimmlich und auch sonst eher schmächtiges Schumacherdouble mit Betonfrisur namens Alexander gegeneinander an. Das Fernsehpublikum war angehalten, per Anruf über Sieg und Niederlage zu entscheiden. Der Ausgang war von vornherein klar: Juliette hatte nicht den Hauch einer Chance. Denn sie passte nicht wie Alexander ins Beuteschema der schulpflichtigen weiblichen Bevölkerung. Vermutlich geschah an jenem Samstagabend Folgendes: Während die Mädels sich für Pausbacke Alexander die Finger wund wählten, taten die gleichaltrigen Jungs das einzig Richtige. Sie standen im Proberaum und *spielten* sich die Finger wund, um Steve-Vay-Gitarrensoli einzuüben. Jungs verlieben sich nämlich im Gegensatz zu Mädels selten in Popstars, Jungs wollen selbst welche werden. Der gewitzte Beobachter könnte hier durchaus einen Zusammenhang wittern.

Bohlen, der Didda
Frauenversteher. Lässt sich neuerdings sogar was von der Tussi aus seinem Navigationssystem sagen.

Ich möchte meine Hand nicht dafür ins Feuer legen, dass ich im Alter von 14 Jahren nicht für Alexander angerufen hätte. Meine persönliche Geschichte lässt mich diesbezüglich Schlimmstes vermuten. Superstar-Alex machte sich vermutlich noch in die Pampers, als ich bereits in Kajagoogoo-Sänger und Vokuhila-Träger Limahl verknallt war und wenig später in Minipli-Mann George Michael. Mittlerweile kommt mir das ungeheuerlich vor, aber ich hatte seinerzeit keinen Zweifel, dass ich mich im Falle eines Zusammentreffens, wovor mich das Schicksal gottlob bewahrt hat, dem jeweiligen Herrn bedingungslos hingegeben hätte. Uncooler und frisurenmäßig noch weiter daneben wäre damals eigentlich nur heiße Liebe zu den Mitgliedern des seinerzeit gerade neu gegründeten Duos Modern Talking gewesen.

Die Poster der Herren Michael und Limahl führte ich erst nach den Sommerferien 1985 dem Altpapier zu. Damals hatte ich an der Nordsee die Bekanntschaft eines 17-jährigen Blondschopfes aus Bochum gemacht. Christian hieß er, und das Besondere war: Er konnte Gitarre spielen. So begleitete er sich selbst, während er mir im Aufenthaltsraum der Familienpension – halten Sie sich bitte fest! – *Deine Spuren im Sand* vorsang. Zwar war Christian weder bekannt noch sonderlich begabt, trotzdem griff das, was den Groupie-Faktor (GF) ausmacht, allein durch das Bespielen eines hölzernen Klangkörpers.

Ich war hin und weg und verlor auf der Stelle mein Herz und ganz offenbar auch den Verstand nebst letzten Geschmacksnerven. Sich ausgerechnet wegen *Deine Spuren im Sand* zu verknallen ist harter Tobak. Aber ich will nichts beschönigen, hier wird schonungslos auch Bitteres in der eigenen Biografie beleuchtet. Vor allem, wenn es dazu dient, Licht ins Dunkel des weiblichen Popstar-Kults zu bringen.

Mein Musikgeschmack besserte sich mit der Zeit, was blieb, war meine persönliche Vorliebe für Instrumentenprügler. Bis etwa Mitte 20 verfiel ich regelmäßig Gitarristen, Sängern, Bassisten und seltener Schlagzeugern mehr oder weniger erfolgloser Bands meines persönlichen Umfelds. Gegen Musiker erfolgreicher Bands hätte ich selbstverständlich auch nichts gehabt. Mir schwebte da eine Weile Kurt Cobain vor, der allerdings plötzlich wegen Suizids aus der Kandidatenliste ausschied. Außerdem: Das Anschmachten aus der Ferne hatte ich schon gehabt, und ein Poster zu küssen fand ich mit zunehmendem Alter immer unbefriedigender. Bei den erfolglosen Bands konnte man sich immerhin eine glorreiche Zukunft auf dem Pop-Olymp ausmalen.

Ich stand mit meiner Neigung nicht allein. Meine beste Freundin knutschte mit Punkrockern, kanadischen Experimentalklangkünstlern und Metalgeigern. Ich kenne eine Frau, die eine Nacht mit Rocko Schamoni verbracht hat, eine Bekannte ist mit dem Sänger einer Gothic Combo zusammen und eigentlich alle Freundinnen haben irgendwann für irgendwen geschwärmt.

Doch was macht die Faszination dieser Kerle aus? Warum wirkt ein kettenrauchender Langhaariger mit Bassgitarre und Drogenproblem auf Frauen wesentlich anziehender als ein adretter Bankangestellter mit Bausparvertrag? Es heißt doch, Frauen komme es auf Sicherheit an, auf Nestbau und die besten Bedingungen für den Nachwuchs. Offenbar nicht immer. Während beim Bausparvertragsmann die Zukunft wirkt wie eine Geldanlage in Immobilienfonds (präzise berechenbar, mit überschaubarem Risiko und auch ein wenig langweilig), bietet ein Musiker etwas ganz anderes. Die Soziologin Silke Riemann schreibt zum Popstar-Kult: »Eigenschaften, die die Popstars verkörpern, werden mit eigenen Träumen, Wünschen, Glücksvorstellungen und mit eigenen Lebenshaltungen verglichen und in Beziehung gesetzt, so dass sie einen jeweils konkreten Sinn ergeben.« Wobei der Begriff »Popstar« natürlich relativ ist. Für mich war als Teenager bereits *Deine Spuren im Sand*-Christian ein Star. Er spielte für mich die gleiche Rolle wie zuvor George Michael – allerdings einen Hauch greifbarer. George Michaels Konzert durfte ich nicht mal besuchen, ich hatte von ihm nur Platten und Poster. Christian dagegen gab mir ein Privatkonzert, dazu Adresse, Telefonnummer und einen Kuss. Wenn das nichts ist ...

Wie nun die »Träume, Wünsche und Glücksvorstellungen« aussehen, die Frauen dazu bringen, Musiker zu lieben, und was es sonst noch für Gründe dafür geben könnte, dazu haben wir in langen Nächten die ein oder andere wissenschaftliche Hypothese aufgestellt:

Hypothese A: Die Veranlagung der Frauen, klampfende und singende Typen unwiderstehlich zu finden, ebenso wie die Veranlagung der Männer, zu klampfen und zu singen, liegt in den Genen, weil bereits im Mittelalter die Minnesänger beim Beischlaf bevorzugt wurden. Eine Tochter erbt gemäß dieser Theorie die Veranlagung der Mutter, ein Sohn die des Vaters. Ein Teufelskreis!

Hypothese B: Männliche Musiker stehen in den Augen der weiblichen Fans für Unkonventionalität, Freiheit, Champagner-Catering sowie zügellosen Sex auf Gitarrenkoffern, in Hotelsuiten und versifften

Tourbussen. Durch eine Liaison wird eine Teilhabe an diesen reizvollen Komponenten erhofft.

BOP
Abkürzung für »Bauch-Oberschenkel-Po«. Bezeichnet so genannte »Kurse« in Fitness-Clubs, in denen Frauen in eng anliegender Kleidung unanständige Bewegungen ausführen, um – so heißt es – die »Problemzonen« (vgl. Zone) zu straffen.

Hypothese C: Der weibliche Fan erwartet, mit einem Musiker-Freund der elterlichen Spießigkeit zu entgehen. Dass diese Hoffnung nicht immer erfüllt wird, beweisen *Die Osbournes* regelmäßig auf *MTV* und Dieter Bohlen nebst jeweils aktueller Lebensabschnittsgefährtin in diversen Home-Storys in der BUNTEN oder GALA.

Hypothese D: Der Musiker schwitzt beim Auftritt enorm und verströmt über seinen Musikerschweiß Musikersexuallockstoffe, die die weiblichen Fans um den Verstand bringen. Möglicherweise, weil die Frauen darin unbewusst den mittelalterlichen Minnedienstler erschnuppern (siehe Hypothese A).

Hypothese E: Nichts ist für eine Frau ein größerer Liebesbeweis, als einen eigenen Song geschrieben zu bekommen. Lieder schreiben können Musiker in der Regel besser als Nichtmusiker, darum wird eine Frau fast immer dem Musiker den Vorzug geben, soll sie sich zwischen mehreren Männern entscheiden. Ob jener die in ihn gesetzte Erwartung auch erfüllt, steht allerdings auf einem anderen Blatt.

Hypothese F: Der Musiker wird bereits von vielen anderen Frauen begehrt. Der Frau, die biologisch gesehen stets nur den besten Samen zur Verschmelzung mit ihrem eigenen Erbgut sucht, wird signalisiert: Hier winkt gutes Sperma, so viele andere Weibchen können nicht irren. Resultat 1: Sie verliebt sich in den Musiker. Resultat 2: Der Minnesänger-Burgfräulein-Ringelreihen wird fortgesetzt.

Hypothese G: Sie ist möglicherweise etwas gewagt, aber wir möchten sie Ihnen trotzdem nicht vorenthalten: Der Auftritt einer Band ist nichts anderes als die menschliche Entsprechung zum Balzverhalten der Steppenhühner. Der Kunsthistoriker George L. Hersey beschreibt in seinem Buch *Verführung nach Maß*: »Die Männchen versammeln sich in einer Arena zum Verführungswettbewerb und tanzen, stolzieren, glucksen und plustern ihr Brustgefieder auf, während die weibliche Jury am Rand steht und das Ganze betrachtet. Nachdem die Weibchen den Sieger gekürt haben, versuchen alle, sich mit ihm zu paaren.« Also exakt wie bei einem Konzert. Endlich wird auch die Vorliebe weiblicher Fans für Sänger, Bassisten und Gitarristen erklärbar, die eindeutig mehr Möglichkeiten haben, zu tanzen und stolzieren, zu glucksen und zu plustern als Keyboarder und Schlagzeuger, die dazu verdammt sind, statisch hinter ihrem Instrument zu verharren.

Hypothese H: Eine Kombination der Hypothesen A bis G kommt der Wahrheit am nächsten.

Den bösen Zungen, die behaupten, Musiker seien in erster Linie wegen ihres Geldes begehrt, müssen wir übrigens vehement widersprechen. Der ein oder andere Musik Schaffende mag über Vermögen verfügen und die ein oder andere Frau wird dies vielleicht auch anziehend finden. Da aber Musiker *immer* begehrt sind, selbst wenn sie einer unentgeltlich auftretenden Schülerband angehören oder dauerhaft erfolglos bleiben, kann Geld nicht der springende Punkt bei dieser Angelegenheit sein.

Meine eigene Musikerleidenschaft hat sich mittlerweile etwas gelegt. Das liegt allerdings nur daran, dass die Herren der für mich infrage kommenden Altersgruppe inzwischen nicht mehr ihre Zeit in Proberäumen verbringen, um perfekte Gitarrensoli einzustudieren. Stattdessen zahlen sie ihr Reihenhaus ab, das sie mit einem irgendwann heimlich abgeschlossenen Bausparvertrag teilfinanziert haben, und veranstalten auf ihrer Rasenparzelle Gartenfeste mit befreundeten Pärchen. Dabei wird nur in Ausnahmefällen selbst musiziert. Eher wird ein 80er-Jahre-DJ angemietet, der erstaunlicherweise alle Platten hat, die man ganz bestimmt nie wieder hören wollte. Und das hat nun wirklich gar nichts mehr mit Unkonventionalität, Freiheit und wildem Gitarrenkoffer-Sex zu tun.

Einerseits ist das natürlich sehr schade. Andererseits gibt es vermutlich gar nicht so viele Proberäume, wie nötig wären, wenn sich nicht die meisten mit Anfang 20 hoffnungsvoll gegründeten Bands irgendwann auflösen würden.

Und zum Trost für uns gibt es ja außerdem noch ... Robbie! – bitte blättern Sie weiter.

Das Robbie-Baby
(Jede Frau ein Groupie? – Teil II)

Warum alle Frauen einen Schulabbrecher aus dem englischen Kaff Stoke-On-Trent lieben

> Schon jetzt brüllt der Teil meines Verstandes, in dem die Vernunft beheimatet ist, immer lauter: ›Robbie, hör' auf mit dem Popstar-Mist!‹ Aber noch antwortet mein Ego genauso laut: ›Gib' mir mehr von dem Wahnsinn!‹
>
> *Robbie Williams*

Robbie Williams hat einmal über seine Traumfrau gesagt: »Wenn sie eines Tages vor meiner Haustür steht, dann werde ich sie hoffentlich erkennen und hereinbitten.« Diese Strategie der Partnersuche wirft ein, zwei Probleme auf. Bei, sagen wir, Manni aus Bottrop, bestünde das Problem vermutlich darin, dass da vor der Haustür einfach niemand steht. Wenigstens keine Traumfrauen, höchstens mal der Postbote, die Zeugen Jehovas oder der Gebührenmann von der GEZ. Bei Robbie Williams liegt die Schwierigkeit woanders. Nicht fehlende Frauen sind dafür verantwortlich: Vor seiner Haustür stehen sich, neben ein paar Paparazzi, sommers wie winters Trauben williger Damen die Füße platt – vergleichbar höchstens mit Szenen aus dem Schlussverkauf. Alles liebesentflammte Frauen, bereit für so ziemlich jede Schweinerei, die der Meister begehrt, und zwar lebenslang, wenn es sein muss. Wahrscheinlich befinden sich in dieser Menschenmasse auch Mädels, die ein Mann, vielleicht sogar ein verwöhnter Popstar, durchaus als Traumfrauen bezeichnen würde. Sobald Herr Williams aber ohne Bodyguard vor die Tür träte, müsste er damit rechnen, dass es ihm ginge wie Grenouille,

Boxershorts
Von Frauen favorisierte männliche Unterbekleidung, am liebsten eng anliegend

Patrick Süskinds Romanprotagonisten aus *Das Parfum*. Als Grenouille sein selbst gemixtes Superparfum trägt, das Spontanzuneigung bei allen Menschen bewirkt, wird er schlicht in Stücke gerissen, als er sich einer Gruppe von Leuten nähert. Robbie braucht kein Parfum, um Spontanzuneigung zu erzeugen, seine bloße Anwesenheit reicht. Doch in so einer Situation eine Traumfrau erkennen und höflich hereinbitten? Nun ja.

Robbie Williams ist ein Phänomen, das über den normalen Popstar-Kult hinausgeht. Andere Popstars haben natürlich auch eine Menge weiblicher Fans. Justin Timberlake, Rob Thomas, Ricky Martin oder Damon Albarn können sich über mangelnden Anklang in der Damenwelt bestimmt nicht beklagen. Das Besondere bei Robbie jedoch ist: Ihn mögen nicht nur viele, ihn mögen einfach *alle*. Robbie ist toll, darauf können sich Frauen jeder Altersklasse einigen, vom Teenie über die fünffache Mutti und treu sorgende Ehefrau bis zur jung gebliebenen Omi. Sehr zum Unmut des ein oder anderen Mannes, der gerne mal mit überraschenden Geständnissen seiner Sozialpartnerin konfrontiert wird: »Klar, ich bin dir absolut treu.« Pause. »Allerdings, wenn ich die Gelegenheit hätte, mit Robbie Williams ins Bett zu gehen, dann würdest du mir doch verzeihen, oder?« Dabei ist Robbie Williams nicht mal wirklich schön. Hässlich natürlich auch nicht, aber Ricky Martin sieht – wenigstens nach den Maßstäben der Attraktivitätsforschung – besser aus. Robbie ist klein, neigt zu Speckansatz, Alkoholismus und sonstigem Drogenkonsum und wirkt manchmal fünfzehn Jahre älter, als er ist. Er ist nicht mal der begnadetste Sänger. Nicht übel zwar, doch es gibt bessere. Nur interessieren die sich fast alle nicht für Frauen und die Frauen darum nicht für sie – zumindest nicht *so*.

Williams taucht regelmäßig in den Top Ten der *Sexiest Men Alive* auf. Bei einer Umfrage des britischen Frauenmagazins NEW WOMAN wurde er jüngst schon zum zweiten Mal in Folge zum attraktivsten Mann der Welt gekürt. Bei der Wahl gaben schlappe 100 000 Leserinnen ihre Stimme ab – eine Beteiligung, von denen andere Magazine bei ihren Umfragen nur träumen können. Als er sich mit seiner Zwischendurch-Freundin und Rod-Steward-Ex Rachel Hunter Liebesschwüre tätowieren lassen wollte, gingen Frauen in ganz Europa auf die Barrikaden. Dann war alles wieder gut, weil aus Rachel doch nur eine Kerbe mehr in Robbies Bettpfosten wurde, bevor der Tätowierer zur Tat schreiten konnte. Die Stelle »Traumfrau« war also wieder frei. Ein kollektives Aufatmen war die Folge, und damit wären wir beim ersten Motiv, warum alle Frauen Robbie Williams lieben:

1. Dein Robbie, mein Robbie? Robbie ist für alle da!

Robbie Williams hat viele Frauengeschichten. Dennoch ist das nicht weiter schlimm, denn er ist immer mal wieder »zu haben«. Zumindest theoretisch. Und damit eben theoretisch auch für Mandy aus Castrop-Rauxel, Florence aus Lille oder Svetlana aus Kiew. Er kann sich zum Glück nicht entscheiden, und jede Frau kann sich der Illusion hingeben, dass sie diejenige, welche sei. Die, auf die ER nur wartet, um mit ihr alt zu werden. Jene, nach der er sich im Grunde seines Herzens sehnt, nur in Gesellschaft einer Flasche Whisky in einer seiner zahlreichen mädchenumspülten Villen. Robbie-Fans sind geduldig. Autorin Rebecca Casati mutmaßt in der SÜDDEUTSCHEN ZEITUNG, selbst die VJanes bei den diversen Musiksendern warteten nur darauf, »dass bei einem Roter-Teppich-Gaga-Interview endlich, endlich Robbie Williams anbeißt, der ja ursprünglich auch der Beweggrund war, sich mit einem selbst gedrehten Video bei *Viva* oder *MTV* zu bewerben.« Und wenn sie nicht gestorben sind, dann warten sie noch heute.

2. Der Mutterinstinkt

Die Dokumentation *Nobody Someday* über Robbies Tourleben ist im Grunde eine Demontage des Popstars. Sie zeigt einen Robbie Williams, der keine Lust mehr hat auf Auftritte, auf Mädchen und Fans und der Angst hat vor Anschlägen auf sein Leben. Für die weiblichen Fans ist dieser Film, ebenso wie das gleichnamige Buch, keine Demontage, sondern ein Grund mehr, ihren Star zu lieben. Sie wollen ihn beschützen. Diesen Wunsch schürt auch der Robbie-Williams-Fotokalender von 2003. Auf dem Deckblatt sieht man nur Robbies Gesicht oberhalb der Nase. Er liegt im Bett und hat die Decke ganz weit hochgezogen, wie ein kleiner Junge, der auf seine Gute-Nacht-Geschichte wartet. Riesige grüne Kulleraugen mit langen Wimpern sagen: »Nimm mich in den Arm, sei lieb zu mir.« Die tiefen Falten rund um die Kulleraugen geben dem Ganzen dazu noch die traurige Note eines verlassenen Seehundbabys, eines Robbie-Babys sozusagen: »Ich bin einsam, keiner liebt mich.« Da würde jede Betrachterin gerne helfend einschreiten. Dieser arme Junge muss doch beschützt werden! Mit 16 in die Fänge des Popzirkus geraten und darin hängen geblieben, der braucht eine weibliche Hand, die ihn durchs Leben führt, schon allein, um ihn in Zukunft vor den vielen bösen Drogen zu bewahren. Hier bin ich!

3. Die Musik

Robbie macht Pop, das ist klar. Hervorragenden Pop, nicht platt, sondern mit viel Gefühl und trotzdem zum Mitsingen. Dabei hört er sich immer an, als sei es ihm ernst mit dem, was er da singt. Ob er behauptet *She's The One!* oder *Real Lovin'* fühlen möchte, die Zuhörerin fühlt sich angesprochen oder mal wieder berufen, dem singenden Seehundbaby zu zeigen, wo es langgeht. Wenn Robbie nicht gerade Pop macht, erfindet er Chansons auf Englisch neu und ist im Südfrankreich-Video cooler als Alain Delon zu seiner besten Zeit. Das überzeugt neben jungen auch ältere Musikliebhaberinnen. Genauso funktioniert der Trick, alte Sinatra-Klassiker neu zu vertonen und sie in der Royal Albert Hall zum Besten zu geben. Er singt die Songs zwar nicht ganz so gut wie Frankieboy (nur fast), sieht dabei jedoch um Längen besser aus. Ungefähr wie eine gelungene Mischung aus Cary Grant und Dean Martin. Robbie kann sogar steppen, und kaum einem Mann stehen Smoking und Fliege so gut wie ihm, sieht man mal von Robert de Niro ab. Selbst Mittsechzigerin Nana Mouskouri, griechische Rosenverkäuferin mit Gesangskarriere zwischen Schlager und Jazz, bekannte kürzlich: »Ich mag Robbie Williams sehr. Er singt einige von den alten Standards.«

4. Das Gerücht

Robbie sei schwul, hieß es zwischenzeitlich mal. Auf allen Radiosendern und in allen Fernsehkanälen wurde diese neue Wendung des Kulturphänomens Williams durchexerziert. Die weibliche Welt erstarrte vor Schreck. Unser Robbie? Was wird jetzt aus uns? Ein paar Wochen später wurde dann dementiert: Ätsch, doch nicht, war nur Spaß. Mit solchen Gerüchten hält man die Leute bei der Stange und den Kreislauf der Robbie-Maniacs in Schwung. In jeder Hinsicht, denn die schwule Fangemeinde, die es selbstverständlich ebenfalls gibt, spekuliert seither in Internet-Foren und Gay-Magazinen, ob er nicht vielleicht doch ... Denn schön wäre das ja schon, wenn das Schnuckelchen nicht nur für die Weiber zur Verfügung stünde. Die sind allerdings inzwischen davon überzeugt, dass so ein Testosteron-Brett einfach nicht homosexuell sein kann, schon aus Prinzip. Basta!

5. Die Mama

> **Brücken am Fluss, die**
> Cleveres Marketingtool der Papiertaschentücher herstellenden Industrie. Nur noch zu toppen durch den Director's Cut von »Titanic«.

Robbie Williams verehrt seine Mutter Janet. So wirkt das jedenfalls immer. Im Song *No Regrets*, der von Musikexperten als Anklage an die offenbar durchweg schreckliche Take-That-Zeit gesehen wird, singt er mit leidendem Unterton (wenn man sich konzentriert, kann man das genau raushören!) »You didn't like my mother«. Und das kann Robbie natürlich nicht akzeptieren, er ist ja so sensibel. Ein Mann, der trotz Superstarstatus immer noch zu seiner alten Dame hält, muss ein guter Mann sein mit einer herzensguten Seele, so tief im Inneren. Einer, den man heiraten kann und der einen selbst zur Mama machen sollte. Vorausgesetzt natürlich, man begegnete ihm endlich irgendwo. Seine Mutter zeichnet überhaupt mutmaßlich dafür verantwortlich, dass Herr Williams berühmt geworden ist. Sie soll ihn zum Take-That-Casting angemeldet haben. Er wurde genommen – und ist ihr auf ewig dankbar. Süß, nicht?

6. Er hat es sich verdient!

Bei Take That waren alle böse zu Robbie. Angeblich war vertraglich nicht nur der Ernährungsplan der Boygroup-Rekruten festgelegt, sondern auch der Verzicht auf Zwischenmenschliches. Das kann natürlich niemand von einem nicht mal 20-Jährigen verlangen. Also setzte sich der unterdrückte Robbie mit der verletzlichen Anarchisten-Seele darüber hinweg. Es gab Groupies, Drogen, wilde Partys. Vorläufiges Ende: Williams wurde 1995 rausgeworfen und verfiel Alkohol und Kokain, bis ihn seine Mutter zur Entziehungskur schleifte. Die anderen von Take That machten allein weiter, wirkten dabei aber plötzlich wie fiese, seitengescheitelte Streber. Im Jahr 1996 veröffentlichte Robbie Williams seine erste Solosingle, bezeichnenderweise das George-Michael-Cover *Freedom* – seitdem ging es mit ihm stetig aufwärts, was man von seiner ehemaligen Band nicht gerade behaupten konnte.

Echte Robbie-Verehrerinnen (und das sind, wie gesagt, viele) wissen das nicht nur längst, sie finden es vor allem nur gerecht und bleiben ihrem Supermann treu, quasi als Belohnung für durchlittene Qualen. So! Natürlich, eigentlich hätte Robbie auch endlich seine Traumfrau verdient. Aber da gibt es ja diese ein, zwei Probleme des Herausfilterns aus den infrage kommenden Massen. Zum Glück! Denn was würde denn dann aus uns? Robbie ist schließlich für alle da. Wie gesagt.

6. Wolle mer se reilosse?

Wieso schieben sich unter die Oberbetten liierter Männer kurz nach dem Einschlafen immer zwei Kühlakkus?

Die Kühlmaschine (...) zu pflegen,
dazu verpflichten Sie am besten Ihren Mann.

Aus der Gebrauchsanleitung eines Bosch Kühlschranks aus dem Jahr 1956

Ein Zimmer im fahlen Mondlicht. In einem großen Doppelbett zeichnen sich unter den Plumeaus die Konturen zweier menschlicher Körper ab. Einer der Körper ist größer und breiter, aus seiner Richtung ertönt ein leises Schnarchen. Der kleinere Körper windet sich plötzlich, dreht sich mit der Bettdecke in Richtung des großen Körpers (ungefähr so, wie sich eine Robbe auf einer Sandbank fortbewegt), wälzt sich nah, ganz nah, noch näher an den großen Körper heran. Urplötzlich ist es mit dem Frieden vorbei. Der noch vor Sekunden babygleich schlummernde große Körper kreischt und zuckt zusammen, als sei ihm ein Elektroschock verpasst worden. So etwas Ähnliches ist auch passiert. Und es geschieht weiter jeden Abend – beinahe jahreszeitenunabhängig – in Millionen Schlafzimmern der gemäßigten Klimazonen: Ein Weib sucht für zwei Pakete tiefgekühlter Fischstäbchen, fälschlicherweise manchmal »Füße« genannt, unter der Decke ihres männlichen Co-Schläfers Asyl und bereitet einer warmen, kuscheligen, überaus gemütlichen Atmosphäre ein jähes Ende. Erfrischend!

Es gibt ja keine offiziellen Zahlen darüber, wie viele Ehen aufgrund von Eisbeinen geschieden werden, aber eins ist sicher: Der Streit darum, ob die Dame sich bei ihm aufwärmen darf, hat schon viele Partnerschaften in Krisen gestürzt. Vor allem, wenn er die Wärmespende verweigert. Es gibt Männer, die stopfen die Bettdecke rundherum so fest unter sich, dass es der Sozialpartnerin unmöglich gemacht wird, irgendwo durch eine Lücke ihre eisige Ware einzuschmuggeln. Kerle, die sich für ganz schlau halten, übernachten vielleicht gleich im Schlafsack. Doch die haben nicht mit ihrer Partnerin gerechnet. Denn mit einem derart herzlosen Mann ohne jegliche menschliche Wärme (besser gesagt die Bereitschaft, sie mit seinem geliebten Weib zu teilen) kann eine Frau ja nicht ohne weiteres zusammenleben! Wer weiß, vielleicht verhielte er sich in anderen Notsituationen ähnlich unsozial und nur auf seinen eigenen Vorteil bedacht? Würde er das letzte Butterbrot mit ihr teilen oder es allein verschlingen? Hätte er ihr beim Untergang der Titanic auch so ritterlich das rettende Wrackteil überlassen wie Leonardo di Caprio Kate Winslet? Nein, kein Zweifel, er hätte sich garantiert selbst darauf gelegt und sie, seinen »Mausepups«, in den eisigen Fluten ertrinken lassen! Solche Gedankengänge werden dann natürlich auch gerne nachts um halb eins zur Diskussion gestellt, etwa mit der sachlichen Einleitung: »Ich habe vielleicht Eisklötze als Füße, aber du hast welche da, wo andere ihr Herz haben.«

Das Problem hat einen Namen. Für den belästigten Mann heißt es Biggi, Susanne oder Maria, Wissenschaftler nennen die anormal kalten Extremitäten Raynaud-Phänomen. Die Endung »Phänomen« deutet unauffällig bereits darauf hin, dass die Kaltfuß-Forscher sich die Sache nicht so recht erklären können. Zumindest nicht, warum nachweislich besonders häufig Frauen davon betroffen sind. Zunächst einmal handelt es sich dabei um eine ganz normale Reaktion auf Kälte. Das Abkühlen ist ein Schutzmechanismus, um die Kernwärme des Körpers von 37 Grad zu bewahren. Sinken die Temperaturen, verengen sich auf ein Nervensignal hin die Gefäße, und das Blut wird vor allem in die lebenswichtigen Organe Herz und Gehirn gepumpt. Alles, was weiter entfernt ist, bekommt dennoch weniger ab. Das passiert bei Männern natürlich auch, bei Frauen fällt der Effekt aber aus nicht geklärten Gründen oft wesentlich stärker aus, so dass Füße und Finger nicht nur kalt, sondern häufig gar weiß oder blau werden.

Wahrscheinlich, so lautet zumindest unsere Vermutung, muss bei den Jungs einfach ein bisschen weniger Blut aus den Randbezirken abgezweigt werden, schließlich ist es ihr Gehirn dank der Erfindung des Genitalschwellkörpers gewohnt, selbst unter spärlichster Durchblutung zumindest noch lebenserhaltend zu arbeiten. Zugegebenermaßen eine etwas unwissenschaftliche Erklärung, aber doch immerhin lo-

BUKO, der
Akronym für Beischlaf-Utensilien-Koffer. Enthält alles, was Frauen und Oliver Kahn in kompromittierender Lage so brauchen (natürlich nur das Nötigste!): Nähzeug, Selbstbräuner, Halbfettmargarine, Yogamatte, Nagellack, Epiliergerät, Fleckensalz, Aerobic-Video ...

gisch (nicht wahr, liebe Leserinnen?). Wärmer wird uns davon allerdings auch nicht.

Vermutungen, die Kaltfront am Fußende habe etwas mit hormonellen Schwankungen zu tun oder mit dem oft geringeren Körpergewicht der Frauen, ließen sich nicht bestätigen. Was also tun? Mit dem Rauchen aufhören, sagen Ärzte, denn das verengt die Gefäße zusätzlich. Außerdem Wechselduschen machen, Socken anziehen oder Rosmarincreme in die Füße massieren. Schön und gut, das kann natürlich helfen. Muss es aber nicht.

Wir hätten da ohnehin einen viel besseren Tipp, und der geht an Sie, liebe Leser, mit den Eisprinzessinnen an Ihrer Seite: Besorgen Sie einfach einen handelsüblichen, flachen Plastikschlauch (wird zuweilen unter der Bezeichnung »Wärmflasche« verkauft). Wenn Sie wollen, in Herzform – so demonstrieren Sie deutlich Ihre guten Absichten. Befüllen Sie diese raffinierte Gerätschaft vor dem Zubettgehen mit sehr warmem Wasser und platzieren Sie sie in der Betthälfte Ihrer Liebsten, ziemlich weit unten. Tun Sie das jeden Abend, mit Ausnahme jener seltenen Sommertage, an denen das Thermometer selbst nachts nicht unter etwa zweiunddreißig Grad Celsius fällt. Wir garantieren Ihnen: Die Probleme treten nie wieder auf!

MfG, Dein PMS

Warum die Hormone auch für Frauen immer eine prima Entschuldigung sind

Brüllt ein Mann, ist er dynamisch.
Brüllt eine Frau, ist sie hysterisch.
Hildegard Knef

Was haben eine bundesdeutsche Partei, die es bei der letzten Bundestagswahl nicht über die Fünf-Prozent-Hürde geschafft hat und eine weibliche Unpässlichkeit neuerdings gemeinsam? Die Abkürzung. Das Prämenstruelle Syndrom, besser bekannt als PMS, heißt jetzt PDS oder genauer: »Prämenstruelle dysphorische Störung«. Außer dem Namen hat sich wenig geändert, wie bei *Twix* und *Raider* ist immer noch dasselbe drin. Bei dem Pausensnack bleibt die Sache also weiterhin relativ überschaubar: Keks, plombenfeindliches Karamell und Vollmilchschokolade. Im Falle von PDS/PMS bedeutet das: Schmerzen in Unterleib und Rücken, Spannungsgefühl und Ziehen in den Brüsten, Übelkeit, Migräne, Pickel, geschwollene Beine, Schlafstörungen, Reizbarkeit und noch einige fiese Sachen mehr. Neu ist allerdings, dass PDS jetzt von vielen Ärzten offiziell als Krankheit anerkannt wird. Irgendwie finden wir das ja bedenklich. Man führe sich vor Augen: Studien zufolge haben bis zu 90 Prozent aller Frauen im fruchtbaren Alter zumindest das ein oder andere Symptom, bevor der *o.b.* schließlich seiner Bestimmung zugeführt wird. Einige Frauen gar von der Zyklusmitte bis zum Ende der Menstruation. Das sind drei Wochen. Wir sehen vor unserem geistigen Auge schon Personalchefs, die in Zukunft rigoros die Einstellung jeder weiblichen Kraft verweigern, weil sie sich ausrechnen, dass jede Mitarbeiterin zwischen 12 und 50 – also etwa der Großteil aller weiblichen Beschäftigten – mit Fug und Recht der Krankenkassen drei Wochen im Monat fehlen darf, weil sie sich offiziell krankschreiben lassen kann. Nun gut, das ist vielleicht etwas überzeichnet, so weit wird es wohl nicht kommen, und den 10 Prozent Frauen (die in den eben erwähnten 90 Prozent enthalten sind), die wirklich so massiv unter prämenstruellen Beschwerden leiden, dass sie an einigen Tagen das Bett hüten müssen, ist mit der Regelung sicher besser geholfen als bisher.

Man kann das Ganze ja auch positiv sehen. Endlich ist verbrieft, dass es uns *allen* an den Tagen vor den Tagen schlecht geht. Dass wir seltsam sein dürfen. Es sind die Hormone, und die müssen ja bei den Männern auch immer für allerlei Merkwürdigkeiten herhalten. Ob das nun Drängelei mit Lichthupe auf der Autobahn ist, Pinkeln im Stehen, Sweatshirt in der Hose oder Telefonrechnungen von 600 Euro wegen Anrufens dubioser 0190er Nummern. Nein, niemand darf uns schelten, wenn wir bei diesem BBC-Film über die possierliche Bergheuschrecke Hinterindiens halbstündige Heulkrämpfe bekommen. Schließlich ist ein Heuschreck einem fiesen, gemeinen, hinterhältigen Vogel zum Opfer gefallen, der aber – das wird uns in seiner ganzen tragischen Tragweite plötzlich klar – keine andere Wahl hatte, wenn er selbst überleben wollte. Wie perfide doch das Leben ist! Die arme Heuschrecke! Der arme Vogel! Wir Armen! Oh, die Teetasse ist quasi von selbst geflogen, eben, bei diesem unerklärlichen Wutanfall. Es sind die Hormone, uns trifft keine Schuld. Man bringe uns Wärmflaschen, massiere uns den Bauch und den Rücken und am besten auch noch die Füße. Koche uns Tee. Gebe uns Liebe. Das heißt, wenn wir gerade wollen. Kaufe uns Schokolade mit Glückshormonen drin und baue eine Sauna ins Bad, damit wir diese übermäßigen Wassereinlagerungen ausschwitzen können. Man helfe uns, die Fenster zu putzen und alles aus den Schränken zu räumen, damit wir bei unserem prämenstruellen Putzanfall dahinter saugen können.

Schließlich gibt es Schlimmeres als diese paar Schrulligkeiten. Wir möchten sie unter dem Etikett »liebenswert« verwahrt wissen. Geht ja vorbei. Bis dahin wäre ein wenig Toleranz der Umwelt wirklich nett, es ist schon ungerecht genug, dass wir diejenigen sind, die sich einmal im Monat damit herumschlagen müs-

Cellulite
Hauterscheinung an Po und Oberschenkel, die 80 Prozent aller Frauen betrifft. Wurde versehentlich als Makel deklariert. Unerschöpfliche Einnahmequelle für die Kosmetikindustrie.

sen. Außerdem werden wir mal versuchen, unseren Salat mit Hanföl anzumachen. High werden wir davon zwar wahrscheinlich nicht, aber in Hanföl ist Gamma-Linolensäure enthalten. Und die hilft gegen PMS. Oder PDS. Angeblich – so behauptet zumindest der Hanföl-Anbieter *powercorn* im Internet – in 61 Prozent aller Fälle.

Ob sich daraus automatisch ableiten lässt, dass Kiffen gegen vormenstruelle Miesepetrigkeit hilft? Einen Versuch wäre es wert.

Entdecke die Möglichkeiten

Die Frau und ihre vier Wände – so etwas wie eine Lebensaufgabe ...

Wir haben bei IKEA nicht nur einmal, sondern mehrmals Rabatt bekommen. Und nicht nur 10 Prozent, sondern auch 15 Prozent. Und ich stehe dazu.

Kurt Biedenkopf

Es gibt einen Satz, der, obwohl aus dem Mund seiner sonst sehr geschätzten Partnerin stammend, beinahe jedem Mann den Tag vermiesen kann. Dieser Satz lautet nicht: »Rudi Völler geht zu Galatasaray Istanbul«, oder: »Verona Feldbusch ist eigentlich ein Mann«. Dieser Satz lautet: »Schatz, die Teelichte sind alle!«

Ein Tag, der mit diesem Satz beginnt, das weiß jeder Mann, endet zwangsläufig zwischen Hackklößchen mit Preiselbeer-Dekoration und Einrichtungspreziosen namens *Ockelbo* und *Tromsö* in einem bekannten skandinavischen Möbeldiscounter. Stunden wird der Mann zwischen Knoblauchpressen und Kleiderschränken in Fichte natur verbringen, wird zunehmends entkräftet neben seiner energisch ausschreitenden Gefährtin hertrotten und die Sinnfrage stellen: Wie kann es angehen, dass man 42 Minuten für die Entscheidung zwischen einem Alu- und einem Kunststoff-Sieb benötigt und dabei auch noch Spaß hat?

Männern in derartigen Extremsituationen ist es vielleicht ein Trost zu wissen, dass Frauen sich nicht aus seelischer Grausamkeit so verhalten. Nein, die Freude, die wir empfinden, wenn wir aus der »Fundgrube« die Wolldecke *Ölandstok* leicht angeschmutzt, aber fünf Euro billiger angeln, kommt von Herzen und hat viel mit dem viel zitierten weiblichen Nestbautrieb zu tun (muss man den wirklich noch erläutern?).

Aber eben nicht nur. Denn die Tatsache, dass Frauen Wert auf vernünftiges Mobiliar und Designerbetten von Rolf Benz legen, während Männer klaglos Nacht für Nacht Europaletten und Ytong-Steine beschlafen, erklärt noch lange nicht folgende Absonderlichkeit: warum wir Mädels im Laufe unseres Lebens mindestens den Gegenwert einer Villa am Genfer See in Deko-Schrott investieren, der nach geraumer Zeit sowieso in Flohmarktkartons landet. Denn natürlich unterliegen auch Lichterketten in Obstform, Kissen mit Goldbommeln oder die Produktpalette von *Leonardo* einem gewissen Stildiktat. Diese Dinge, machen wir uns da nichts vor, kauft man nicht fürs Leben. Und spätestens wenn Asia-Accessoires im *Lidl*-Prospekt erscheinen, sollte man den entsprechenden Nippes tunlichst in einem möglichst entlegenen Keller entlagern. Doch formulieren wir es ruhig noch ein bisschen schärfer, ein wenig Selbstkritik an geeigneter Stelle ist nicht grundsätzlich verkehrt: Warum bloß sind ansonsten intelligente weibliche Wesen so dusselig, ihre Finanzen für Staub ködernden Plunder zu verschleudern, anstatt für die entsprechende Summe die Hütte, in der sie das Zeug parken, käuflich zu erwerben? Wäre ja auch keine ganz dumme Idee. Dennoch: Keine Frau setzt sich ernsthaft mit diesem Gedanken auseinander.

Möglich, dass es wie ein Rückfall in graue Urzeiten klingt, wenn wir behaupten: Frauen sind da recht einfach gestrickt und freuen sich über – zugegeben dämliche – Sätze wie »Oh, ein *Alessi*-Kessel!« oder »Wo hast du nur diese süße Fußmatte her?« möglicherweise mehr als über ein Kompliment wegen ihrer Intelligenz. Für Letztere können wir nichts, für eine effektvoll platzierte Windlichtrabatte neben der Badewanne dagegen schon. Unsere Wohnung ist schließlich, nach den noch wichtigeren Posten Kleidung und Hygiene, unser Aushängeschild für die Welt. Und die soll sich wohl fühlen (nette Gäste) oder zumindest angemessen neiderfüllt sein (nicht ganz so nette Gäste). So viel steht mal fest.

Eine Symbolfigur der weiblichen Dekoleidenschaft, sozusagen die Jackie O. der Wohnkultur, ist demgemäß die Hausherrin der Wohnseiten einschlägiger Frauenzeitschriften. Jene Frau, die mit kunstvoll verwuschelter Hochsteckfrisur auf einem weißen, einwandfrei sauberen Leinensofa liegt, gemütliche Wollsocken ohne Loch trägt und aus beneidenswert schönen Steinguttassen im Mexiko-Design Freundinnen mit Wellnesstee bewirtet. Nix da mit Chipskrümeln, schon gar nix mit überall herumfliegender Dumpf-Lektüre wie KICKER oder FHM –

Cola-Light-Mann
Moderner Prinz, der statt auf einem Pferd auf einem Fahrrad reitet und Getränke mit Süßungsmitteln oder – in der bundesdeutschen Standardversion – auch nur eilige Schriftstücke ausliefert. Ist um die 30, studiert im 24. Semester Amerikanistik im Grundstudium. Hat keine Zeit zum Lernen, weil die Modellierung von Waschbrett und Bizeps seine uneingeschränkte Aufmerksamkeit fordert. Feuchter Mittagspausen-Traum weiblicher Büroangestellter.

diese Frau hat ihr Leben im Griff. Der Mann an meiner Seite murmelt gerade mit unverhohlener Bissigkeit »und bestimmt einen implantierten Chip im Hirn, diese aseptische *Laura-Ashley*-Grinse«. Woran man schon sehen kann, dass Männer von gewissen Dingen einfach keine Ahnung haben, denn nie und nimmer stammt dieses klassisch schlichte Sofa von *Laura Ashley* – da würde ich meine nagelneue *Bassetti*-Bettwäsche drauf verwetten!

Insofern wollen wir allen Männern, die Wert auf ihr inneres Gleichgewicht und kein verfrühtes Infraktrisiko legen, einen Rat geben, der von Herzen kommt: Meine Herren, lassen Sie die reizenden Geschöpfe an Ihrer Seite sich in diesem Punkt ruhig verwirklichen! Verkneifen Sie sich ätzende Kommentare, wenn der neue, von der Dame ausgesuchte Tisch zwar durch ausgesuchte Eleganz in der Linienführung besticht, aber in Sachen Stabilität Kate Moss in ihren magersten Zeiten Konkurrenz macht. Schreiten Sie gelassen über Zugluftstopper in Schweineform oder flächendeckend verteilte Bodenkissen im Peking-Stil hinweg. Und vor allem: Mieten Sie sich eine Garage, einen Container oder am besten gleich eine Parzelle in der Sperrmülldeponie, wo Sie all den Krempel, den Sie im Laufe Ihrer Wohnkarriere als Single lieb gewonnen haben, entsorgen. Sie werden eine Frau nun mal eher davon überzeugen, dass Dieter Bohlen ein ernst zu nehmender Chefredakteurskandidat für EMMA ist, als davon, dass aus alten Jaguar-Sesseln zusammengeschweißte Sitzmöbel oder Air-Brush-Gemälde mit Kylie-Minogue-Motiv in eine ordentliche Wohnung gehören. Trösten Sie sich einfach damit, dass Sie exakt den (Millionen-)Betrag, den sie für die Verschönerung der heimischen vier Wände verschleudert hat, in Alufelgen, *Recaro*-Sitze und andere Liebhaberstücke Ihres lokalen KFZ-Dealers umsetzen werden. Sie kennen doch den schlauen Spruch: Platz ist in der kleinsten Hütte.

Bezeichnenderweise war es auch eine Frau, die in den 90er Jahren ein Phänomen auf den Punkt brachte, das unserer Verliebtheit in die eigene Wohnung so etwas wie ein theoretisches Fundament gab. »Co-

cooning« nannte die amerikanische Trendforscherin Faith Popcorn die Weigerung der Generation zwischen 20 und 30, hinaus in die Welt zu gehen, sich bis zum Brechreiz zu betrinken und all die anderen amüsiertechnischen Dinge zu tun, die man von Menschen in diesem Alter nun mal erwartet. Stattdessen blieb man zu Hause, blätterte in der Wohnbibel WALLPAPER und bekochte Freunde mit Tunfischcarpaccio in der *Bulthaup*-Küche. Die Begründung für diese erstaunliche Entwicklung lautete: Chaos, Kriege und politisches Versagen in der äußeren Welt, vor der die neuen Stubenhocker einfach kapitulierten. Alles Erkenntnisse, für die Frau Popcorn sehr zu danken ist, die dennoch mitnichten die Frage klären, warum der Mann an meiner Seite trotz angeblich neu entdeckter Häuslichkeit nie auf die Idee kommt, mal mit einem Lappen ums Klo zu wischen.

Aber Tunfischcarpaccio, das kriegt er schon ganz gut hin, und man kann ja nicht alles haben. Oder?

Nur das Nötigste, wirklich!

Die Handtasche – das unentbehrliche Survival-Kit für die Frau. Was schleppen die Damen da eigentlich immer mit sich rum?

> Und da ich ein junger Dandy und obendrein noch Student bin, interessiert mich am meisten die Handtasche einer modischen Frau, einer hübschen jungen Studentin. Ich frage mich: Was enthält und verbirgt diese rote erotische Lacktasche, der es gelingt, meine Aufmerksamkeit auf sich zu lenken?
>
> *Anant Kumar,* Die Handtasche

Verschwörungstheorien liegen im Trend. In Internet-Foren und an Stammtischen beschäftigen sich gern die wirklichen Kenner der Politik mit den Hintergründen der aktuellen Geschehnisse. Regierungen seien unterwandert, die Mondlandung nie passiert und die Fäden des Weltgeschehens lägen in mächtigen Händen hinter den Kulissen, während strunzdumme Politiker im Vordergrund eine Art Oberstufen-Theater-AG-Aufführung zum Besten geben. Man kennt das ja aus Bond-Filmen und Douglas-Adams-Romanen. An der ein oder anderen Theorie mag durchaus etwas dran sein oder auch nicht. Das vermögen wir hier nicht zu klären.

Eine Theorie entspricht allerdings mit an Sicherheit grenzender Wahrscheinlichkeit der Wahrheit, wenn sie auch unseres Wissens noch keine öffentliche Beachtung gefunden hat. Das liegt vielleicht daran, dass »nur« eine Hälfte der Weltbevölkerung von den direkten Folgen betroffen ist, nämlich die weibliche. Die Rede ist von der heimlichen Absprache zwischen Damenoberbekleidungs-Designern und Handtaschen-Herstellern. Wie die aussieht? Die Handtaschen-Heinis bestechen die Designer (wir vermuten: mit Privatkonzerten von Barbra

Streisand, Nacktputzer-Raumpflegeabos oder lebenslanger Vanille-Bodylotion-Versorgung). Im Gegenzug verpflichten sich die Designer, den Großteil der Klamotten für Frauen *nicht* mit Taschen auszustatten und seien sie noch so klein (öffentliche Ausrede: »trägt auf«). Das hat natürlich Konsequenzen. Entweder, die in edlen Zwirn gewandete Dame gehört zu den Frauen, die über einen gutmütigen persönlichen Packesel verfügen und kurz vorm Aufbruch in dessen Richtung flöten: »Duhu, Schahatz, könntest du bitte die paar Sachen hier einstecken?« In diesem Fall ist die Frau zum Minimalismus gezwungen, wirklich nur das absolut Unentbehrliche (Portemonnaie, Schlüssel, Lippenstift) mitzunehmen, denn selbst die textilen Wegsteck-Möglichkeiten des Mannes sind begrenzt.

Du darfst
Bezeichnung für eingeschweißte Lebensmittel, die nicht dick machen sollen. Darum essen wir davon auch das Doppelte.

Wahrscheinlicher ist eine andere Verhaltensweise, die durch das Komplott angestrebt wird. Das Weib sieht sich genötigt, für ihre Utensilien das zu erwerben, was heutzutage unter der Bezeichnung Handtasche, Bowling-Bag, Shopper oder ähnlich euphemistischen Bezeichnungen verkauft wird: einen Umhänge-Schrank oder wenigstens eine Umhänge-Kommode. Schließlich geht »frau« ja auch mal allein aus und will nicht permanent auf männliche Begleitung angewiesen sein. Das Behältnis ist aus Plastik, Tierhäuten, Wolle, Zeltplanen, alten Autoreifen oder Kronkorken – je nachdem, was die Taschen-Designer gerade so für richtig halten. Natürlich muss in regelmäßigen Abständen ein neues Täschchen her, die Hipness der durchschnittlichen Damentasche verfällt heutzutage schneller als ein ehemaliger TV-Container-Insasse in der medialen Versenkung verschwindet. Nicht zuletzt wird auf diese Weise ein riesiger Industriezweig am Leben erhalten.

Dadurch, dass die Frauen mit ihrer Tasche nun über eine Menge Zusatzspeicher verfügen, füllen sie ihn auch, das ist bei Handtaschen nicht anders als bei Computern. Das Raumwunder, in das im Normalfall ein halbes Monatsgehalt investiert werden musste, lohnt sich kaum, wenn sich darin lediglich ein Schlüssel, eine Geldbörse und ein paar Schminkutensilien verlieren. Um den Platz sinnvoll auszufüllen, rüsten sich Frauen für so ziemlich alle Eventualitäten, die das Leben in Mitteleuropa so bieten kann, von atlantischen Tiefausläufern (Taschenschirm) über Frustanfälle (Schokoriegel) bis zu Zufallsbekanntschaften (Stift und Zettel, Kondome, Parfum, Pfefferminz, Schminke, Ersatzslip, Deo, Reisezahnbürste etc.). Im Prinzip ist die durchschnittliche Handtasche eine Art Survival-Kit und darüber hinaus die portable Entsprechung der in den meisten Haushalten vorhandenen Schublade, in der Kleinigkeiten verwahrt werden, die man eventuell mal brauchen könnte und mit denen man sonst nicht weiß, wohin. Da offenbar in Kooperation mit der Raumfahrt- und Rüstungsindustrie außerdem Raum-Zeit-Löcher in Handtaschen eingenäht werden, die sich in unregelmäßigen Abständen öffnen und schließen, ist leider nicht garantiert, dass man auf Anhieb findet, was gerade benötigt wird. Zum Beispiel ist die Geldbörse an Supermarktkassen meistens ins Nichts entglitten, dafür fällt einem das jüngst gesuchte Nagelpflegeetui wieder glücklich in die Hände.

Als Anfang 2003 eine junge Tanztherapeutin aus dem Publikum der Harald Schmidt Show auf dem Gästesessel saß und für jeden Gegenstand in ihrer Handtasche 20 Euro kassierte, verließ die Dame, wie sich leicht vorstellen lässt, mit einem hübschen Sümmchen das Studio. Allerdings: Sat 1 hat Glück gehabt, dass wir an dem Abend nicht da waren, um unseren Tascheninhalt auszubreiten. Das wäre richtig teuer geworden.

Wären wir allerdings wirklich vor Ort gewesen, hätten uns vermutlich nette Männer begleitet. Und dann hätten wir wahrscheinlich nicht mal eine Tasche dabeigehabt.

Schatz, fahr doch mal den Abfallcontainer aus der Einfahrt.

Warum ansonsten penibel auf Ordnung bedachte Frauen ihre Autos behandeln, als seien sie eine Wertstoffsammelstelle? Außerdem: Der wahre Grund, warum Frauen nicht einparken können

Die erotische Bedeutsamkeit des Automobils wird offenbar, wenn man darauf achtet, wie viele große und elegante Wagen von hässlichen Leuten gefahren werden.

Sigmund Graff

Unsere Freundin Lucia fährt gerne Auto. Doch sie fährt nicht nur gern, sondern auch lange und weit und schnell. Ihr Freund wohnt in Rostock, Lucia in Dortmund, und darum muss sie mit – oder besser in – ihrem Renault ganz schön viel Zeit verbringen. Meistens allein, manchmal nimmt sie auch Leute über die Mitfahrzentrale mit. Sie würde noch viel öfter Leute mitnehmen, aber das hängt meist davon ab, ob sie am Tag vor der Fahrt ein paar Stunden Zeit hat, ihr Auto aufzuräumen. Neben wechselndem Krempel wie Sporttaschen, Skijacken, Zeltplanen, Regenschirmen, Wasserflaschen, Katzenstreu und dergleichen wird in ihrem Kraftfahrzeug auch der ein oder andere Gegenstand permanent gelagert. Nicht viel, nur ein paar Sachen. Zum Beispiel die *Converse*-Turnschuhe von 1985 mit Loch in der Sohle, getragen bei diversen legendären Festivals. Die sollten eigentlich längst in den Müll, was Lucia sich gerade noch rechtzeitig anders überlegt hat. Dann das Bikini-Oberteil, dessen zugehöriges Höschen seit einem Gardasee-Urlaub mit ihrem Ex (als er noch nicht ihr Ex war) nicht

Damenbart
Laune der Natur, die auch Frauen ein Recht auf Rotzbremsen zugesteht. Ein Recht, auf das wir gerne verzichten.

mehr aufgetaucht ist. Zeitschriften, die sich kurz vor der Pulverisierung befinden. Dazu eine vergilbte Straßenkartensammlung der Jahre 1988 (da hat Lucia ihren Führerschein gemacht) bis 2003. Einige Smiths-, Chameleons- und Depeche-Mode-Cassetten (der Wagen verfügt seit etwa sechs Jahren über einen CD-Player), leere CD-Hüllen, volle CD-Hüllen, ein Beachballspiel (ohne Ball), ein Volleyball (ohne Luft), eine Decke (falls Lucia im Winter mal mit Panne liegen bleibt), mehrere Flyer und Windschutzscheibenwerbezettel und dergleichen mehr. Im Fußraum vor dem Beifahrersitz erneuert sich stets auf wundersame Weise ein Kunstwerk, eine Anklage an die Wegwerfgesellschaft aus unzähligen Big-Sandwich-Eispapieren, Katjes-Tüten (Lakritzbatzen), Lakritzbatzenzuckerkrümeln, geknüllten Brötchentüten und den Überresten eines zerschmetterten Billigkugelschreibers. Im Handschuhfach ein Liebesbrief eines verflossenen Freundes, der inzwischen bereits mehrfacher Familienvater ist, ein abgelaufener Personalausweis, nutzlose Mark- und Pfennig-Münzen, ein paar Euro Kleingeld ...

Und so weiter.

Lucia stört das rollende Museum nicht im Geringsten. Genauso wenig ficht es sie an, dass die ursprüngliche Farbe des Gefährts (wahrscheinlich Rot) durch die Schmutzkruste nur noch zu erahnen ist. Einen Staubsauger hat Lucias Wagen noch nie zu Gesicht bekommen. Allein Windschutz- und Heckscheibe säubert Lucia manchmal – selbstverständlich nur mit der fahrzeugeigenen Scheibenwischanlage, um nicht aussteigen zu müssen. An dieser Stelle können wir auch endlich mal mit einem weit verbreiteten Vorurteil aufräumen, nämlich dass Frauen angeblich nicht einparken können, weil sie fehlerhafte Gehirnhälften hätten oder was auch immer da an Macho-Blödsinn verbreitet wird. Der einzige Grund, weshalb wir Frauen manchmal nicht vernünftig einparken können, ist der sichtbehindernde Dreck beim Blick nach hinten!

Wer nun allerdings annimmt, Lucias Wohnung sehe ähnlich aus, der irrt gründlich. Ihr Altbau-Schmuckstück ist nicht nur äußerst geschmackvoll gestaltet, mit warmen Wandfarben, südfranzösischen Antiquitäten, orientalischen Bodenvasen, echten Kunstwerken und allerlei hübschem Schnickschnack. Es ist auch wunderbar aufgeräumt und geputzt, die Fenster streifenfrei, kein Staubkörnchen auf dem honigpolierten Thonet-Tisch.

Lucia ist beileibe kein Einzelfall. Da fragt sich so mancher Mann: Warum ist Frauen Sauberkeit und Pflege in einem Auto schnuppe? Sonst ärgern sie sich doch bereits über eine einzelne schmutzige Tasse in der Spüle und ertragen es nicht, wenn sich drei Haare im Abfluss der Badewanne befinden? Warum machen sie einem Mann die Hölle heiß, weil der arme Tropf nach dem Joggen einen Kubikmillimeter Schmutz in den Eingangsbereich der gemeinsamen Wohnung zu tragen wagt, während sie selbst in ihrem Kleinwagen Hausstaubmilbenkolonien und mumifizierte Spinnen nebst Bodenproben aus den unterschiedlichsten Gegenden herumchauffieren?

Eigentlich gibt es da nicht viel zu erklären. Es ist ja nicht so, dass Frauen ihr Auto nicht mögen. Im Gegenteil! Die Damenwelt schätzt ihre *Clios, Volvo-Kombis* oder *Enten* durchaus. Frauen mögen ihren fahrbaren Untersatz, weil er sie – mehr oder weniger zuverlässig – von ihrer Wohnung ins Café in der Stadt fährt, ins Yoga-Zentrum oder zur Arbeit. Sie mögen ihn, weil er wenig Sprit braucht, günstig in Versicherung und Steuer ist, weil die Heizung funktioniert und sie während der Fahrt ungestört *Que sera* knödeln oder »Klassikradio« hören können. Ja, Frauen mögen ihre Autos! In etwa so, wie sie ihre Spülmaschine mögen, den Backofen oder das Handy. Sie würden niemals darauf verzichten wollen.

Trotzdem, wir setzen die Prioritäten einfach anders! Wir sehen ein Auto als das, was es ist: als Gebrauchsgegenstand. Und weil dieser Gegenstand – anders als Spülmaschine oder Mixer – nicht ständig deutlich sichtbar in Wohnzimmer oder Küche herumsteht, muss er auch nicht pingelig sauber sein. Irgendwo muss »frau« ja die Energie einsparen, die sie braucht, um ihr Zuhause und sich selbst annehmbar zu gestalten. Wer bewundert außerdem das antistatisch gepflegte Armaturenbrett, wenn man zu Hause auf der Chaiselongue den umwerfenden neuen Nachbarn verführt?

Nein, Frauen verderben sich auch nicht den ganzen schönen Samstagvormittag, an dem man doch so schön beim Bauch-Oberschenkel-Po-Kurs die Side-Leg-Lifts machen kann, um vor der hochmodernen Waschanlage im Benzinmief zwischen lauter Jogginghosen-Fetischisten herumzuhängen, die im Autoradio laut Mark Oh laufen lassen und sich gerne die Zeit mit Sackkratzen vertreiben. Die sich anschließend nicht nur mit einer normalen Karosserie-Wäsche zufrieden geben, sondern dem Vehikel auch noch eine zärtliche Unterbodensäuberung, Felgenpolitur, Heißwachsversiegelung und Innenreinigung mit Feinstaubdüse angedeihen lassen. Und das alles, während vermutlich im trauten Heim die Hausstaubmilben Tango tanzen.

Nun ja, wollen wir mal nicht ungerecht sein: Wir kennen auch jede Menge Jungs, die täglich ihre Unterhose wechseln, die die Benutzung eines Wischmops in den eigenen vier Wänden nicht nur vom Hörensagen kennen und bei denen die Beschäftigung mit dem fahrbaren Untersatz nicht an kultische Anbetung grenzt. Trotzdem, auch diese Herren pflegen ihren Wagen in aller Regel besser als wir den unseren. Männer haben eine andere Beziehung zu ihrem fahrbaren Untersatz. Sie mögen ihre Benzinkutsche nicht nur, sie lieben sie! Das trifft auf den *Ferrari*-Fahrer genauso zu wie auf den *Mini*-Freund, den Trucker oder den *Opel*-Frickler. Männer polieren, rubbeln, streicheln ihre Autos zärtlich und hingebungsvoll. Wenigstens ab und zu. Und zuweilen so wie, ganz genau: ihr bestes Stück.

Damit wären wir bereits beim wichtigsten Argument in der Beweisführung: Kein Mensch schließt von Modell und Zustand des Fahrzeugs einer Frau auf die Ausstattung ihres Intimbereichs. Noch Fragen?

Ob ich das wohl kann?

Warum sind Frauen nur so verdammt bescheiden?

Bescheidenheit ist eine Eigenschaft, für die der Mensch bewundert wird, falls die Leute je von ihm hören sollten.

Egdar Watson Howe

»Sag mir eine bedeutende Entdeckung, die von einer Frau gemacht wurde.« Diese Aufforderung lässt selten lange auf sich warten, wenn an Stammtischen über die Intelligenz von Frauen diskutiert wird. In der Regel von Herren, die schon froh sein können, wenn sie ein paar Stunden später das Schlüsselloch ihrer Wohnungstür wiederfinden und die News von RTL II für allgemein bildend halten. Andererseits: Die Behauptung ist ja richtig. Die Damen in Forscherkreisen waren bis ins 20. Jahrhundert hinein wirklich rar. Dann fing es sehr langsam an, mit Marie Curie und der Entdeckung der Radioaktivität. Nur: Mit der Intelligenz hat die zahlenmäßige Unterlegenheit wenig zu tun, eher damit, dass Frauen seinerzeit einfach nicht aufs Gymnasium gelassen wurden und erst recht nicht auf die Uni. Heute ist das ja Gott sei Dank anders. Mädchen machen Abitur, gewinnen bei *Jugend forscht* und stellen die Hälfte aller Studierenden. Frauen schneiden in Intelligenztests genauso gut ab wie Männer. Sie hatten schon in der Schule bessere Noten als Guido oder Thomas oder Lutz neben ihnen, der es zuweilen sogar beim Abschreiben noch fertig gebracht hat, Fehler einzubauen. Außer ihrer kognitiven Intelligenz besitzen Frauen, so sagt man, einen hohen Faktor an so genannter emotionaler Intelligenz, die es ihnen zum Beispiel ermöglicht, ihre Fähigkeiten sinnvoll sozial einzusetzen. Sagen wir, indem sie Guido (oder Thomas oder Lutz) haben abschreiben lassen, weil der Arme ja sonst sitzengeblieben wäre. Frauen wird außerdem eine höhere sprachliche Begabung als den Herren bescheinigt. Bei all diesen ganzen Vorteilen machen die leichten Defizite im räumlichen Vorstellungsvermögen (genau: die unselige Einpark-Geschichte) nicht mehr viel aus. Auch der etwas einseitigen Ansicht des Neuropathologen Paul Möbius, der anno 1900 eine Abhandlung *Über den physiologischen Schwachsinn des Weibes* veröffentlichte, stimmen heute nur noch *wirklich* Schwachsinnige zu. Das sind nun mal in der Mehrzahl Männer, denn die sind »im sehr niedrigen Intelligenzbereich« stärker vertreten als Frauen. So etwas behauptet jedenfalls der Ulmer Forscher Horst Hameister, der entdeckt hat, dass Intelligenz-Gene immer auf dem weiblichen X-Chromosom liegen und nie auf dem männlichen Y. Wenn die Frau also unter ihren beiden X ein »schwachsinniges« hat, kann das andere zum Glück alles wieder rausreißen, Männer dagegen haben leider nur eins. So ein Pech!

Man könnte also meinen, dass wir keinen Grund haben, unser Licht unter den Scheffel zu stellen. Dennoch tun wir genau das. Und das ist jetzt nicht einfach nur so dahergesagt: Die Psychologin Halla Beloff von der Universität Edinburgh bat im Jahr 2000 502 Frauen und 256 Männer, ihre eigene Intelligenz einzuschätzen. Die Frauen waren deutlich bescheidener, sie setzen ihren IQ im Schnitt bei 120 Punkten an, die Männer bei 127 (der normale Mittelwert für den IQ liegt bei 100). Die Jungs glaubten außerdem, sie seien intelligenter als ihre alte Dame und in etwa so klug wie ihr Erzeuger. Die Frauen hielten sich für dümmer als ihren Vater, ungefähr so wie ihre Mama. Frau Beloff fürchtet, dass diese schlechte Selbsteinschätzung der Grund sein könnte, dass Frauen seltener Karriere machen als Männer.

Dafür gibt es noch weitere Hinweise. Stellen wir uns einmal spaßeshalber einen Mann und eine Frau vor. Nennen wir sie Rüdiger und Simone. Nehmen wir an, Rüdiger und Simone sind gleich qualifiziert, gleich alt, gleich schlau. Rüdiger und Simone können beide Englisch und Spanisch, sie wohnen in der gleichen Stadt, sagen wir in Hamburg. Rüdiger und Simone sind weder verwandt noch verschwägert oder verliebt, sie kennen sich nicht mal. Rüdiger und Simone suchen beide eine neue Stelle. Beiden fällt am Samstagmorgen beim späten Frühstück zwischen Marmeladencroissant und Milchkaffee (Simone) beziehungsweise Espresso und Leberwurstbrot (Rüdiger) die gleiche Stellenanzeige im HAMBURGER ABENDBLATT auf. Es wird – zum Beispiel – ein Business Development Manager gesucht. Rüdiger liest das Anforderungsprofil und reibt sich die Hände: »Yeah! Das ist *mein* Job!«, denkt er und nimmt sich vor, am Montag sofort seine Bewerbung loszuschicken. Auch Simone ist interessiert. »Hmmm«, grübelt sie, »hört sich wirklich gut an.« Dann beginnt sie, die geforderten Fähigkeiten kritisch mit den ihren zu vergleichen: Perfekte Englischkenntnisse soll sie haben. Ob da das eine Jahr in den USA reicht, dazu ihr Praktikum bei der Eventagentur in London und die Eins auf dem Abi-Zeugnis? Organisationstalent will man. Na ja, organisieren kann sie schon, aber wer weiß, was die da von ihr verlangen. Vielleicht finden die es nicht besonders beeindruckend, dass sie die Marketing-Events für den Automobilhersteller in England an den Start gebracht hat. So schwierig war das ja nun auch wieder nicht! Simone macht sich noch einen Milchkaffee und grübelt weiter. Der ideale Bewerber soll eine hohe soziale Kompetenz besitzen und Leute anleiten können. Ob da ins Gewicht fällt, dass Simone schon Schulsprecherin war und später in Eigenregie eine Stadtzeitung gemanagt hat? Das interessiert diese Firma bestimmt nicht. So macht Simone weiter und ist sich am Ende nicht so ganz sicher, ob die Firma wirklich sie braucht. Trotzdem will sie eine Bewerbung losschicken.

Nehmen wir weiter an, Simone und Rüdiger werden tatsächlich zum Bewerbungsgespräch eingeladen. Sehr wahrscheinlich wird Simone auf die Frage des Interviewers, warum sie für die Stelle besonders geeignet sei, wesentlich weniger erzählen als Rüdiger. Und Rüdiger wird sehr wahrscheinlich die Stelle kriegen. Nicht, weil er ein Mann ist und der Chef auf der anderen Schreibtischseite ein sexistisches Schwein, das Frauen für Spülmaschinen mit eingebauter Blasfunktion hält. So was gibt es sicher auch manchmal, doch wahrscheinlicher ist folgender Grund: Rüdiger hätte die Stelle bekommen, weil er ein gesundes Maß an Unbescheidenheit an den Tag gelegt hätte. Die Psychologin Monika Sieverding vom Berliner Institut für Arbeits-, Organisations- und Gesundheitspsychologie fand in einer Studie nämlich heraus, dass Frauen sich im Durchschnitt eine Minute kürzer fassen als ihre männlichen Mitbewerber. Dummerweise werden diejenigen besser beurteilt, die am längsten und

Dauerwelle, missglückte
Unvermeidliche Episode in der weiblichen Sozialisation, zumindest, sofern die 70er und 80er bereits einigermaßen bewusst erlebt wurden. Das Opfer fordert vom Figaro meist »große Locken wie bei der Cindy Crawford«, verlässt den Salon in der Regel aber mit einer Frisur, die auf einer Pudelschau Chancen auf den ersten Preis hat. Klagen auf Körperverletzung bleiben meist erfolglos.

selbstbewusstesten über sich selbst sprechen. Sieverding kam zu dem Schluss, dass im Vorstellungsgespräch nicht fachliche Qualifikation, sondern die Selbstsicherheit der Bewerber zählt. Außerdem, dass Frauen häufiger ihre Kompetenzen unterschätzen und ihnen das Anpreisen der eigenen Person, als seien sie ein neuer Bauchweg-Trainer im Homeshopping-Kanal, unangenehm ist. Kommunikationswissenschaftlerin Deborah Tannen erklärt dieses Phänomen in ihrem Buch *Du kannst mich einfach nicht verstehen* wie folgt: »Weil Frauen Gemeinsamkeit schaffen wollen, neigen sie dazu, ihren Sachverstand herunterzuspielen, statt ihn offen zu zeigen.« Blöde Sache! Vor allem im Bewerbungsgespräch.

Ein Erziehungswissenschaftler würde jetzt vermutlich total verständnisvoll erklären, dass es dafür Gründe gibt. Dass Mädchen belohnt werden, wenn sie lieb sind und die Klappe halten, während Jungs auf die Schulter gehauen wird, wenn sie herumkrakeelen und angeben, bis sich die Balken biegen. Da können wir uns jetzt ein Ei drauf backen. Besser wäre es allerdings, wir hielten es endlich wie ein Herr namens Dieter B., der in einer Talkshow über seinen sensationellen Erfolg schlicht und treffend bemerkte: »Der, der das Maul aufreißt, kriegt am meisten zurück.«

Ob wir das wohl schaffen?

Wahre Liebe und Hochverrat

Die beste Freundin – Warum Frauen eher einem Mann den Laufpass geben als ihr. Und: Was weiß sie wirklich über den Mann an der Seite der Freundin?

Sie hat mein Herz und ich hab ihrs/
we are female musketeers.
2raumwohnung, Ich und Elaine

Wer kennt das Ergebnis eines Schwangerschaftstests – nach der Dame, die ihn anwendet – als Erstes? Nein, es ist nicht der (eventuell) werdende Vater. Auch nicht die (eventuell) werdende Großmutter oder gar sonst jemand aus der lieben Verwandtschaft. Es ist – keine Frage – die beste Freundin der Testenden. Die beste Freundin ist *die* Konstante im Leben einer Frau und auch *die* Instanz, die alle wichtigen Ereignisse wie neue Matratzengenossen, die Superschnäppchen-Salatschleuder von *Aldi* (1,99 €), den geplatzten Pariser (gefühlsecht) und eben erfolgreich befruchtete Eizellen als Erste erfährt. Und manchmal auch als Einzige. Die beste Freundin taucht in der individuellen Biografie im Allgemeinen früh auf, im Kindergarten vielleicht schon oder im Rahmen eines Optimisten-Segelkurses auf dem Kemnader See. In Ausnahmefällen auch etwas später, sagen wir, beim Casting in Beverly Hills. Bei so einer Gelegenheit sollen sich zum Beispiel die besten Freundinnen Nicole Kidman und Naomi Watts mit knapp 20 kennen gelernt haben. Wenn dann alles glatt läuft, bleibt die beste Freundin auch die beste Freundin, bis dass der Tod ... nun, wir wollen hier nicht zu ernst werden, aber das kirchliche Eheversprechen in seiner unerbittlichen Konsequenz könnten sich Busenfreundinnen auf jeden Fall unbedenklicher geben als ein Mann und eine Frau, weil so eine Freundinnen-Beziehung haltbarer ist als jede Ehe. Von Letzteren wird ja mittlerweile jede dritte und in Großstädten sogar jede zweite wieder geschieden. Vergleichszahlen zu den besten Freundinnen gibt es verständlicherweise nicht, von denen verlangt schließlich niemand ein institutionell abgesichertes »Ja-Wort«. Zwischen besten Freundinnen wird in aller Regel von ganz allein das beherzigt, was auch einer Beziehung zwischen Mann und Weib gut täte: Beide sind füreinander da, sprechen offen, aber lassen der anderen alle Freiheiten und klammern vor allem nicht. Was nicht bedeuten soll, dass so eine platonische Frauenfreundschaft nicht mitunter anstrengend ist oder gar frei von Streitereien. Denn beste Freundinnen sind anspruchsvoll.

Genauere Kenntnisse darüber, wie diese Ansprüche im Einzelnen aussehen, verdankt die Menschheit dem in Geburtsvorbereitungskursen und Post-Menopausen-Kaffeekränzchen als heiße Ware gegen Hautunbill aller Art gehandelten Multifunktionsprodukt *freiöl*, besser gesagt dem zugehörigen Freiöl-Institut für Hautforschung. Dieses ehrenwerte Institut hat es neben der Bekämpfung von Schwangerschaftsstreifen als seine Aufgabe angesehen, mittels einer repräsentativen Umfrage Licht in das Dunkel der Frauenfreundschaft zu bringen. Die wichtigste Eigenschaft der besten Freundin ist demnach das Zuhören (56,9 Prozent aller befragten Frauen gaben das an). Auf dem zweiten Platz landete mit 48,4 Prozent »kann Geheimnisse für sich behalten«. Ganze 47, 5 Prozent erwarten, dass die Freundin »in Notfällen hilft«. 43,8 Prozent schließlich halten »ähnliche Überzeugungen« für wichtig und 42,7 Prozent wollen ganz bescheiden, dass die beste Freundin immer für sie da ist. Mehrfachnennungen waren (logischerweise) möglich. Das klingt enorm, funktioniert aber meistens wunderbar, weil Geben und Nehmen im ausgewogenen Verhältnis stehen.

Was die Herren unter unserer Leserschaft vermutlich besonders interessiert, ist die inhaltliche Füllung dieser Formeln. Was bedeutet »kann Geheimnisse für sich behalten« oder »kann gut zuhören« konkret? Welcher Art sind diese weiblichen Geheimnisse, was erzählen sich Freundinnen, wenn sie unter sich sind? Jungs vermuten ja gern, Freundinnen tauschten »geheime« Schmink-Tipps und Infos über die neuesten Produkte zur Verhütung von Spliss aus. Außerdem zeigen sich Frauen doch bestimmt neue Aerobic-Schritte oder

Dr. Stefan Frank
Angeblich »der Arzt, dem die Frauen vertrauen«. Tatsächlich vertrauen Frauen nie wirklich Männern, die ihnen mit spitzen Gegenständen im Intimbereich herumstochern. Ärztinnen schon eher, aber ein Restmisstrauen bleibt.

Problemzonen-Übungen – als Äquivalent zur männlichen Fachsimpelei über Zinedine Zidane oder Richard Golz. Möglicherweise, so mutmaßen die Kerle weiter, werden keltische Menstruationsgedichte aufgesagt oder Backrezepte wechseln die Handtasche. All das klingt ein bisschen blöd, aber schön gefahrlos. Tatsächlich kann jedes dieser Themen – je nach Geschmacks- und Interessenlage – Gegenstand der weiblichen Diskussion sein. Denn beste Freundinnen sprechen im Grunde genommen über *alles*, ob jetzt über die Theorie der Leibnizschen Monade oder das erste Album der Lemonbabies. Beste Freundinnen haben dabei *keine* Geheimnisse voreinander. Das soll genau das bedeuten, was Sie schon die ganze Zeit befürchten, liebe Herren: Beste Freundinnen sprechen natürlich auch über Sex. Nein, nicht nur selten ein bisschen andeutungsweise im Allgemeinen. Nein, die ganzen Frauen-Serien im Fernsehen überzeichnen das keineswegs. Ja, auch über *den* Sex mit *dem* Mann. Und, ja, auch über das, was er in der Hose trägt. Darüber, wie es aussieht, wie es sich anfühlt, ob es dünn, dick, gerade oder gebogen ist und dass genau unterhalb der Eichel so ein lustiges Muttermal sitzt. Klar, auch darüber, dass er ständig vor ihr fertig ist und dass er »Halleluja, Jesus, Maria und Josef« flüstert, wenn er kommt. Besten Freundinnen wird berichtet, wie sein Sperma mundet, und natürlich wissen beste Freundinnen Bescheid, wenn er nicht kann, ob er kann, wie lange er kann ... Nun, liebe Leserinnen, Ihnen ist das natürlich alles bekannt, darum werden wir diese Aufzählung nun beenden und der zart besaiteten männlichen Leserschaft Gelegenheit geben, die Herztabletten zu holen und ein wenig zu verschnaufen.

Logisch eigentlich, dass man eine Mitwisserin dieses Kalibers nicht einfach mal so in den Wind schießen kann wie jeden x-beliebigen Sackträger, dem es schon zu viel Gequatsche ist, wenn er Auskunft geben soll, wie er das Frühstücksei gern hätte. Beste Freundinnen sind einander sehr treu, treuer als jedem Mann, einschließlich ihres Gynäkologen und ihres Friseurs – und das will was heißen. Darum ist es als unklug zu werten, wenn ein Mann aus Eifersucht von seinem Herzblatt verlangt, den Kontakt zur engsten Freundin einzuschränken oder gar abzubrechen. Manchmal genügt auch schon eine vom Partner leise geäußerte Abneigung gegenüber der Vertrauten, um sich den Laufpass einzuhandeln, zeugt diese Forderung doch von an Größenwahn grenzender Selbstüberschätzung. Männer kommen und gehen, der eine früher, der andere später, beste Freundinnen bleiben.

Vorausgesetzt, es kommt nicht zum Äußersten.

Denn wo so viel Vertrauen regiert (man könnte es auch wahre Liebe nennen), wiegt ein Vertrauensbruch auch einiges mehr als der des Liebhabers, den wir hier mal Guido nennen wollen. Guido ist vielleicht schon mal fremdgegangen mit Uschi aus der Finanzbuchhaltung? Who cares? So was kann schließlich jedem mal passieren. Die ans Licht gelangte Episode im Puff ist längst vergessen, auch der kleine Fehltritt auf Ibiza anno 1996. Und jetzt versucht Guido gerade, mit Steffi, der besten Freundin seiner Frau, zu flirten? Nun ja, er ist eben ein Mann, ein eitler Pfau, Opfer seiner unbarmherzig trudelnden Hormone. Ist doch nicht weiter schlimm, die Steffi ist da doch resistent gegen, schließlich ... MOMENT! Was macht denn die Steffi da? Was ist das für ein Augenaufschlag und was für ein gurrendes Lachen. Das ist ja wohl das Allerletzte.

Schon so ein Flirt ist ein Vertrauensbruch der Freundin, der nicht so einfach zu verzeihen ist. Betrügt nun unser Guido die Frau, die ihn in ihrer Lebensversicherung als Begünstigten eingesetzt hat mit deren bester Freundin Steffi oder präziser: betrügt eine beste Freundin ihre beste Freundin mit deren Mann, kann der Mann im Falle deutlich zur Schau getragener Reue nicht selten auf mildernde Umstände hoffen (wenn er die tatsächlich haben will). Je nach aktuellen Erwartungen der Dame etwa in Form eines mit Rubinen besetzten Verlobungsringes oder Karten für alle Tage des Bizarre-Festivals.

Die ehemals beste Freundin hat es sich indessen auf immer verscherzt, da hilft auch kein Ring. Bitter? Das Dasein als wichtigster Mensch im Leben einer Frau ist nun mal nicht immer leicht.

Frauen und ihre Freizeit

Heute gehört das Sofa uns!

Warum in gemischtgeschlechtlichen Beziehungen der Trend zum Zweitfernseher geht: neun weibliche Pflichtveranstaltungen vor der Mattscheibe, gestern und heute

> TV makes the superstar, wherever you are,
> uoh-oh-oh ...
>
> *Modern Talking*

1. Disco

In den 70ern gab es zwei Formate in Sachen Rock-Pop: In *Disco* bewegten sich prähistorische Boybands wie die Bay City Rollers zum Vollplayback und sahen ungefähr so wild aus wie die Corgies der Queen, während Gastgeber Ilja Richter sich mit seichten Späßen bei unseren Eltern anbiederte. Ein Fall für die Damenwelt, ganz klar. Im *Rockpalast* zelebrierten progressive Rockbands wie Emerson, Lake and Palmer oder Pink Floyd 18-minütige Synthesizersoli, schwitzten dabei unappetitlich in ihr bombastisches Equipment und scherten sich einen Dreck darum, ob die Frisur saß. Also Eins-A-Entertainment für die Jungs. Womit ja im Prinzip alles in Butter gewesen wäre, wenn Letztere nicht mit großer Arroganz dazu geneigt hätten, unseren Geschmack in Musikdingen als »Pipimädchen-Quatsch« zu belächeln. Und hier, die Herren, kommt nun der britische Autor Giles Smith ins Spiel, der in seiner großartigen Popbibel *Lost in Music* die oben genannten *Rockpalast*-Heroen als »Album-Bands« tituliert und schlussfolgert: »Diese Auszeichnung wurde in den 70ern ziemlich großzügig jeder Band ausgesprochen, die keinen vernünftigen Refrain hinkriegen konnte.«

Einparken
Tätigkeit, derer Frauen angeblich nicht mächtig sind. Stimmt so nicht: In schräge Parklücken kommen wir völlig problemlos.

Für diese späte Rehabilitierung sei dem klugen Herrn Smith im Namen all jener, die Aha für eine gute Band und *Knutschfleck* für ein akzeptables Stück Popgeschichte halten, aus tiefstem Herzen gedankt!

2. Timm Thaler/Manni, der Libero

Zugegeben, es ist schwer nachzuvollziehen, wenn man ihn heute bei *Versteckte Kamera* dauergrienen sieht, aber damals in den Endsiebzigern war Thomas Ohrner so etwas wie das Pin-up der pubertierenden Frau. Wenn »Tommi« als Timm Thaler sein Lachen verkaufte oder als Manni wichtige Streitigkeiten zwischen Pimpfe-Liga-Kickern schlichten musste, waren meine beste Freundin und ich ungefähr in dem Stadium, in das wir heute sofort zurückfielen, wenn Robbie Williams sich als Erotikdarsteller verdingen würde. Mit zunehmendem Alter erwies sich der fesche Tommi allerdings als kaum mehr tauglich für eine Hauptrolle in unseren zunehmend gewagter werdenden erotischen Fantasien. Da kamen dann andere, echte Kerle eben, männlich, hart, verwegen. Sie wollen Namen? Na, Sascha Hehn zum Beispiel ... Nik Kershaw ... Patrick Swayze ...

Schon gut, schon gut! Ist schließlich auch schon etwas länger her.

3. Anna

In meiner Schülerzeitung gab es einen Fragebogen, in dem Schüler Auskunft über ihr verwirrtes Innenleben geben sollten. Das Exemplar, in dem ich Rede und Antwort stand, habe ich letztens beim Entrümpeln gefunden, und was soll ich Ihnen sagen? Ich schäme mich zutiefst. Ich meine, ich war 14, insofern ist es vielleicht zu verstehen, dass ich bei »Lieblingsfilm« nicht *Koanisquaatsi,* sondern *Plattfuß am Nil* geschrieben habe. Doch was kann als Entschuldigung dafür gelten, dass in der Rubrik »Welche Person der Weltgeschichte bewunderst du?« *Silvia Seidel* steht?

All jenen Jahrgängen, die sich nicht mehr an diese bedeutsame Person des Weltgeschehens erinnern, sei erklärt: Silvia Seidel spielte die Titelrolle in einem TV-Mehrteiler namens *Anna,* in dem eine verwöhnte blonde Mittelstandsgöre ihre Leidenschaft fürs Balletttanzen und einen gehbehinderten Altersgenossen entdeckte. Dass ihre braven Eltern das nicht gutheißen konnten, da aus dem Mädchen ja etwas Vernünftiges werden sollte, versteht sich von selbst. Erst als Anna ein Stipendium für eine elitäre Pariser Tanzschmiede ergattert und die Welt von nun an mit Augen-Make-up aus dem Travestiebedarf und altklugen Weisheiten erfreuen darf, herrscht auch bei Mama und Papa wieder Friede, Freude, Eierkuchen. Warum ich und meine Freundinnen uns trotzdem heimlich mit rosa Tütüs versorgten? Nun, im Prinzip war das Ganze nichts anderes als ein Vorläufer des Quotenschlagers *Deutschland sucht den Superstar*, auch wenn die Dialoge vielleicht etwas weniger schmerzhaft waren.

4. Eiskunstlaufen (Kür der Paare)

Erinnert sich noch jemand an Jane Torville und Christopher Dean? Wobei es bezeichnend ist, dass ich mich ohne Probleme selbst der Vornamen entsinnen kann, während ich grundsätzlich Schwierigkeiten habe, mich an bundesdeutsche Verkehrsminister und andere Entscheider zu erinnern.

Jedenfalls waren Frau Torville und Herr Dean, ihres Zeichens Eiskunstläufer britischer Abstammung, in den frühen 80er Jahren ein schöner Anlass, Mädchenherzen dahinschmelzen zu lassen. Wenn der blonde Recke seine Dame zu den Klängen von Ravels Bolero kraftvoll übers Kaltgefrorene manövrierte, sie schwungvoll in Dreifachsprünge zwirbelte und die Volants an ihrem Röckchen anmutig flatterten, war der weibliche Teil meiner Familie hin und weg. Der männliche beschränkte sich aufs »weg« – wie sich das für Ignoranten eben so gehört.

5. Die Dornenvögel

Gibt es eine Frau, die dieses anrührende Werk gesehen und sich nicht in Weinkrämpfen gewunden hat? Mal abgesehen von einigen russischen Kugelstoßerinnen und vielleicht Angela Merkel?

Nicht allein, dass die Geschichte der reizenden Farmerstochter Meggie und des nicht minder reizenden Paters Ralph de Bricassard mich mehr berührt hat als alle vergleichbaren Liebesgeschichten, sie hat mir auch den Zugang zum Christentum auf Ewigkeiten verwehrt. Wie, bitte schön, soll man an einen gerechten und allmächtigen Gott glauben, wenn zwei so eindeutig füreinander bestimmte Menschen nicht zusammenkommen dürfen – und das in *seinem* Namen? Diese Frage hat mich möglicherweise mehr verstört als die Haltung der Kirche in Verhütungs- und anderen Tabuangelegenheiten und ist als eigentlicher Grund zu sehen, warum ich mich bis heute weigere, die Jungs finanziell zu unterstützen.

Epiliergerät
Modernes Folterinstrument, das Omis Leitsatz »Wer schön sein will, muss leiden« auch in heutigen Zeiten noch mit Leben erfüllt.

6. Beverly Hills 90210
Über Jahre das Alternativprogramm zu *ran* am Samstagnachmittag und deshalb von männlichen Sozialpartnern nicht, wie sonst in solchen Fällen, herablassend belächelt, sondern abgrundtief gehasst. »Ich verstehe nicht, wie eine halbwegs intelligente Frau sich diesen Sondermüll angucken kann«, polterte mit schöner Regelmäßigkeit der Mann an meiner Seite. »Eine 17-jährige Jungfrau mit Plastiktitten und ihre debilen Freunde, die die Millionen ihrer Eltern verkoksen – so was geht allerhöchstens, wenn Fassbinder Regie führt.« Auf eine viel nahe liegendere Frage konnte oder wollte er mir allerdings keine Antwort geben: Wie man jeden Samstag ein Programm verfolgen kann, in dem sich die Intelligenz darauf beschränkt, dass 22 Kerle in kurzen Hosen ohne zwingenden Grund einen Lederball von links nach rechts bewegen, die Fassbinder nur in Form seines klugscheißenden Fastnamensvettern aus der Kommentatorenkabine kennen.

7. Nur die Liebe zählt
Und dann kam Kai. Kai stammt aus dem Osten, hatte diesen Umstand aber bis auf die Momente, in denen er englische Songtitel anmoderieren oder in Jeans mit merkwürdigen Wildleder-Applikationen lässig aussehen sollte, ganz gut unter Kontrolle. Kai war süß, seine Gäste leider nicht immer. Bis heute definieren sich meine Vorstellungen von markerschütterndem Horror nicht darin, auf einem Langstreckenflug neben Nina Ruge sitzen zu müssen, sondern von meinem Liebsten bei Kai Pflaume besungen zu werden. Ansonsten: Seit nunmehr zehn Jahren ein nahezu ungetrübtes Vergnügen und in Sachen Befriedigung niederer Triebe nicht mal durch ein »Deutsche Hausfrauen ganz intim«-Video zu übertreffen.

8. Ally McBeal
Irgendwann ist es in Mode gekommen, schlaue Theorien über die Titelfigur Ally und ihre Zielgruppe (also uns) zu entwerfen. Dienstags abends einer neurotischen Anwältin mit feuchten Träumen und einer unverkennbaren Essstörung bei WC-Tänzen und anderen bizarren Brauchtümern zuzuschauen, ist eine Sache. Deshalb gleich als neurotische Metropolen-Mittdreißigerin mit Hang zu wechselnden Männer-

bekanntschaften und überteuerten Kleidungsstücken definiert zu werden, mit Verlaub eine ganz andere! Oder darf man davon ausgehen, dass Männer, die gern mal ein Formel-1-Rennen gucken, deswegen autistische Technik-Schwachmaten mit einer Vorliebe für einfache Sachverhalte und Frauen mit viel zu großen Brüsten sind? Obwohl, wenn ich so drüber nachdenke ... Vielleicht sollte ich noch mal von vorne anfangen:

9. Sex and the City

Diese brillante Mittdreißigerinnen-Studie (siehe oben) basiert auf der gleichnamigen Kolumne der Autorin Candace Bushnell im NEW YORKER OBSERVER. Worum es geht? Um Manolo-Blahnik-Pumps, Männer und Frauen und diese ganzen kleinen Missverständnisse, die leider immer zwischen dem ersten Sex und einer möglichen Beziehung stehen (von Liebe wollen wir erst gar nicht reden ...). Wobei der Reiz nicht so sehr darin liegt, dass man wirklich davon ausgeht, Carrie, Charlotte, Miranda oder Samantha in der Tat einmal in den Happy-End-Hafen schippern zu sehen. Nein, wirklich gern guckt man *Sex and the City*, weil das promiskuitive Damenkränzchen sich nicht zu schade ist, über so heikle Themen wie Analsex, Verdauungsgeräusche und Natursektorgien ausschweifender und unverkrampfter daherzureden als ein Swingerclub-Betreiber mit 30-jähriger Berufserfahrung.

Nur ein bisschen zuspielen

Was Frauen unter »Bewegung« verstehen und warum sie mit Männern nicht mal eine Stunde Squash spielen können, ohne gleich die Beziehung zu riskieren

Teilnehmen ist wichtiger als siegen.
Pierre de Coubertin

Wir Frauen sind beliebt. Bei Autoversicherern zum Beispiel. Wir fahren bekanntermaßen defensiv und verursachen nur selten Unfälle, was von Männern nicht unbedingt behauptet werden kann. Auch Krankenversicherungen mögen Frauen lieber. Die Damen ernähren sich gern von Grünzeug, trinken weniger Alkohol, benutzen Zahnseide und treiben Sport in Maßen, weil Bewegung so wahnsinnig gesund ist. Die Lebensversicherungen wiederum wissen, was den letzten Punkt angeht, zu schätzen, dass wir bei der Wahl der Sportart nicht jene unfallträchtigen Varianten mit der Extraportion Risiko bevorzugen, die Männer meist betreiben. Für Freitauchen (ohne Sauerstoff), Freeclimbing (ohne Seil) oder Skydiving (ohne Schirm) sind Frauen nur in Ausnahmefällen zu begeistern. Dagegen sind schwatzende Grüppchen mit Konfektionsgröße 44, die beim gelenkschonenden Walking im Park gesichtet werden, fast nie männlichen Geschlechts, und auch beim rückwärtigen Beinheben im Bodystyling-Kurs oder der »Rückenschule« werden selten Männer beobachtet.

Hier nähern wir uns nun unserem Diskussionsgegenstand: Frauen machen nicht nur oft anderen Sport als Männer, sie machen auch anders Sport als Männer. Die Verlagsgruppe Milchstraße, in der das Körperkult-Fachmagazin *Fit For Fun* zu Hause ist, ließ vor einiger Zeit vom Institut für Demoskopie Allensbach eine Umfrage unter 6000 Personen durchführen. Thema: »Warum treiben Sie Sport?«

Nach dem Hauptmotiv, das bei beiden Geschlechtern »Bewegungsausgleich« hieß, klafften bereits auf Platz zwei in der Hitliste Abgründe zwischen weiblicher und männlicher Motivation. Bei den Damen findet sich hier »Um etwas für die Figur zu tun«. Knapp 57 Prozent der Frauen ist dieser Effekt richtig wichtig. Entsprechend sind – zum Beispiel – die Fitness-Studios nach den Weihnachtsfeiertagen im Zeichen des Zimtplätzchens stets brechend voll mit Damen jeden Alters. Sie martern sich dort in Bauch-Oberschenkel-Po-Kursen (manchmal auch, etwas uncharmanter »PZG« für »Problemzonengymnastik« genannt), mit »Crunches« oder »Side-Lifts« zu Scooter und Modern Talking. Oder sie ziehen bis zur Schwimmhautbildung Bahnen in der örtlichen 50-Meter-Chlor-Lache. Ehrgeiziges Ziel: Bauchfrei tragen wie Anna Kournikova und die in Farbe und Konsistenz eher zum Vanillepudding tendierende Körpermitte bis zum Sommer in ein geriffeltes Knäckebrot verwandeln.

Bei den Jungs landet die »Figur« zusammen mit der »Entspannung« auf dem letzten Platz. Stress ist schließlich männlich, und warum sich um die Linie Sorgen machen, ein Bauch verleiht einem Mann doch Würde? Das behaupteten jedenfalls Harald Braun und Christian Sobiella in *Die Verräter*. Männer – mehr als die Hälfte von ihnen – wollen beim Sport »Spaß« haben, doch der kommt für Frauen erst ganz weit hinten.

Frauen haben zwar Spaß beim Friseur, bei TV-Dokumentationen über Königspinguine, beim Unkrautjäten im Kräuterkästchen und sogar bei *Herzblatt*. Aber Spaß beim Sport? Fehlanzeige! Wo kämen wir denn da hin? Sport ist schließlich eine ernste Sache, die regelmäßig erledigt werden muss. In etwa wie der Besuch bei der piesackenden Schwiegermutter. Klar, dass bei der Einstellung eine Menge Damen das mit Elan begonnene Training nicht durchhalten und lange vor Erreichen des Knäckebrot-Bauches wieder aufstecken. Aus einer Marianne-Sägebrecht-Matrone wird nun mal eher im Schneckentempo eine Elle MacPherson.

Dafür haben die Kerle reichlich von dem Spaß, der uns fehlt. Und zwar hauptsächlich dann, wenn sie sich beweisen können. Männer wollen immer »ein Spiel machen«, »zählen« oder »um ein Bier zocken«. Ein Mann rennt zwanghaft, bis das arthröse Knie kracht und der Bluthochdruck gefährliche Werte erreicht, hinter jedem noch so unerreichbaren Ball her, als sei er eine Raubkatze und der Ball die Antilope. Männer wollen Wettbewerb, und wenn sie den mit sich selbst ausfechten, indem sie sich zwingen, die zehn Kilometer unter 45 Minuten zu laufen. Ganz gleich, ob sie hinterher unters Sauerstoffzelt müssen. Und sobald noch jemand Zweites mitmacht, wollen sie gewinnen. Unbedingt. Das ist wohl irgendwie so programmiert.

Finden wir auch in Ordnung. Solange die Jungs mit ihrem Chef oder dem Kassenwart ihres Philatelisten-Clubs mit Tempo 40 durch den Squash-Court hetzen, soll uns das herzlich egal sein. Aber wenn wir dabei sind, sollte es bitte etwas ruhiger zugehen. Am besten nur, so drücken wir uns gerne aus, »ein bisschen zuspielen ohne Zählen«. Schließlich haben wir schon vor langer Zeit gelernt, dass die für die Fettverbrennung relevante Pulsfrequenz am besten durch eine mäßige Belastung über längere Zeit erreicht wird. Diese ganzen anaeroben Sprints bringen unsere Berechnungen zum Kalorienverbrauch völlig durcheinander, das muss doch nicht sein! Außerdem ist ein solcher Wettkampf ziemlich ungerecht, weil Männer den Frauen, daran gibt es leider nichts zu rütteln, körperlich überlegen sind. Oft sogar dann noch, wenn sie aussehen wie der Bulle von Tölz und ihre Kontrahentin so durchtrainiert ist wie Madonna. Nicht umsonst wird bei sportlichen Wettkämpfen nach Geschlechtern getrennt. Und auch bei den boxenden oder ringenden Männern muss ein Leichtgewicht nicht gegen einen Wal auf Beinen antreten. Wenn wir Spiele machen, dann wenigstens auf fairer Basis, und das geht mit Männern als Gegner eigentlich nur beim Trivial Pursuit oder Schach.

Blöderweise lassen wir uns oft trotzdem auf ein ungleiches Eins gegen Eins ein. Etwa wenn Männes Badminton-Partner plötzlich wegen seines Knies ausfällt und Männe seine Olle – also uns – fragt, ob sie einspringen möchte. Paare, das predigen ja sogar Therapeuten, sollen gemeinsame Lebenswelten schaffen. Warum also nicht Badminton? Die Antwort auf diese Frage tritt sehr bald deutlich ans Tageslicht. Oder besser: ans Kunstlicht der Halle. Nach fünf Minuten warmspielen will ER erwartungsgemäß Punkte machen, SIE ebenso erwartungsgemäß nicht. Jedenfalls dann, wenn es sich bei ihr nicht gerade um die deutsche Badmintonmeisterin handelt, die ihn gnadenlos übers Spielfeld jagt. Doch dann hätte er sie zum Schutz seines Selbstbewusstseins wahrscheinlich niemals gebeten, einzuspringen. Wer von beiden sich auf die Forderung des anderen einlässt, kriegt in jedem Fall schlechte Laune. Ihm wird ohne Zählen langweilig und sie verliert, wenn ein

Spiel gemacht wird. Streit ist also vorprogrammiert. Und zwar sogar dann, wenn er sie beim dritten Match großzügig gewinnen lässt. Almosen wollen wir Frauen nämlich nicht! Noch schlimmer ist allerdings, wenn sie ihn entgegen aller Prognosen schlägt. Was für eine Schmach – von einer Frau besiegt zu werden. Wir mutmaßen, das ist für einen Kerl ungefähr so, als wenn er im Porsche sitzt und ein Mini an ihm vorbeizieht. Das heißt, der Porschefahrer kann danach für mindestens eine Woche keinen Sex mehr machen. Und wer hat darunter zu leiden? Wir Frauen!

Stichwort Sex: Diese ganze Geschichte hat natürlich auch mal wieder was damit zu tun. Die Anthropologin Kristen Hawkes von der University of Utah hat sich mit den Jagdmotiven der Männer in Naturvölkern befasst. Männer, die immer noch jagen, wie es Männer auch bei uns früher mal getan haben, bevor sie ihre Jagdlust in Rückschlagspiele, kollektives Ballverfolgen oder Autorennen kanalisiert haben. Hawkes hat herausgefunden, dass es um die Nahrungsversorgung der Stämme eigentlich viel besser gestellt wäre, wenn die Männer bei ihren Frauen zu Hause blieben, um den Damen beim Früchtesammeln und Maniokstampfen zu helfen. Denn die Kalorien und das Protein, das die Herren durch die Großwildjagd nach Hause bringen, haben sie zum großen Teil bei der Pirsch vorher verbraucht. Das Ergebnis liegt folglich bei plus minus null.

Wo der Sinn dann liegt? Mit der ganzen Jagerei, ob jetzt hinter einem Ball, einer persönlichen Bestmarke oder Ralf Schumachers Rücklichtern her, wollen die Männer eigentlich nur eins: den Frauen imponieren. Denn, auch das hat Kristen Hawkes festgestellt, gute Jäger lassen die Frauen zu Hause häufiger ran, schlechte Jäger müssen ihre Würstchen leider selbst heiß machen.

Wir wollen es also genau so. Unterbewusst. So ließe sich zumindest erklären, warum selbst Sportasse mit einem zur Muskelmasse umgekehrt proportionalen IQ – wir verkneifen uns aus rechtlichen Gründen die Nennung von Namen, aber Ihnen, liebe Leserschaft, wird wohl selbst der ein oder andere einfallen – schöne Damen an der Seite haben. Damen, die selbst keine Grand Slams oder Champions Leagues gewonnen haben, aber über Sanduhr-Figuren mit einem Taille-Hüfte-Verhältnis von 0,65

Farb- und Stilberatung, die
Erfindung der Textilindustrie, um auch Kundinnen für Problemzonen umspielende Hängerchen in Fliederfarben zu rekrutieren.

bis 0,8 unterm kleinen Schwarzen verfügen. Eine derartige Figur finden Männer am begehrenswertesten, das sagen zumindest Attraktivitätsforscher. Wie lässt sich nun eine solche Figur und die damit verbundene zur Schau gestellte Fitness am besten erreichen? Genau: Mit Walken, Schwimmen, Problemzonengymnastik. Oder mit ein bisschen zuspielen.

Mit Würstchen will ich nichts zu tun haben!

Warum grillen Frauen nie?

> Grillen ist Männersache. Auch das ist geregelt:
> Drinnen kocht die Frau – draußen grillt der Mann.
> *Text aus einem aktuellen Deutschkurs des Goethe-instituts für in Deutschland stationierte amerikanische GIs*

Bastian Ronge, Samuel Strehle und Florian Gehri sind Helden! Sie haben diese Namen noch nie gehört, liebe Leserinnen und Leser? Das ist nicht weiter verwunderlich, wenn auch sehr schade. Die drei Jungs sind nämlich Soziologiestudenten der Albert-Ludwigs-Universität in Freiburg und haben im Sommersemester 2002 eine Hausarbeit zum wichtigen Thema »Warum grillen eigentlich immer die Männer?« geschrieben. Endlich!

Die Herren Ronge, Strehle und Gehri weisen in ihrer Hausarbeit soziologisch einwandfrei und zudem sehr humorvoll nach, dass der Mann das Grillzepter an sich reißt, weil er so mal wieder mit seinem archaischen Jäger-Ich eins sein kann, und zwar demonstrativ, als bewunderter Held im Garten, nicht uncool verborgen in der Küche: »Während sich die Männer über das ›richtige‹ Entfachen und ›in Gang halten‹ des Feuers streiten, um wenig später über Zubereitung, Qualität und nicht zuletzt auch Quantität des Fleisches zu debattieren, kümmern sich die Frauen um die Rest- bzw. Vorarbeit: der Salat muss gewaschen und angemacht, Teller und Besteck bereitgestellt, das Brot geschnitten und die ersten Gespräche initiiert werden. Diese Arbeitsteilung zwischen Männern und Frauen ist ein ungeschriebenes Gesetz, dem von allen Beteiligten bereitwillig Folge geleistet wird. Nur selten wagt sich ein weibliches Wesen in die Nähe des Feuers und noch seltener ein männliches an Gurken und Zwiebeln.« Schließlich stellen die drei Autoren eine Frage, die auch uns im Rahmen dieser Publikation sehr interessiert und die wir gerne beantworten möchten: »Warum lassen sich Frauen, trotz der impliziten Unterdrückung, weiterhin ›begrillen‹ bzw. finden grillende Männer auch noch sexy?«

Zum Beweis des letzten Aspekts (grillende Männer wirken sexy) zitieren Ronge, Strehle, Gehri eine Umfrage einer britischen Supermarktkette, nach der 80 Prozent aller interviewten Personen – die Männer offenbar eingeschlossen – grillende Jungs sexy finden. Nun ja, wir wissen es spätestens seit *Asterix bei den Briten* und der Erfindung von Pfefferminzsoße auf Pommes: Die spinnen da drüben manchmal ein wenig! Doch auch in Deutschland – das hat nun wieder *unsere* Recherche ergeben – war das Resultat einer Umfrage der Centralen Marketinggesellschaft der deutschen Agrarwirtschaft (CMA) eindeutig: Gut 89 Prozent der Befragten gaben an, dass der Mann für den Grill zuständig sei. Nicht sexy, aber immerhin zuständig.

Warum also immer noch nicht die Frau? Wo bleibt die Emanzipation? Ist es wirklich so, dass Frauen sich von grillenden Machos zu devoten Salatschnipslerinnen degradieren lassen, weil sie die urzeitliche Situation – der Ernährer steht an der Feuerstelle und kippt Bier über das er- und zerlegte Mammut (heute ersatzweise Rind oder Schwein) – am Ende gar genießen? Das vermuten jedenfalls unsere drei Freiburger. Genau an dieser Stelle möchten wir den ansonsten sehr überzeugenden Ausführungen energisch widersprechen. Und die Gegenfrage stellen: Was, um Himmels willen, ist so erstrebenswert am Grillen? Mal ehrlich!

Ich selbst habe mich früher immer gefragt, warum zum Beispiel »Assi« aus meinem Erdkunde-Leistungskurs, mit dem wir uns auch viele Jahre nach dem Abitur immer wieder zum sommerlichen Fleischverzehr treffen, warum also jener Assi sich immer bereit erklärt hat und es auch noch heute tut, am Grill zu stehen. Ich wertete das jahrelang als sozialen Verdienst und – vor allem – als großes Opfer, das ich nicht zu bringen bereit gewesen wäre. Ich wäre *nie* auf die Idee gekommen, dass ihm diese Grillerei Spaß macht. Gut, zugegeben, der Mann am Grill steht zwangsläufig im (oder besser am) Mittelpunkt des Interesses und kann sich der Illusion hingeben, dass er die Macht über die Nahrungsverteilung hat. *In Wirklichkeit* holt sich ein Partygast nach dem anderen völlig autonom seine Portion ab, und wenn der Grillmeister Pech hat, ist irgendwann das letzte Würstchen gegrillt – und

Frauenauto
Einkaufswagen mit Benzinantrieb und Schminkspiegel

er hat noch nichts gegessen. Es soll im Mittelalter eine beliebte Foltermethode gewesen sein, Leute hungern zu lassen und ihnen trotzdem permanent die leckersten Speisen vorzuführen. Wenn die Jungs sich dem freiwillig aussetzen: bitte sehr, gern geschehen, wir überlassen ihnen dieses zweifelhafte Vergnügen! Selbst wenn der Herrscher des Grills mal mutig in ein (für ihn zur Seite gelegtes und mittlerweile kaltes) Kotelett beißt, muss er immer fürchten, dass das restliche Grillgut in der Zwischenzeit anbrutzelt und er sein Gesicht als Super-Barbecueman verliert. Also lässt er es lieber bleiben. Ziemlich blöd, wenn man nicht gerade auf Diät ist. Apropos: Die (angeblich) von den Damen zubereiteten Salate sind in der Zwischenzeit auch schon weggefuttert.

Ich kenne in der Altersgruppe der etwa 20- bis 40-jährigen Männer durchaus einige passionierte Salatzubereiter – und diese Bezeichnung habe ich noch nie in einer der üblichen Weichei-Synonym-Listen erspäht. Der Mann an meiner Seite fertigt zum Beispiel den allerköstlichsten Nudelsalat. Und was kommt da außer Nudeln rein? Gurken und Zwiebeln, liebe Freiburger Soziologie-Studenten! Außerdem gibt es einige Damen, die fast nie Salate vorbereiten und mitbringen und zu denen ich mich selbst zähle. Ich erwerbe meistens vor der Veranstaltung an der Tankstelle lediglich ein bis zwei Six-Packs Bier.

Der Platz am Grill hat noch weitere Nachteile, die uns Frauen durchaus bewusst sind. Das ewige Rumstehen zum Beispiel. Alle anderen sitzen gemütlich auf langen Bänken an Biertischen, während der Griller von einem schmerzenden Bein aufs andere tritt. Dann wäre da noch die Gefährlichkeit der Unternehmung, mit der man zwar möglicherweise seine Männlichkeit beweisen kann (darauf sind Frauen ja nur in Ausnahmefällen erpicht), aber zuweilen auch die Gesundheit gefährdet. Mir sind mehrere Jungs bekannt, die bereits Verletzungen beim Grillen davongetragen haben. Der gefährlichste Unfall, dessen Zeugin ich aus sicherer Entfernung wurde und der auf eine, wie soll ich mich ausdrücken, gewisse intellektuelle Einschränkung des männlichen Täter-Opfers hindeutet, bestand im Einsprühen eines hochentzündlichen Chemikaliengemischs mit dem Aufdruck »Grillanzünder« direkt aus der Flasche in die Glut. Mittlerweile sind die Brandwunden, die die völlig überraschend explodierende Flasche verursachte, zum Glück restlos verheilt. Hätte schlimmer kommen können.

Dann ist da noch die Rauchentwicklung. Gesund ist das bestimmt nicht, doch weitaus unangenehmer ist der Rauch in den Augen und in den Klamotten. Gesellschaftsfähig ist der tapfere Griller anschließend auf jeden Fall nicht mehr, weil er riecht wie eine Müllverbrennungsanlage, wenn er nicht duscht oder komplett die Garderobe wechselt. Doch wie soll das gehen, auf einer Party?

Genau hier liegt, wie mein Deutschlehrer (garantiert auch ein Griller!) sich früher auszudrücken pflegte, der Kasus Knaxus. Vermute ich jedenfalls. Der Mann am Grill hält sich komplett von der Partygesellschaft fern, die er zu versorgen vorgibt. Er muss nicht reden. Zumindest nichts, was über knappe Aussagen wie »Das muss noch«, »Ja, ist durch«, »Ketchup? Da hinten«, »Die Nürnberger müssen jetzt weg« oder Handlungsanweisungen wie »Schneid das mal durch, ob das gut ist« hinausgehen. Kein unerquicklicher Small-Talk mit der schwangeren Freundin des Fußballkumpels, keine Fragen nach dem Job, nur ein meditatives Starren ins Feuer und Wenden der Würstchen, beneidet von den anderen Männern, die eigentlich auch nur eins wollen: schweigen!

Ist ja völlig in Ordnung, das Schweigen. Manchmal sind schweigende Männer auch sexy. Also grundsätzlich. Aber zum Schweigen auf eine Party gehen? Und dafür die Gesundheit riskieren und den Magen knurren lassen? Nein, danke. Da lassen wir Frauen uns lieber, wie hieß es noch so schön: *begrillen*!

Ich geh kurz in die Stadt, Schatz!

Extrem-Shopping, Exzess-Anprobiering und andere weibliche Rekorddisziplinen in Sachen Wirtschaftsaufschwung

Lass das Schwein nicht an die Kartoffeln
und die Frau nicht ans Geld.

Sprichwort aus Litauen

O nein, ich bin kein Shopping-Junkie. Ich kann sehr wohl durch einen Baumarkt gehen und gar nichts mitnehmen. Oder beim *BoFrost*-Fahrer nur das kaufen, was auch auf dem Einkaufszettel steht, selbst wenn die Prinzessbohnen wirklich verführerisch aussehen. Auch was Teleshopping angeht, bin ich fast schon martialisch hart. Kennen Sie zum Beispiel Home Shopping Europe? Diesen TV-Sender, auf dem unnützer Krempel am laufenden Band von Moderatoren feilgeboten wird, die diesen Job über eine ABM-Maßnahme vom Arbeitsamt bekommen haben und eigentlich Fliesenleger sind? Gerade, wo ich das hier schreibe, versucht zum Beispiel ein samtweicher Karohemdenträger mit Designerbrille und eindeutiger sexueller Präferenz mir einen handgefertigten, fliederfarbenen Plüschbären namens »Elfie« unterzujubeln. Nur 19, 95 Euro soll das gute Stück kosten, von dem angeblich bereits 889 Exemplare verkauft worden sind, so die euphorisch lispelnde Verkaufskraft – und was mache ich? Eben: gar nichts. Ich schaue verächtlich zum Fernsehschirm und frage mich, wer für so einen überflüssigen Kitsch auch noch Geld auszugeben bereit ist.

Frauenparkplatz
Ist entgegen anders lautender Gerüchte *nicht* extra groß, mit Leuchtstreifen versehen und mit Schaumgummi umrandet. Soll sicherer sein als sonstige Parkgelegenheiten. Ist meist schon besetzt.

Dabei soll die Frau an sich für Kaufanreize ja sehr empfänglich sein. Hört und liest man zumindest immer wieder. Circa 4000 Euro investieren Besserverdienerinnen im Jahr für Kleidung, Schuhe, Schmuck und Parfümerieartikel, so eine Studie der Universität Hohenheim. Was sicherlich viel damit zu tun hat, dass Frauen sich gern jeden Frühling, Sommer, Herbst und Winter neu erfinden – was ja prinzipiell uneingeschränkt unter der schönen Tugend Flexibilität zu verbuchen und am leichtesten über die Garderobe zu bewerkstelligen ist. Die Männer dagegen kommen gerade mal auf die Hälfte an Ausgaben. Was auch nicht wirklich verwundert, denn wer schon mal bei einem heterosexuellen Mann in den Kleiderschrank und auf die traurige Zusammenrottung von Leier-T-Shirts, Hemden mit Zahnpastaflecken und verwaschenen Boxershorts darin geschaut hat, hegt bestimmt keine Zweifel mehr an der Richtigkeit dieser Zahlen.

Circa 4000 Euro, also. Nicht wirklich viel, eingedenk der Tatsache, dass eine reduzierte *Prada*-Tasche ja schon annähernd so viel kostet. Selbst wenn ein Shopping-Muffel und kühler Kopf wie ich gelegentlich in die Stadt geht, was allerhöchstens so drei- bis fünfmal die Woche vorkommt, kann es schon passieren, dass hinterher ein paar Teile in meinem Kleiderschrank liegen, die da vorher nicht waren. Natürlich nur das Nötigste, ist doch klar. Aber so ein rosa T-Shirt braucht man einfach diesen Frühling, da führt kein Weg dran vorbei. Und sicher hab ich schon 14 Jeans, nur eben keine von Earl, wo die doch seit einiger Zeit bei den Supermodels so beliebt sind ...

Es ist jedoch auch kein feiner Zug des Handels, dass jede Saison neue Farben, Formen und Schnitte mit sich bringt. Kaum hat man den Trend aufgeschnappt und sich derart flächendeckend mit grünem Nato-Twill, Röcken aus Fallschirmseide und Tarnkappen eingedeckt, dass George W. Bush seine helle Freude daran hätte, bringt der nächste Sommer Romantiklook mit wallenden Röcken und neckischen Blüschen mit Zierstickerei. Selbst die hoffnungsfrohe Theorie, dass jeder Modestil irgendwann einmal wiederkommt, ist nichts als ein besserer Witz. Sicher feiern die 70er Jahre mittlerweile fünfmal im Jahrzehnt Geburtstag, aber anstatt die Plunder-Remittenden aus dem Vorvorjahr wieder eins zu eins in die Schaufenster zu karren, machen sich die Designer einen Spaß daraus, exakt so viel am Look zu ändern, dass man sich mit den einst hippen Klamotten fühlt wie Carolin Reiber auf einem Betriebsausflug von *Dolce&Gabbana*. Meine Kollegin Dorthe bewahrte über Jahrzehnte eine so genannte Domestos-Jeans aus den 80er Jahren auf. Als derart gebleichte Hosen tatsächlich wieder in Mode kamen, musste sie leider feststellen, dass ihre blöderweise die falschen Ziernähte hatte, um wirklich tragbar zu sein. Wobei von solchen kleinen Stilmängeln wohl kaum die Glückseligkeit der Welt abhängt, da haben Sie Recht, aber wenn ich die vierjährige Tochter einer Freundin drohen höre, sich vor die U-Bahn zu werfen, sollte sie statt mit rosa Strumpfhose in der dunkelblauen in den Kindergarten geschickt werden, bin ich mir da auch nicht mehr so wirklich sicher.

Der Mann an meiner Seite geht eher ungern einkaufen und liegt damit voll und ganz im attestierten Geschlechtertrend. Britische Wissenschaftler fanden zum Beispiel heraus, dass Frauen, die ihre Männer zum Shoppen mitzerrten, dafür bestraft wurden, indem jeder zweite dieser Trips im Streit endete. Noch alarmierender allerdings war ihre Feststellung, dass bei derart »vergewaltigten« Männern hinterher ähnliche Stresswerte wie bei Kampfpiloten und Polizisten im Einsatz gemessen wurden. Ist es möglicherweise also doch kein Zufall, dass der Mann an meiner Seite um SSV und WSV herum mit schöner Regelmäßigkeit geschäftlich verreisen muss? Wobei auch ein überzeugter Shopping-Rebell manchmal schwächelt, was man daran erkennen kann, dass er ohne größere Probleme auch mal einen halben Vormittag in dem kleinen italienischen Lebensmittelladen um die Ecke auf der Suche nach dem perfekten Olivenöl verbringt. Das kann dann durchaus auch mal das kosten, was im Bundeshaushalt jährlich für Straßen- und Gleisbau vorgesehen ist, aber was soll's? Hauptsache, er ist glücklich. Vielleicht weiß er im Moment der Heimkehr sogar ansatzweise, wie man sich fühlt, wenn man mit fünf Einkaufstüten namhafter Modedesigner nach Hause kommt, während der Lebenspartner am Küchentisch sitzt und gerade eine Patenschaft für ein kongolesisches Waisenkind unterzeichnet hat. Was wie gesagt sehr selten vorkommt, ich bin nun mal eher spartanisch gepolt, was Einkaufen angeht. Dennoch lässt die Erinnerung an die ein oder andere Ausnahme immer noch eine unschöne Röte über meinen ansonsten tadellos gepflegten Teint ziehen. Und *natürlich* haben Sie Recht – es *ist* unnötig, zynisch und oberflächlich, mit fünf Designerstücken auf einmal nach Hause zurückzukehren. Weshalb ich in solchen Fällen auch drei bis vier Tüten fürs Erste im Kofferraum lasse. Trage ich dann ein paar Wochen später eins der verheimlichten Konfektionsteile spazieren und der Mann an meiner Seite hat tatsächlich einen seiner aufmerksamen Tage und fragt, ob »der Fummel da schon wieder neu« sei, kann ich wahrheitsgemäß und angemessen beleidigt antworten: »Wo denkst du hin, Liebster, das habe ich doch nun schon seit Ewigkeiten!«

Nein, wirklich. Lügen liegt mir fast so wenig wie Einkaufen.

Per Anhalter durch die Galaxis

Glauben Frauen eigentlich wirklich an Sternzeichen?

Es ist selten, dass ein Mensch weiß,
was er eigentlich glaubt.
Oswald Spengler

Lernen sich eine Frau und ein Mann zufällig kennen und sind sich sympathisch, läuft das oft ähnlich ab. Die beiden Parteien werfen sich Blicke zu, kommen ins Gespräch, die Frau zwirbelt Haare zwischen den Fingern und wirft ein bisschen debil gurrend den Kopf in den Nacken. Der Kerl gibt mit seinem tollen Chefposten an oder seiner aufstrebenden Band – je nachdem – und schwafelt ein paar unoriginelle Komplimente über schöne Augen und tolle Ausstrahlung daher. Wenn sich die beiden nach diesem rituellen Prozedere immer noch nett finden, wird die beteiligte Dame, so sicher wie Friedrich Merz immer irgendwie dagegen ist, eine Gesprächssequenz einleiten, die ungefähr wie folgt klingt:

»Du, ich hätte da mal 'ne Frage.«

»Ja? Was denn?«

»Ich weiß, es klingt vielleicht blöd ...«

»??«

»... und eigentlich glaub ich da auch wirklich nicht dran, aber es würde mich schon interessieren, so rein aus Neugier ...«

»??«

»... Was bist denn du für ein Sternzeichen?«

Der Mann teilt nun höflich mit, er sei »Löwe« oder auch »Skorpion«. Von der Frau kommt darauf einer von zwei standardisierten Ausrufen. Entweder (triumphierend): »Hab ich mir doch gedacht.« Oder (völlig verblüfft): »Ehrlich? Du bist aber ganz untypisch!« Auf jeden Fall klärt sie ihn im Folgenden darüber auf, was von seinem Tierkreis-

Freund, bester
Heterosexuell: Mann in der ewigen Warteschleife. Homosexuell: vgl. beste Freundin.

zeichen in der Regel zu erwarten ist (»Skorpione sind normalerweise sehr impulsiv, du wirkst eher wie ein Wassermann, so unergründlich.«). Er fühlt sich nun wiederum verpflichtet, die Erkundigung einzuziehen, welche kosmische Konstellation gerade vor sich hin glühte, als sie in irgendeinem Krankenhaus zur Welt kam. Antwortet sie »Jungfrau«, verkneift er sich den entsprechenden bärtigen Witz und betrachtet das Thema, das er für Small Talk hält, endlich als erschöpfend behandelt. Anschließend lenkt er den Gesprächsfokus wieder auf die Band, den Chefposten oder vielleicht die Partyhäppchen, jedenfalls weg von den Himmelskörpern, um sich unauffällig dem Ziel zu nähern: den himmlischen Körper seines Gegenübers eingehender zu inspizieren. Im Inneren desselben gärt es indes weiter. Sie denkt jetzt an Andi, der auch Skorpion war. Andi war außerdem ein echtes Schwein, weil er sie mit Tatjana betrogen hat. Gut, das war in der sechsten Klasse. Könnte also inzwischen verjährt sein. Doch Thorsten aus der WG damals in den ersten Semestern an der Uni war ebenfalls Skorpion. Thorsten war eigentlich sehr nett, aber ein Vollchaot. Besonders schlimm war immer, wenn er Gewürzketchup aus der Plastikflasche auf seiner Emmentalerschnitte verteilt hat. Beim Essen hat er geschmatzt und zum Schluss extra laut gerülpst, als hätte sie sonst nicht gemerkt, dass es ihm schmeckt.

Jetzt versucht sie sich an dem Gedanken »ist doch alles Humbug«. Doch so richtig klappt das nicht. Spätestens wenn aus der neuen Skorpion-Bekanntschaft eine Beziehung geworden ist und der Zweisamkeitsproband plötzlich wie sein Sternzeichenvetter (und der ein oder andere tierkreisfremde Herr) Ketchup auf sein Käsebrot streicht oder einer anderen Frau einen Blick zuwirft, vermeintlich genauso wie damals der untreue Andi in Richtung Tatjana, wird sie sich kaum gegen folgenden Gedanken wehren können: »Irgendwie ist da ja doch was dran.«

Allerdings handelt es sich in den meisten Fällen um einen milden Mystizismus. Denn eigentlich bauen auch Frauen nicht wirklich auf die Macht der verglühenden Materie im All. Nach einer Umfrage einer Netz-Partnersuchmaschine (mit dem bezeichnenden Namen »Liebe kein Zufall«), liest zwar die überwältigende Mehrheit der Mädels Horoskope, aber gerade mal ein Prozent der befragten Frauen glaubt fest daran. Bei den Männern ist es ein halbes Prozent. Trotzdem druckt so gut wie jede Frauenzeitschrift, von der ALLEGRA bis zur PRIMA CARINA, ein Horoskop ab. Und einmal im Jahr, meist um die Weihnachtszeit, gibt es »Das große Jahreshoroskop – was die Sterne über Liebe und Job im neuen Jahr verraten«. Die entsprechenden Ausgaben verkaufen sich wie geschnitten Brot, und die immer sehr wohlwollend formulierte Vorhersage wird von den Leserinnen regelrecht verschlungen. Kurz wird in den Vorahnungen erotischer Abenteuer mit Fischen oder Krebsen auf Sizilien – oder wo auch immer der Urlaub geplant ist – geschwelgt, dann wird die Prognose in die Ecke gelegt und vergessen. Kaum eine Frau wird bei einer schicksalhaften Begegnung mit einem Löwen im August noch mal das Heftchen hervorholen, um zu prüfen, ob die Sterne denn nun Recht gehabt haben.

Aber warum interessieren sich Frauen dann überhaupt dafür? Was hat es für einen Sinn, ein bisschen an etwas zu glauben? Ist das nicht genauso unlogisch wie »ein bisschen schwanger«? Gegenfrage: Wer hat behauptet, dass das Ganze logisch sein muss?

Horoskope erfüllen zwei Funktionen. Die erste und wichtigste: Sie sind unterhaltsam. Ungefähr wie Bleigießen zu Silvester. Oder das Pendeln über ein paar Papierschnitzeln, auf die Mädchen gern die Namen der Jungs aus der Klasse schreiben und fragen: »Welcher von den Spackos liebt mich?« Freundinnen, die sich gegenseitig ihre Tagesprognosen in der Zeitung vorlesen und die jeweilige Lebenssituation der anderen exakt kennen, haben für bestimmt eine Viertelstunde super Gesprächsstoff, wie sie selbst ein Gänseblümchen-Orakel nicht besser bieten kann.

Die zweite Funktion: Manchmal helfen ein paar Zeilen Text, die sich irgendein Praktikant in den Redaktionsräumen der BÄCKERBLUME aus den Fingern gesogen oder aber die geheimnisvolle Astrologin Margit K. aus Wuppertal zusammenorakelt hat (was im Prinzip auf dasselbe hinausläuft), Entscheidungen zu treffen. Nicht in wichtigen Belangen, sondern wenn »frau« ohnehin nicht so genau weiß, was sie will. Und das kommt schließlich häufiger vor. Steht schwarz auf weiß in der Zeitung, ein Tapetenwechsel am Abend sei zu empfehlen, entschließt eine Frau sich nach längerem Zaudern vielleicht eher, das Projekt »Gesichtsrestauration« in Angriff zu nehmen, um mit der Clique tanzen zu gehen. Oder sie merkt: Horoskop hin oder her, heute sind nur Sofa, Schokokekse und eine DVD mit *Die Hexen von Eastwick* angesagt. Das Horoskop könnte also auch den Namen »Entscheidungskatalysator« tragen, das hört sich nur nicht so gut an.

Warum besonders Frauen sich mit dieser Materie beschäftigen, liegt wohl lediglich daran, dass Männer – außer sie heißen Winfried Noé – Astrologie für inakzeptabel unmännlich halten. Ein »echter« Mann hat öffentlich die Fahne der Logik hochzuhalten, will er nicht als Spinner gelten. Und mit Logik ist die Angelegenheit nun wirklich nicht zu vereinbaren, selbst wenn – oder gerade weil – diffizilste Berechnungen angestellt werden, um am Ende zu so imposanten Ergebnissen zu kommen wie: »Heute ist nicht Ihr Tag.« Selbst wenn ein paar Verirrte behaupten, Astrologie sei die Urmutter aller Wissenschaften. Verirrte gibt es natürlich immer – laut der Umfrage von »Liebe kein Zufall« eben doppelt so viele Frauen wie Männer. Die glauben dann also felsenfest und meist mit der psychologischen Unterstützung von allerlei Tand aus dem Esoterik-Shop daran, dass die Sterne, die zum Zeitpunkt ihrer Geburt am Firmament funkelten, ihrem Leben einen unverwechselbaren Stempel aufgeprägt haben. Wie und vor allem *warum* die sonst höchstens als Meteorit in *Armageddon* durch besondere Aktivität auffallenden Gestirne das getan haben sollen, diese Frage wird nicht gestellt.

Das Erstaunliche daran ist, dass sich die Gläubigen trotzdem immer bestätigt fühlen, egal, was bei den Prognosen herauskommt. Dieses Phänomen hat einen Namen. Die Psychologie sagt »Selektive Wahrnehmung« dazu. Es wird wahrgenommen, worauf vorher der Blick gelenkt wurde – durch das Horoskop. Und wer etwas Bestimmtes erwartet, sorgt meistens auch durch sein Verhalten konsequent dafür, dass es eintritt. Dieses Phänomen heißt dann wiederum »Self Fulfilling Prophecy«.

Das bedeutet letztlich, dass Horoskope die Zukunft machen, die sie vorhersagen. Nicht umgekehrt. Vorausgesetzt, man glaubt daran. Und das tun Frauen, wie gesagt, ein wenig häufiger als Männer.

Bauchtanz und rhythmische Sportgymnastik

Warum Tanzen das weibliche Äquivalent zum Fußball ist

> Tanzen muss man sie sehen! Siehst du, sie ist so mit ganzem Herzen und mit ganzer Seele dabei, ihr ganzer Körper eine Harmonie, so sorglos, so unbefangen, als wenn das eigentlich alles wäre, als wenn sie sonst nichts dächte, nichts empfände; und in dem Augenblicke gewiss schwindet alles andere vor ihr.
>
> *Johann Wolfgang von Goethe,*
> Die Leiden des jungen Werther

Wenn Frauen tanzen, sind sie in ihrem Element, das hat Herr Goethe sehr richtig erkannt. Ob nun »Lotte« aus dem *Werther* im »Lusthause« oder Gisela aus Gelsenkirchen im »Tanzclub Horst« ist dabei völlig gleich. Frauen lieben die Bewegung zur Musik. Dabei können sie im Allgemeinen vollkommen »abschalten«. So gut wie das Männer höchstens schaffen, wenn ihnen ihre Partnerin von der Geburtstagsfeier ihrer Mutter erzählt oder sonntags beim Fußball mit den Kumpels im Park und vielleicht noch beim Sex. Das kommt natürlich nicht von ungefähr.

Der durchschnittliche Teenager, egal ob männlich oder weiblich, besucht mit circa 15 Jahren einen Tanzkurs mit dem offiziellen Ziel, die Kunst des Paartanzes zu erlernen. Walzer, Cha-Cha-Cha, Foxtrott und Quickstep stehen auf dem Programm. Die meisten Jungen betrachten die Veranstaltung in erster Linie als Gelegenheit, die tollsten Torten bequem abzugreifen – ist doch vor nicht allzu langer Zeit aufgrund hormoneller Veränderungen das Interesse an der vormals doofen Weiberfraktion erwacht. Im Grunde, so vermuten wir, ist der Gesellschaftstanz etwas, auf das männliche Wesen sich aus dem gleichen Grund einlassen wie auf Eheversprechen oder die Vereinbarung, im Sitzen zu pinkeln: Sie hoffen, dass sie für ihre Kooperation mit Sex belohnt werden.

Die Motivation der Mädchen ist ganz anders gelagert. Zwar nehmen auch sie billigend in Kauf, dass sich auf diese Weise die männliche Dorfjugend näher kennen lernen lässt. Natürlich wird ebenfalls darauf spekuliert, bei der Damenwahl den »süßen« Moritz oder Flori aus der Parallelklasse als Erste zu erreichen. Darüber hinaus ist die weibliche Teilnahme an einem Tanzkurs fast immer die logische Fortführung einer langjährigen Tanzkarriere.

Bereits als Dreijährige wackeln Mädchen oft wie diese batteriebetriebenen elektrischen Weihnachtsbäume zum Radioprogramm, während die Jungs höchstens zum Unmut der Eltern mit dem Radio wackeln. Ungefähr zur gleichen Zeit, zu der dann Söhne mit Judo anfangen oder mit dem organisierten Kicken im Fußballverein, in dem auch Vati Mitglied ist, werden Töchter beim Ballett angemeldet. Vielfach auf eigenen Wunsch – die Beweggründe haben wir bereits an anderer Stelle beleuchtet. Statt Ballett tut es auch eine Jazztanzgruppe für Mädchen – wobei »für Mädchen« eigentlich ein überflüssiger Zusatz ist, denn »Jazztanz für Jungen« wird man in den Kursangeboten von Sportclubs oder Volkshochschulen vergeblich suchen. Falls es dem ein oder anderen entfallen sein sollte: Jazztanz ist das, was im Film *Flashdance* aus dem Jahr 1983 neben einer hanebüchenen Story hauptsächlich zum Besten gegeben wurde. Das heißt: in knappen Badeanzügen ausgeführte Verrenkungen, die unmöglich gesund sein können.

Alternativen zur Kanalisierung der frühen weiblichen Tanzwut sind ferner olympische Disziplinen wie Eiskunstlauf oder die berüchtigte rhythmische Sportgymnastik. Bei Letzterer lernen die Mädchen auch praktische Dinge. Etwa, sich zur Musik so zu verknoten, dass sie sich mit den Füßen einen Zopf binden können, wenn sie nicht gerade genötigt werden, herumzuhüpfen und mit Bändern Kreise in die Luft zu zeichnen. Man kann sich das ungefähr vorstellen wie eine staubwedelnde Putzfrau nach dem Genuss einer halben Flasche Eierlikör. In Karnevalshochburgen und deren Peripherie wollen die kleinen Mädchen selbstverständlich zum Funkenmariechen ausgebildet werden, und in einigen ländlichen Gegenden schließt sich das Kind vielleicht einer Volkstanzgruppe an. Es gibt viele Möglichkeiten.

Derlei Dinge sind also vorausgegangen, wenn sich nun in der Tanzschule die Mädchen und die Jungen gegenüberstehen wie zwei verfemte Kriegsparteien. Bis vor kurzem war man das ja auch noch, und der Tanzkurs ist im Grunde ein gesellschaftlich verordnetes Ritual zur Besiegelung des Waffenstillstandes. Dabei stellen sich die Mädchen bekanntermaßen geschickter an. Die jahrelange Übung macht sich bemerkbar – außerdem sind die Jungs viel zu beschäftigt damit, ihre freie Hand ordnungswidrig in Richtung Po der Tanzpartnerin zu bewegen und sich die Sorgen über eine eventuelle Sichtbarkeit der Spontanerektion nicht anmerken zu lassen, als dass sie den Kopf frei hätten, um sich auf die Schritte zu konzentrieren. Grundsätzliche Minderbegabung der Männer in Tanzangelegenheiten liegt allerdings – von tragischen Einzelfällen abgesehen – nicht vor. Es ist eher so, dass der Ringelpiez in Form von Quickstepp oder Wiener Walzer als derart weibisch gilt, dass allzu große Könnerschaft den Verdacht aufwirft, sich weniger für Mädchen als für die eigenen Reihen zu interessieren. Sobald Tanzen aber cool ist, etwa im Falle des durch Hip-Hop zu neuen Ehren gelangten Breakdance, können selbst die Herren komplizierteste Bewegungsabfolgen inklusive akrobatischer Schmankerl vorturnen, die beim simplen »Vor-Vor-Seit-Ran« des Foxtrotts kläglich versagt haben. Viele Jungs belegen mangels Interesses nur einen einzigen Tanzkurs. Lediglich Schwerenöter wiederholen den Einsteigerkurs kostenlos als Hospitanten. Vordergründig, um selbstlos das stets vorhandene Männerdefizit auszugleichen, in Wahrheit natürlich, um neues Material zu sichten. Wer den Kurs für Fortgeschrittene belegt, hat sich entweder in die Tanzpartnerin verliebt, stammt aus Spanien oder Argentinien (eben aus einem Land, in dem auch tanzende Männer als richtige Männer gelten), ist schwul oder bekommt von den Eltern den nächsten Kurs ungefragt aufs Auge gedrückt. Die Damen machen derweil mit Freuden weiter, nicht selten bis zum »Gold Star«-Abzeichen. Diejenigen, die nicht so weit kommen, haben meist das Pech, dass ihr doofer Tanzpartner vorzeitig das Handtuch wirft.

> **Freundin, beste**
> Wichtigste Frau im Leben einer Frau nach Mutti. Weiß alles. Und damit meinen wir *wirklich* alles.

Sind die Jungs froh, das Ganze hinter sich gebracht zu haben, ist mit der Tanzschule das Kapitel »Tanz« für die Frauen längst nicht abgeschlossen. Das wäre schließlich so, als wenn Männer sich nach ihrem altersbedingten Ausscheiden aus der A-, B- oder C-Jugend nicht mehr für Fußball interessierten. Fremden Kulturen aufgeschlossene Frauen lernen vielleicht Bauchtanz. Oder auch pseudo-afrikanischen Ausdruckstanz, bei dem jeden Afrikaner sicher das kalte Grausen überfiele, sähe er, wie im Namen des schwarzen Kontinents in den Gymnastikräumen deutscher Gemeindezentren schlohweiße Bobfrisuren geschüttelt werden.

Andere Damen machen lieber Aerobic, lernen Steptanz oder Streetdance oder überreden ihren Freund zur gemeinsamen Belegung eines Tango-Kurses. Im Passivbereich verfolgen Frauen sterbenslangweilige Eistanz-Vorausscheidungen, gucken sich in der örtlichen Oper im »Nussknacker« Männer mit ausgestopften Gymnastikhosen an, begeistern sich für Synchronschwimmen und stellen die Zuschauermasse bei der Übertragung des Wiener Opernballs. Frauen finden Tanz eben in all seinen Ausprägungen interessant. So geht es Männern nur mit Fußball und vielleicht noch mit Geschlechtsverkehr.

Apropos: Im gleichen leicht verzweifelten Tonfall, in dem Männer Sachen sagen wie »Ich bräuchte mal wieder was zum Ficken«, seufzen Frauen: »Ich hätte mal wieder so *richtig Lust*, tanzen zu gehen.« Das tun sie dann auch meistens. Leicht beschürzt lassen die Frauen in Clubs und Discotheken zu House oder sonstiger tanzfreundlicher Musik selbstvergessen wie Werthers Lotte die Hüften kreisen. Die wahren Männer stehen daneben, kippen sich Bier aus der Flasche in den Hals, wippen allenfalls mit einem Zeh und überlegen, welches von den Hühnern sich wohl am besten flachlegen ließe.

Also alles wie gehabt.

Aschenbrödels Erbe

Warum Frauen selbst dann noch Schuhe kaufen gehen würden, wenn gerade die Welt untergeht

> Ich hatte heute Nacht einen Albtraum und bin schweißgebadet aufgewacht. Ich habe geträumt, meine Kleiderkammer sei abgebrannt und mit ihr – alle meine Schuhe!
>
> *Christine Ellinghaus*, Schuhe

Sie kennen diese absurd konstruierten Fragen, die in Lifestyle-Zeitschriften und Wochenendbeilagen der Zeitungen vorzugsweise prominenten Zeitgenossen gestellt werden: Wenn Sie auf eine einsame Insel verbannt würden, was würden Sie mitnehmen? Wenn Sie bis ans Ende Ihrer Tage nur noch ein bestimmtes Nahrungsmittel essen dürften, was wäre das? Sie dürften nur eine CD aus Ihrer Plattensammlung mit ins Exil nehmen, welche wählten Sie? Und so weiter.

Theoretisch würde in diese Reihe auch passen: Wenn Sie zeit Ihres Lebens nur noch eine Sorte von Kleidungsstücken kaufen dürften, welche wäre das? Für Frauen gibt es hierauf nur eine mögliche Antwort: Schuhe. Selbstverständlich wäre es totaler Quatsch, immer nur Schuhe zu kaufen, während oben herum nach einer Weile alles in Fetzen hinge. Genauso ist es ja auch totaler Quatsch, solche Fragen zu stellen. Doch hier sollen natürlich keine realen Situationen konstruiert werden. Seit Napoelons Zeiten ist es schließlich auch ein wenig aus der Mode gekommen, Leute auf irgendwelche Inseln zu verbannen, und nur extrem wenige Menschen essen bis zu ihrem Ableben Spiegeleier auf Schwarzbrot, selbst dann, wenn ihnen das auf die Lebensmittelfrage spontan einfällt. Es geht darum, herauszufinden, woran das Herz wirklich hängt. Jenes der Frau hängt nun mal an Schuhen – und das hat gute Gründe.

Zunächst einmal fühlen wir uns mit den richtigen Schuhen unschlagbar. Die richtigen Schuhe sind die Basis für eine wundersame Verwandlung, denn sie machen uns zu dem Wesen, das wir gerade sein wollen. Mit hohen Absätzen wachsen unsere Beine sofort mindestens zehn Zentimeter. Sie bringen unsere Hüfte beim Gehen zum Schwingen, so dass wir uns fühlen wie die atemberaubend flanierende Monica Bellucci in *Der Zauber von Malèna*. Turnschuhe dagegen lassen unseren Tritt sicher werden. Wir wissen ganz genau: Wer auch immer uns etwas will, mit diesen Schuhen an den Füßen werden wir immer schneller sein als unsere Verfolger. Mit Doc Martens sind wir so cool wie zuletzt Cindy Lauper in den 80ern und mit Flip-Flops verwandeln wir uns augenblicklich in das Girl von Ipanema. Hohe Stiefel initiieren die Mutation zum Vamp, mit Bommel-Pantoletten sind wir plötzlich Doris Day. Bei all diesen Metamorphosen ist es völlig egal, was wir sonst noch anhaben. Jedes Paar Schuhe kreiert eine neue, immer andere Frau. Sonnenklar, dass wir dringender als fünf Meter Kleiderschrank 50 Paar verschiedener Fußbekleidungen benötigen. (Meistens haben wir beides, doch das tut hier nichts zur Sache.)

Der wichtigste Grund, warum wir Schuhe lieben, ist aber ein anderer: Schuhe passen immer. Die meisten Frauen, da werden uns nahezu alle unsere Geschlechtsgenossinnen zustimmen, haben Gewichtsprobleme. Damit meinen wir nicht nur die Damen, die sich gerade viel zu dick finden, weil sie die letzten Wochen wegen akuten Liebesleids leider täglich zwei Tafeln Noisette-Schokolade essen mussten. Wir denken ebenfalls an die Mädels, die sich immer viel zu dünn finden. Vor allem, wenn die Körbchengröße »A« nicht oder nur unwesentlich überschritten wird. Mit keinem dieser figürlichen Probleme müssen wir uns befassen, wenn wir Schuhe anprobieren. Dabei ist es unerheblich, ob wir bei *Gucci* oder *Prada* einkaufen oder preiswert bei *Görtz* oder *Deichmann*. Schuhe kann man in jedem Fall im Laden selbst anprobieren. Das bedeutet zum einen, wir sind sicher vor den grell ausgeleuchteten Umkleidekabinen (s. auch S. 145) und die fiesen Umkleidekabinen-Designer mit diabolischem Jack-Nicholson-Grinsen können

French Manicure
Beliebtes Fingernageldesign. Soll natürlich wirken, weil nur Klarlack und ein Nagelweißstift verwendet werden. Da auf diese Weise künstliche Nägel behandelt werden, wirkt das so, als würde man einen Laminatboden mit grüner Farbe bemalen und sagen: »Das ist eine Wiese.«

uns mal kreuzweise. Das bedeutet zum anderen, wir können im Spiegel nur auf den unteren Part unseres Körpers schauen. Und was wir dort sehen, ist eine der beruhigendsten Konstanten unseres Lebens: unsere Füße. Die sind immer so, wie sie sind, seit wir aufgehört haben, zu wachsen. Ganz egal, ob wir viel, wenig oder gar nichts essen. Die Schuhgröße bleibt, wenigstens darauf können wir uns verlassen.

Erinnern wir uns an dieser Stelle an das Märchen von Aschenputtel. Falls Ihnen die Story nicht mehr so ganz geläufig sein sollte, noch mal kurz das Wichtigste: Das schöne arme Mädchen musste die Party des Prinzen fluchtartig verlassen – und verlor dabei einen Schuh. Der liebeskranke Königssohn nahm den Latschen und ließ einen Bediensteten durch die Gegend fahren, um die rechtmäßige Inhaberin ausfindig zu machen. Alle heiratsfähigen Damen im Königreich mussten das Teil anprobieren. So was dauert nicht nur ein paar Tage, auch wenn sich das im Märchen immer so anhört.

Wir haben das mal durchgerechnet. Dazu sind zunächst die Rahmenbedingungen wichtig:

1. Es stand nur ein einziger Schuh zur Anprobe zur Verfügung.
2. Damals benutzte man weder Fünf-Zylinder-Vehikel noch Autobahnen – man fuhr Kutsche.
3. Es gab keine Massenmedien, über die man alle infrage kommenden Frauen irgendwo zu einer Art Schuh-Casting hätte zusammentrommeln können.

Das heißt im Klartext, der Lakai des Prinzen reiste wie ein *Tupperware*-Vertreter von Haus zu Haus. Greifen wir mal hoch und nehmen wir an, der gute Mann hätte pro Tag 30 Damen geschafft. Nehmen wir weiterhin an, das Königreich hatte insgesamt 150 000 Einwohner. Klingt wenig, doch früher waren die Staaten klein und nicht so dicht besiedelt. Davon waren dann etwa die Hälfte Frauen und noch einmal die Hälfte im heiratsfähigen Alter. Macht circa 37 500 Frauen, die den Schuh anprobieren mussten. Das heißt, der Lakai hätte ganze 3,4 Jahre benötigt, um alle Frauen abzuklappern. Allerdings nur, wenn er in dieser Zeit auf Urlaub und freie Tage verzichtet hätte.

In fast dreieinhalb Jahren hätte Aschenputtel locker zehn Kilo ab- oder auch zehn Kilo zunehmen können. Hätte der Prinz statt eines Schuhs eine Hose von Aschenputtel gefunden (natürlich hat man damals keine Hosen getragen, aber das ist ja nur ein Beispiel) – er hätte vermutlich ewig gesucht und am Ende noch die Falsche geheiratet. Weil jedoch die Füße, wie gesagt, immer ihre Größe behalten, gab es ein Happy End. Nur deswegen.

Und für Frauen von heute gibt es das Happy End eben jedes Mal beim Schuhkauf.

Der große Pferdefuß

Warum Frauen ihre Haustiere manchmal mehr zu lieben scheinen als ihren Partner

> Tiere sind die besten Freunde. Sie stellen keine Fragen und kritisieren nicht.
>
> *Mark Twain*

Charly, Uta und Maurice führen eine Dreiecksbeziehung. Charly ist Utas offizieller Partner. Mit ihm teilt sie Wohnung und Wagen, die beiden fahren gemeinsam in Urlaub und sprechen davon, irgendwann zusammen Kinder zu bekommen. Trotzdem verbringt Uta täglich mehrere Stunden mit Maurice. Sie bemüht sich nicht mal, irgendetwas zu verheimlichen. Charly sähe nichts lieber, als wenn der Nebenbuhler endlich das Feld räumte. Das wird aber aller Voraussicht nach nicht passieren, denn Maurice denkt nicht daran, aus Utas Leben zu verschwinden, und wer dieser Charly ist, davon hat er ohnehin keinen Schimmer. Solche Gedanken würden ihn zudem hoffnungslos intellektuell überfordern – selbst wenn manchmal behauptet wird, Leuten wie Maurice solle man das Denken überlassen, weil sie so große Köpfe haben. Maurice ist nämlich ein echter Hengst. Also ein Pferd: groß, schwarz und schön. Obendrein ist er auch noch adelig, doch darauf bildet er sich nicht mal was ein. Uta würde diesen uneitlen Prachtkerl niemals aufgeben, schon gar nicht für einen Mann, und wenn sie ihn noch so sehr liebte. Denn Maurice liebt sie nun mal auch. Basta.

Das mag in manchen Ohren nach falschen Prioritäten klingen und nach übertriebener Tierliebe oder – noch schlimmer – gar Menschenfeindlichkeit. So wie bei Brigitte Bardot, der vor lauter Engagement für kuscheliges Kleingetier offenbar der gesunde Menschenverstand abhanden gekommen ist und die plötzlich Mitte der 90er mit rassistischen Parolen mehr als nur unangenehm auffiel.

In den meisten Fällen der weiblichen Tierliebe geht es aber gar nicht darum, dass die Damen ihr vierbeinigen Freunde wichtiger finden als Menschen im Allgemeinen und den Sozialpartner im Speziellen. In Wahrheit handelt es sich um einen ganz anderen Kausalzusammenhang: Wenn Frauen einmal die volle Verantwortung für ein Lebewesen übernommen haben, dann betrachten sie das in den meisten Fällen als ernste Sache. Ob es sich bei diesem Wesen nun um den eigenen haarlosen Nachwuchs mit Pampers-Bedarf handelt oder um Pferd, Katze, Wüstenspringmaus oder Angorakaninchen, ist da ganz egal. In jedem Fall geht es um ein Geschöpf, das allein nicht oder nur sehr schlecht zurechtkäme und darum auf menschliche Fürsorge angewiesen ist. Man kann das Muttergefühl nennen oder auch Beschützerinstinkt – das Ergebnis bleibt das Gleiche. »Und ich?«, wird vielleicht der ein oder andere Leidensgenosse von Charly jetzt rufen. »Bin ich nicht auch beschützenswert?« Die Antwort lautet: Grundsätzlich ja. Putzige Verhaltensweisen legen die Herren schließlich auch an den Tag. Wir denken da zum Beispiel an kollektives Schweigen in trauter Männerrunde, das alphabetische Katalogisieren von CD-Sammlungen und das Antrainieren eines Schwarzenegger-Bizeps bei gleichzeitiger hingebungsvoller Pflege eines Bierbauches. Allerdings sind sie bei aller Drolligkeit normalerweise in der Lage, ihr Futter selbst zu kaufen – und die Dosen dann auch ohne fremde Hilfe zu öffnen. Ergo müssen wir uns um die Tiere kümmern, die Männer kommen zur Not allein zurecht. Ist doch einleuchtend, oder?

Neben den Pferden haben es uns Frauen besonders Katzen angetan. Bereits Tierpsychologe und Nobelpreisträger Konrad Lorenz vermutete seinerzeit, dass daran das Kindchenschema schuld sei. Die großen Augen, die kleine Nase – wie niedlich! In 70 Prozent aller Haushalte mit Katze kümmert sich jedenfalls die Frau um das Tier. Nach wissenschaftlichen Untersuchungen sprechen Frauen außerdem mehr als Männer mit ihren Katzen und begeben sich beim Spielen eher auf den Boden. Die Männer bleiben lieber distanziert im Sessel sitzen und wedeln dabei ein bisschen unmotiviert mit einem Katzenspielzeug. Bloß nicht zu viel Nähe, der Grundsatz gilt offenbar auch hier. Dabei täten die Jungs gut daran, ein wenig zärtlicher mit den vierbeinigen Hausgenossen umzugehen. Durchaus in ihrem eigenen Interesse, denn die Beschäftigung mit einem Tier senkt nachweislich Stresspegel und Blutdruck und damit das Risiko, einem Herzinfarkt oder Schlaganfall zum Opfer zu fallen.

Was viele Männer nicht wissen: Am männlichen Umgang mit Tieren lesen Frauen die Familientauglichkeit des jeweiligen Partners ab. Ein Mann, der mit dem Meerschweinchen schmust, ohne Murren Katzenklos säubert, Fiffis Gassi-Bedürfnis ernst nimmt und nicht erst dann merkt, dass Fütterungszeit war, wenn der Hausgenosse vor Verzweiflung die Gardinen anknabbert, wird vermutlich auch einen eigenen Spross liebevoll umsorgen. Doch das nur am Rande.

Andererseits, wo wir gerade mal wieder beim unerschöpflichen Thema »Frauen und Männer« gelandet sind, fällt uns auch gleich noch ein ganz besonderer tierischer Vorteil ein: Haustiere leisten ganz mühelos etwas, womit der ein oder andere Mann manchmal Schwierigkeiten hat. Sie hören nämlich zu. Das heißt, sie wirken zumindest so. Sitzen einfach da und lassen mit aufmerksamem Blick und schräg gelegtem Kopf stundenlange Erzählungen über sich ergehen. Der Inhalt ist dabei völlig egal, sie verstehen sowieso kein Wort. Ihrem Hund, Wellensittich oder Kater gegenüber kann eine Frau also nach Herzenslust über die letzte Folge von *Schlosshotel Orth* monologisieren oder en detail darlegen, dass Kollegin Lise eine doofe Zicke ist, weil sie zum dritten Mal hintereinander keinen neuen Kaffee gekauft hat, aber immer den der anderen trinkt. Themen, bei denen der Partner vielleicht (zu Recht?) ein wenig einsilbig reagieren würde. Manche Frauen finden es auch wunderbar, dass Tiere sich nicht für Sport interessieren – es sei denn, man zählt Disziplinen wie Stöckchen-Apportieren und Schnürsenkel-Jagen dazu. Wenn Frauchen samstags gegen 22.00 Uhr Lust auf einen Spaziergang verspürt, ist der Hund jedenfalls zur Stelle, der Mann ist zu dieser Zeit in aller Regel vor dem *Aktuellen Sportstudio* auf dem Sofa festgenagelt. (Bello geht ja auch nicht ins Stadion, um erheblich alkoholisiert und heiser von Fangesängen mitten in der Nacht zurückzukehren.) Andere Tiere haben andere Vorzüge: Katzen sind verschmust und anschmiegsam, Pferde und Hunde tun eigentlich immer, was man von ihnen will, und Kaninchen motzen selbst dann nicht, wenn sie mit handgreiflicher Zuneigung überschüttet werden. Tiere bieten Frauen also jede Menge Möglichkeiten, ihren Frust über männliche Stoffeligkeiten zu kompensieren. Sie sind immer für ihre Besitzerin da – ein psychologischer Vorteil, den man gar

Frühstück (ans Bett)
Von Frauen sehr geschätzter Teil des Balzrituals verliebter Männer. Wird spätestens nach zwei Monaten des Zusammenseins ersatzlos gestrichen.

nicht genug hervorheben kann. Allerdings: Es bleibt ihnen ja auch nichts anderes übrig.

Aus dieser Perspektive wird deutlich: Ein Mann, der nun von einer Frau aus Eifersucht fordert, die Katze abzuschaffen, den Hund zur Mutter abzuschieben oder eben das Pferd meistbietend zu verkaufen, handelt nicht nur fahrlässig und unklug, sondern outet sich in unseren Augen als grober Klotz. Wie kann ein liebender Mann so herzlos sein? Das ist fast das Gleiche, als würde er von seiner Gefährtin fordern, das eigene Fleisch und Blut zur Adoption freizugeben.

Testergebnis »nicht bestanden«.

Mit anderen Worten: Maurice bleibt. So einfach ist das.

Udos Geheimnis

Warum Frauen amüsiertechnisch leider durchaus etwas mit Musicals, Schlagerfuzzis und schmalzlockigen Tenören anfangen können

> Schlager sind Texte, die gesungen werden müssen, weil sie zu dumm sind, um gesprochen zu werden.
>
> *Gisela Uhlen*

Vor einer Weile spielten sich an einem Samstag in Köln merkwürdige Szenen ab. Dabei war nicht einmal Karneval. In ein mexikanisches Restaurant nahe der Kölnarena stürmten gleichzeitig Horden von Frauen unterschiedlicher Altersklassen. Vom knospenden Teenie über die mit Klimperschmuck behangene Sonnenbank-Schickse bis hin zur Omi mit grauen Krissellöckchen war alles dabei. Und alle lächelten sie glückselig, als habe man ihnen hoch dosiert bewusstseinserweiternde Drogen verabreicht. Dabei trugen sie allesamt eine orangefarbene Rose wie das geheime Erkennungszeichen einer Sekte. Zwischendrin, vereinzelt, gequält dreinblickende Männer. Auch sie hielten eine Rose in der Hand, ließen sie jedoch verschämt seitlich herunterbaumeln.

Was war passiert? Hatte in der Nähe ein Esoterik-Workshop stattgefunden? Oder das bundesdeutsche Treffen der Floristen? Die Jahresversammlung der deutschen Cannabis-Freundinnen? Eine Autogrammstunde von Thomas Gottschalk? Gab es eine Massenhypnose?

Nicht ganz.

Aber fast.

Udo Jürgens hatte unmittelbar zuvor in der Arena ein Konzert gegeben.

Es hätte sich auch um ein Gastspiel von Howard Carpendale, die deutschen Rock'n'Roll-Tanz-Meisterschaften, die Eisrevue *Holiday On Ice* oder die jungen Tenöre handeln können. Dann hätte es vielleicht keine Blume für jeden Gast gegeben, aber die Bilder wären sich trotzdem zum Verwechseln ähnlich gewesen: massenhaft Frauen, kaum ein Kerl. Sie können sich sicher lebhaft vorstellen, wie die wenigen Exemplare des starken Geschlechts zu dem zweifelhaften Vergnügen gekommen sind, sich vom Künstler live *Aber bitte mit Sahne* anhören zu dürfen. Im Vorfeld werden Sätze gefallen sein wie »Werner, kannst du uns nicht fahren? Man kriegt da doch so schlecht einen Parkplatz« oder »Guck mal, ich hab uns Karten für Udo gekauft. Freust du dich schon? Ach, übrigens Erna und Lotti kommen auch mit« oder »Mensch, Lothar! Es macht keinen besonders guten Eindruck auf meine Mutter, wenn du uns allein dahin gehen lässt!«. Und so weiter und so fort.

Der Volksmund sagt den Damen bekanntlich eine höhere Geschmackssicherheit als den Herren nach. Wir sind uns da, offen gestanden, nicht so sicher. Träfe diese Behauptung zu, gäbe es zum einen in bundesdeutschen Fußgängerzonen schon mal deutlich weniger Damenoberbekleidung mit DDR-Tapeten-Appeal und seltener diese Frisuren, die nur schwer von bunten Oma-Badekappen zu unterscheiden sind. Zum anderen ist die These schwer in Einklang zu bringen mit der weiblichen Neigung, busladungsweise Massenveranstaltungen wie *Elisabeth – das Musical* oder dem 55-jährigen Bühnenjubiläum von Peter Alexander beizuwohnen, um hinterher im Tross in der nächsten Kneipe kleine Feiglinge zu kippen.

Keinesfalls hat man es hier mit dem üblichen weiblichen Popstarkult zu tun, mit dem wir uns bereits an anderer Stelle auseinander gesetzt haben. Interessant ist nämlich, dass selbst Damen, die offiziell auf völlig anderen Baustellen unterwegs sind, eine geheime Spießer-Kitsch-Seite haben. So sind beispielsweise schon weibliche Tocotronic-Fans beim *König der Löwen* gesichtet worden oder verwegen gestylte Judas-Priest-Anhängerinnen bei André Rieu. Das Seltsame ist: Nicht eine wirkte dabei so, als hätte man sie gegen ihren Willen dazu gezwungen. Wie kann das sein?

G-Punkt
Ähnlich wie Atlantis oder das Bernsteinzimmer. Soll zwar existieren, aber die individuelle Suche bleibt oft erfolglos.

Das Geheimnis lässt sich lüften, wenn man sich die Tatsache vor Augen führt, dass die Mädels selten allein bei Udo und Co. aufkreuzen. Mutti, Omi, Tante und Cousine sind in der Regel mit von der Partie. Bei Schmalz-Events trifft nämlich das universell vorhandene weibliche Kitschgen auf den Hang zum Kaffeekränzchen und die Sehnsucht nach heiler Welt. Leute wie Udo Jürgens sind der Nenner, auf den sich die Generationen einigen können. Und damit ein willkommener Anlass für die weiblichen Familienmitglieder, sich mal wieder jenseits von Urtantchens 80stem zu treffen. Herr Jürgens wäre wahrscheinlich entsetzt, wenn er wüsste, dass er für sein Publikum nur als Mittel zum Zweck fungiert. Für selbiges erfüllt die Veranstaltung wichtige Grundvoraussetzungen: Es ist laut genug, dass Omi auch ohne ihr Hörgerät alles mitbekommt, und einen Sitzplatz für Tante Hilde und ihre Arthrose gibt es auch. Der junge Mann auf der Bühne ist ordentlich frisiert und singt meistens deutsche Texte. Alles andere ist fast schon egal. Hauptsache, man sieht sich. Schön dabei ist auch, dass alle folgenden Treffen vom Ereignis profitieren. Noch in zehn Jahren wird unterm Weihnachtsbaum erzählt, wie Brigitte ganz rot geworden ist, als ihr Udo von der Bühne runter bei *Mit 66 Jahren* die Hand geküsst hat. Und noch in zehn Jahren wird Brigitte bei dem Gedanken daran immer noch zuverlässig wieder rot werden. Vor Wut, weil sie damals erst 54 war.

Gerne haben die Frauen auch die Herren der Familie dabei – oder besser: hätten. Die Jungs sind sehr kreativ im Erfinden von Ausflüchten (und haben dafür übrigens unser vollstes Verständnis). Da werden, je nach Konzertdatum, berufliche Verpflichtungen vorgeschützt oder der »Termin« im Stadion (»Du, oh, nee, ausgerechnet da geht gar nicht, genau dann ist das entscheidende Spiel für die Fortuna. Wenn die das verlieren, steigen die ab, da ist es meine verdammte Pflicht, die Jungs auf dem Rasen zu unterstützen. Aber sonst wäre ich echt voll gerne mitgekommen«).

Die versprengten Unglücksraben im schnatternden Weiberauflauf sind diejenigen, denen nicht schnell genug eine passende Ausrede eingefallen ist. Oder die das Pech haben, dass es noch Ausweichtermine gab: »Mensch, macht doch nichts, Udo spielt auch noch am nächsten Tag in Düsseldorf. Da kannst du schön zum Spiel, und wir gehen trotzdem zusammen zum Konzert.«

So etwas nennt man dann wohl Schicksal.

Frauen und Männer

Stop, in the name of love! (Teil I)

55 Dinge, die eine Frau nie für einen Mann tun würde

> Man sagt, Liebe kenne keine Grenzen. Aber die Grenzen sind gerade das Interessante.
>
> *Jean-Luc Godard*

1. Sich zu Weihnachten Alufelgen wünschen.
2. An einem *Prada*-Laden vorbeigehen, in dem alles zum halben Preis verkauft wird.
3. Susan Stahnke für »irgendwie doch ganz kompetent« halten.
4. Den Playboy abonnieren.
5. Als Aboprämie einen Satz Winterreifen wählen.
6. Weinen, weil Michael Ballack in der Nachspielzeit einen Elfmeter verschießt.
7. Nicht weinen, wenn irgendjemand aus dem schwedischen Königshaus heiratet.
8. Die Unterwäsche nur an ungeraden Tagen wechseln.
9. Robbie Williams nur für den zweitbesten Mann auf Gottes Erde halten.
10. Sich mit einem Schnupfen ins Bett legen.
11. Beim Sex die Socken anlassen.
12. Steven Segal für einen Charakterdarsteller halten.
13. Auf einen Zentimeter Platz auf der Badezimmer-Ablage verzichten.
14. In eine Souterrain-Wohnung mit parasitärem Befall ziehen, nur weil sie gegenüber vom Westfalenstadion liegt.
15. In Strapsen zu *Penny* gehen.
16. Verstehen, was ein Subwoofer ist.
17. Am Wochenende sechseinhalb Stunden damit verbringen, Derartiges in ein Kfz einzubauen.

18. Auf die *Dolce&Gabbana*-Schläppchen verzichten, nur weil sie drei Monate mit der Miete im Rückstand ist, der Sozialpartner arbeitslos ist und sie bereits erste Hungerödeme hat.
19. Seine Ex attraktiv finden.
20. Pornos für »interessante und wichtige Sozialstudien« halten.
21. Die Take-That-Plattensammlung, inklusive sämtlicher Maxi Singles und Picture Disc von Gary Barlow, verschrotten.
22. Einsehen, dass Schuhregale nicht nur für Damenschuhe erfunden wurden.
23. Einsehen, dass man mit zwei Schalenkoffern nicht durch den Himalaya trekken kann.
24. 120! Euro! für! ein! *Monsters-of-Rock*-Ticket! ausgeben!
25. Hugh Grant als »schwuchtelige britische Hupfdohle« bezeichnen.
26. Mit dem eigenen Auto reden (obwohl man nicht Nightrider heißt).
27. Michael Schumacher für etwas anderes halten als einen Menschen mit einem Problemkinn.
28. »Die Hobbythek« gucken.
29. Die Klitschkos aus ihren erotischen Fantasien verbannen.
30. Den Sinn und Zweck von elektrischen Laubsaugern verstehen.
31. Zugeben, dass der Apfelkuchen seiner Mutter besser schmeckt.
32. Waldemar Hartmann länger als zehn Sekunden zuhören.
33. Zugeben, dass Zwölf-Zentimeter-Absätze bei einer Wanderung durchs Zentralmassiv unter Umständen störend wirken können.
34. Ketchup über ein Chateaubriand gießen.
35. Balkonblumen für überflüssig halten.
36. Rennradfahren in den Alpen für eine sinnvolle Freizeitbeschäftigung halten.
37. Zugeben, dass es in dem zweieinhalbstündigen Telefonat mit Sybille nicht um Adornos »Ästhetische Theorie«, sondern die Aufarbeitung der letzten *Sex-and-the-City*-Folge ging.
38. An seinen Turnschuhen riechen.
39. Kündigen.
40. *Armageddon* für einen künstlerisch wertvollen Film halten.
41. Den Hauskater abschaffen.
42. In einem Wohnmobil, das einem überdimensionierten Bauwagen nachempfunden ist, durch Südfrankreich schaukeln und jeden Abend direkt neben einem entzückenden provençalischen Restau-

rant von zu Hause mitgebrachte Knackwürstchen und Hefeweizen zu sich nehmen.
43. Sekt auf Eis als Ausdruck barbarischen Sittenverfalls ansehen.
44. Zustimmen, wenn er sagt: »Wieso? Pamela Anderson sieht doch gut aus!«
45. Sich mit einer Spinne anfreunden, die direkt über dem Bett an der Decke hängt.
46. Keanu Reeves für einen untalentierten Schönling halten.
47. Eine Plastiktüte als Müllbeutel an die Türklinke hängen.
48. Seine Hose bügeln, wenn er sagt: »Du als Frau kannst das viel besser als ich.«
49. Boxershorts mit Comicaufdruck »irgendwie niedlich« finden.
50. Angeln.
51. Ein Emmentaler-Brot mit Curry-Ketchup für schmackhaft halten.
52. Grillen.
53. Ihm glauben, wenn er behauptet: »Du kannst mir vertrauen, wir brauchen kein Kondom.«
54. Küssen als Nebensache betrachten.
55. Nie wieder *Dirty Dancing* gucken.

Hausfrauenseite.de
Kompetentes Forum für Frauen, die finden, dass Heim und Herd eigentlich gar nicht so übel sind. Besticht durch Erfahrungsberichte wie »Mein erstes Stress-Erlebnis mit meinem neuen Dampfreiniger«. Nicht zu verwechseln mit hausfrauen.de – dort gibt es keine Tipps, nur Hausfrauen, die nichts zum Anziehen haben.

Hände hoch oder ich heule

Über die Waffen einer Frau

Du bist 'ne Waffe, für die es keinen Waffenschein gibt.
Marius Müller-Westernhagen, Sexy

Anette ist seit 20 Jahren verheiratet, und sie weiß Bescheid, wie es mit den Männern läuft. Ihr profundes Wissen verbreitet sie im Forum von *hausfrauenseite.de*. Dahinter verbirgt sich das dezent in Rosa gehaltene Internetportal für die Frau, deren wichtigste Lebensfrage vermutlich lautet: »Was koche ich morgen?« Anettes bahnbrechende Erkenntnis lautet jedenfalls: »Nach 20 Ehejahren bin ich dahinter gekommen, dass Männer auch so was wie eine Natur haben müssen« – bereits an dieser Stelle halten wir gebannt den Atem an – »und die ist so geschaffen, dass sie nicht so emotional sind wie wir Frauen.« Schnellmerkerin Anette weiß auch, wie man mit der komplizierten Natur der Männer umgehen muss: »Wir Frauen kommen den Männern immer von oben und glauben, wir besiegen sie, wenn wir es ihnen gleichtun, gleich antworten, gleich rumbrüllen, das gleiche Vokabular benutzen. Das kann wehtun und zur Trennung führen. Wir Frauen müssen wieder weibliche List erlernen und die Männer zu umgarnen verstehen.«

Anette, wir danken dir, endlich wissen wir, warum das alles nicht so klappt, wie es soll! Nun stellen wir uns mal bildlich vor, wie Anette ihren Gatten mit »weiblicher List« und den sprichwörtlichen Waffen einer Frau »umgarnt«. Wahrscheinlich kauft sie sich was Nettes zum Anziehen, einen Push-up-BH vielleicht, kocht ein Rezept von der Hausfrauenseite – möglicherweise den Hackfleischtopf Elsässer Art, Männer mögen es doch ein bisschen deftiger – und macht anschließend noch ein paar Schießübungen mit ihrem restlichen weiblichen Waffenbestand.

Das Ganze hat uns zu einer kleinen Waffenkunde inspiriert.

1. Biowaffen – die größte Gruppe des Weiber-Waffen-Arsenals. In den meisten Kulturen wird Frauen Macht über die Männerwelt bescheinigt, die etwas mit den serienmäßig eingebauten Extras wie Busen, Po, Beine, Haare et cetera zu tun hat. Diese Biowaffen werden vorwiegend im gebärfähigen Alter der betreffenden Frau eingesetzt und sind nur für Männer gefährlich, für diese allerdings sehr! Die Waffen wirken über den Sehnerv. Durch Abpumpen von Blut aus dem Verstandesapparat in Richtung Körpermitte werden Vernunft und Vorsicht zwar nicht (immer) ausgeschaltet, aber dennoch getrübt. Zudem wird durch Hormonüberflutung bestimmter Gehirnareale eine drogenähnliche Wirkung beim Mann erzeugt, die zum Wunsch der Besteigung der angreifenden Frau führt, was euphemistisch zuweilen unter »Frühlingsgefühle« verbucht wird. Klassische Beispiele aus der Literatur sind die Sirenen, denen Odysseus nur durch Festbinden an den Mast entgehen konnte, oder die Loreley, die ihre Haare gut sichtbar (und vermutlich oben ohne) oberhalb eines tückischen Rheinfelsens bürstete. Die Schiffsführer waren abgelenkt, vernachlässigten die Navigation und zerschellten am Riff. (Schön blöd, die Stelle dürfte damals in Rheinschifffahrtskreisen so bekannt gewesen sein wie heute unter Fernfahrern eine permanente Radarkontrolle auf der A1.)

In islamischen Ländern wird die Frau wegen dieses Wirkmechanismus gerne komplett eingezeltet oder zumindest in der oberen Körperhälfte mit Tüchern behängt. Hierzulande gilt das Gegenteil, weil die Herren die rauschartigen Wirkungen der sichtbaren Waffen zu schätzen wissen. Männer zahlen zum Beispiel Geld dafür, dabei zusehen zu dürfen, wie sich entkleidete Frauen in einer Art Mikrowelle auf einem Teller drehen, weil sich das Abpumpen des Blutes aus dem Kopf in Richtung Hüftbereich so gut anfühlt.

Manchmal kommt es dabei zu einer Verwechslung von Ursache und Wirkung. Weil die Männer den weiblichen Reizen angeblich hilflos gegenüberstehen, wird allgemein angenommen, Frauen in körperbetonter Kleidung »legten es nur darauf an«, angefasst und begattet zu werden. Werden diese Wünsche von der Frau abgelehnt, empfinden Männer das manchmal als hinterhältige Schikane. Dennoch lautet der Hauptgrund für das Tragen knapper Kleidung in den allermeisten Fällen »Das hat man jetzt so« und nicht »Ich will Geschlechtsverkehr, egal mit wem«. Allerdings haben mit versteckter Kamera arbeitende Flirtforscher festgestellt, dass Frauen, die an einem bestimmten Mann inte-

Heißwachs
Begriff, der verdeutlicht, dass Frauen und Männer in verschiedenen Welten leben. Männer denken dabei an eine Lackversiegelung ihres Kfz, Frauen an eine mittelalterliche Methode der Beinenthaarung.

ressiert sind, aktiv Waffenschau betreiben. Etwa durch leichtes (!) Heben des Rocksaumes oder Glattziehen der Kleidung über dem Busen. Dabei ist es unwichtig, ob der Rock lang und wallend oder kurz und knapp ist. Sobald der Falsche guckt, wird der Rocksaum allerdings sofort wieder fallen gelassen. Gelegentlich werden weibliche Attribute auch zur Erlangung von Vorteilen gezielt eingesetzt. Jacke auf, Brust raus, Bauch rein – um am Türsteher vorbeizukommen. Oder um bei der nächtlichen Verkehrskontrolle nicht ins Röhrchen pusten zu müssen. Manchmal auch, um überhaupt eine Art Job zu haben, wie im Falle von Jenny Elvers oder wechselnden Kandidatinnen auf der High-Society-Bühne. Aktuelle Fälle entnehmen Sie bitte den Fachmagazinen GALA oder BUNTE.

Von einer grundsätzlich unersättlichen Wollust und Verderbtheit der Frauen aufgrund des hinterhältigen weiblichen Reizzubehörs ging übrigens auch Heinrich Institoris aus. Der Dominikaner war im 15. Jahrhundert Inquisitor und gilt als Verfasser des berüchtigten *Hexenhammers* oder auch *Malleus Maleficarum* aus dem Jahre 1487. Auf Grundlage dieses Werkes, das den Frauen sexuelle Gier vorwarf, die sie für Verführung durch den Teufel anfällig machte, wurden zwischen 1500 und 1700 mindestens eine Million Frauen als Hexen verbrannt. Die ein oder andere Regierung von heute würde so eine Vorgehensweise vermutlich verständnisvoll unter »Präventivschlag« verbuchen.

2. Hörigmachung durch Kartoffelsalat o. Ä. – Diese Waffe ist vom Äußeren der sie einsetzenden Frau unabhängig. »Liebe geht durch den Magen«, das hat jeder schon mal gehört. Eine Frau kann einen Mann völlig willenlos machen und an sich binden, wenn sie in der Lage ist, den Kartoffelsalat oder ein anderes Leibgericht wie seine Mama oder gar noch besser zuzubereiten, was im Prinzip nur mittels Zauberei möglich ist. Der Mann kann diese Hexe nicht verlassen, selbst wenn er es wollte, weil der immer wiederkehrende Appetit auf ihre Köstlichkeiten ihn an der Kandare hält. Wahrscheinlich besteht die Hausfrauenseite darum zu etwa 70 Prozent aus Rezepten und zu 30 Prozent aus Diäten (weil die Köchin die deftigen Köstlichkeiten zunächst mitisst und dann abnehmen muss, damit ihre Biowaffen weiterhin gut zur Geltung kommen) und ist in Wirklichkeit ein geheimer Hexenzirkel. Unsere Magierin Anette wird diese weibliche List bestimmt aus dem Eff-Eff beherrschen und käme nie auf die Idee, die folgende Waffe anzuwenden.

3. Dienstleistungsverweigerung – Als psychologische Abschreckungswaffe zur Entlarvung und anschließender Vertreibung von so genannten »Chauvis« oder »Paschas« hat sich die häusliche Dienstleistungsverweigerung bewährt. Frauen, die sich nicht länger bereit erklären, trotz eigener Berufstätigkeit und lediglich aufgrund ihres Geschlechts für Raumpflege und Catering bereitzustehen, zwingen so manchen Mann zur Flucht – meist sehr zuverlässig ins Exil zu Mama. Der Nachteil: Mit Mama darf Mann nicht ins Bett. Auch Dieter Bohlen sah sich, wie allgemein bekannt sein sollte, dem Lauf der gemeinen Verweigerungswaffe gegenüber, die von Verona Feldbusch auf ihn gerichtet worden war. Statt Mutti fand er – gottlob! – Ersatz in Person von Naddel, die später durch die jüngere und prallere (siehe Biowaffen) Estefania ersetzt wurde. Ähnlich ging es vor längerer Zeit Gerhard Schröder, der sein Schnitzel selber machen sollte und daraus Konsequenzen gezogen hat.

4. Tränendrüsen – Es heißt ja oft, Frauen könnten auf Kommando heulen, wenn sie sich davon einen Vorteil versprechen. Auch die Autoren des populärwissenschaftlichen Buchs *Warum Männer lügen und Frauen immer Schuhe kaufen*, Alan und Barbara Pease, widmen sich diesem Thema. Nachdem sie einige allgemeine medizinische und psychische Funktionen des Weinens erläutert und die Erklärung abgelassen haben, dass Männer es sich nicht leisten könnten, öffentlich zu weinen, weil sie so Schwäche demonstrieren und sich dadurch für andere Männer angreifbar machen, wenden sie sich der »emotionalen Erpressung« durch Tränen zu. Zu diesem Zweck wird eine Szene konstruiert, die prima ins *Gute Zeiten Schlechte Zeiten*-Drehbuch oder vielleicht in Anettes Haushalt passen würde: Ehefrau will Ehemann überreden, ihre ebenso gebrechliche wie – natürlich! – gehässige Mutter bei sich aufzunehmen. Also zieht die Ehefrau sich was Hübsches an, kocht was Leckeres, gibt ihm ein Glas Wein und fängt obendrein an zu flennen. Auf diese Weise flößt sie dem Mann Schuldgefühle ein. Der per Tränendrüse, T-Bone-Steak (siehe Hörigmachung) und Tiefdekolleté (siehe Biowaffen) in den Zustand blutleerer Bewusstseinstrübe versetzte arme Kerl weiß nicht, wie ihm geschieht, und willigt ferngesteuert in den Begehr der Gattin ein. Erklärt wird das Ganze damit, dass Frauen »aufgrund ihrer anerzogenen Rolle als Friedenswächterinnen« davor zurückscheuten, »rundheraus zu sagen, was sie möchten«. Womit wieder einmal »bewiesen« wäre, dass Frauen keinen Bock auf logische Argumentation haben und lieber heulen, als zu diskutieren. Bewiesen wird ferner, dass Herr und Frau Pease offenbar gerne qualitativ fragwürdige Vorabendserien gucken.

5. Liebesentzug – Anhand dieser Waffe lässt sich die Marktwirtschaft erklären: Männer wollen Sex. Frauen wollen den zwar auch, aber im Schnitt seltener als Männer. Das heißt, die Nachfrage übersteigt das Angebot, eine Verknappung der Ressourcen sozusagen. Aus diesem Grund können Prostituierte für ihre Tätigkeit eine Bezahlung verlangen. Aus dem gleichen Grund fühlen Männer sich genötigt, ihren Frauen und Freundinnen schwere Taschen zu schleppen, gelegentlich einen Strauß Rosen springen zu lassen oder sich den mit Preisen überhäuften, grützenlangweiligen japanischen Problemfilm mit Untertiteln im Programmkino anzusehen. Die Männer vermuten, dass die Damen anschließend sexuelle Zuwendung bewusst als Belohnung für solche Opfer einsetzen und den männlichen Hosennotstand für sich auszunutzen wissen. Richtig ist, dass Frauen, die sich von ihrem Partner akzeptiert fühlen, sicher lieber mit diesem Mann auf der Matratze turnen als mit einem fiesen Rüpel. Doch dass Frauen Sex-Entzug planvoll als Strafe einsetzen, kommt so selten vor wie ein eingehaltenes Wahlversprechen.

6. Dumm stellen – Vielleicht die wichtigste und gleichzeitig zweischneidigste weibliche Waffe. Prominenteste Vorkämpferin in Deutschland ist und bleibt Verona Feldbusch: Sie tat vor allem zu Beginn ihrer Karriere ein bisschen blöd und verhedderte sich bei *Peep* niedlich in den grammatikalischen Finessen der deutschen Sprache. Das brachte ihr hoch dotierte Werbeverträge vom Spinatproduzenten bis zum Telekommunikationsriesen ein. Mittlerweile sollte jedem klar sein, dass sich hinter dem Dummerle ein Cleverle mit eigener Produktionsfirma verbirgt.

Auch im privaten Rahmen funktioniert die Waffe »dumm stellen« hervorragend, etwa bei Defekten an technischem Gerät aller Art. Ein Mann wird gerne helfen und sich als Retter in der Not fühlen. Funktioniert dummerweise fast nie, wenn Fenster blind vor Schmutz sind oder Windeln gewechselt werden sollen.

Allerdings gibt es auch einige Frauen, die müssen sich gar nicht erst dumm stellen.

An wen wir da gerade denken?

Och ...

Ringfahndung

Warum Frauen, auch wenn sie das nie zugeben würden, immer das Thema Heiraten im Hinterkopf haben

Das Ärgerliche an manchen Frauen ist,
dass sie sich wegen nichts aufregen –
und ihn dann gleich heiraten!

Cher

Frauen lieben Hochzeiten. Hollywood-Bosse wissen ganz genau um diese weibliche Schwäche und kaufen gezielt Drehbücher zum Thema, engagieren anschließend Julia Roberts (oder Jennifer Lopez oder Meg Ryan) in Kombination mit Richard Gere (oder Matthew McConnaughey oder Tom Hanks) und drehen dann einen Film, in dem eine Heirat die Hauptrolle spielt oder zumindest das Endziel der »romantischen Komödie« ist. Solche Filme sind Kassengold. Sämtliche Frauen zwischen 15 und 85 wollen sie sehen und zwingen oft auch ihren momentanen Gefährten zum Mitgucken. Wohlweislich hören die Schmachtfetzen immer genau dann auf, wenn es eigentlich interessant wird, nämlich bei der Hochzeit oder zumindest der Ahnung, dass es bald eine solche geben wird. Für das weibliche Publikum ist so ein Ende der Anfang einer noch viel schöneren Geschichte. Das Paar wird gemeinsam durch dick und dünn gehen, viele Kinderlein haben und im Alter Hand in Hand auf einer Veranda im Sonnenuntergang sitzen. Wie früher bei den *Waltons*. Das männliche Publikum macht sich entweder über den Fortgang der Handlung keine Gedanken, weil es sowieso nach der trockenen Luft im Kino nur noch an ein kühles Bier denkt oder es wittert den Anfang vom Niedergang des Abendlandes. Der geht in etwa so: Nach der Hochzeit geht die Frau ballonartig auseinander, es gibt jeden Tag die gleiche Wurst, dafür aber ein Reihenendhaus und keinen Sex. Dann doch lieber ein Bier.

Hormone
Immer wieder eine gute Ausrede

Männliche Ehe-Phobien hin oder her, John de Mol wusste, dass er auf die weibliche Fernsehgemeinde zählen konnte, als er seine Schwester Linda nötigte, Bürokauffrauen aus Buxtehude mit den dazugehörigen Versicherungsfachmännern live im Fernsehen vor den Traualtar zu treiben. Freilich erst, nachdem die siegreich eine Reihe von Spielen absolvierten, die auch auf einem Kindergeburtstag für Furore gesorgt hätten. *Traumhochzeit* verbuchte Ende der 80er und bis Mitte der 90er Rekordeinschaltquoten, heute werden immer noch alte Folgen auf Super RTL wiederholt. Die Zuschauer sind – wen wundert's – in der Mehrzahl weiblich. Neben Filmen und Shows verfolgen Frauen auch gerne Live-Übertragungen von Hochzeiten gekrönter Häupter, die im Prinzip genauso ablaufen wie Beerdigungen gekrönter Häupter. Heißt: Eine endlose Prozession durch die Hauptstadt des Königtums und eine Zeremonie in der Kirche, die so aufregend ist wie die Neujahrsansprache des Bundeskanzlers. Trotzdem hocken Millionen Zuschauerinnen weltweit gebannt vor dem Bildschirm, gewappnet mit Papiertaschentüchern, wenn die Tränen fließen. Und die kommen zuverlässig, wenn die Braut das »Ja« (oder das entsprechende Wort in der Landessprache) haucht. Hach, ist das schön! Oh, das Kleid hat 50 000 aufgestickte Perlen, sagt der Moderator gerade, na guck mal! Was für eine hübsche Braut die Maxima/Mette-Marit ist, fast so hübsch wie damals Diana – Gott hab sie selig! Dieser Mechanismus funktioniert selbstverständlich auch bei Hochzeiten von Freundinnen oder der eigenen Verwandtschaft.

Doch Frauen lieben nicht nur Hochzeiten anderer Leute, Frauen wollen auch selbst heiraten, sofern sie es noch nicht getan haben. Zumindest »irgendwann mal«. »Irgendwann mal« bedeutet: Wenn sie die so genannte »große Liebe« gefunden haben. Einer TNS Emnid-Umfrage unter beiden Geschlechtern zufolge ist Liebe heute der Hauptgrund für eine Heirat. Die gleiche Umfrage ergab, dass die Republik fast genau geteilt ist in eine heiratswillige Hälfte (49,4 Prozent) und eine, die Heiraten für verzichtbar hält (49,9 Prozent). Wir glauben ziemlich genau zu wissen, welches Geschlecht die jeweilige Sektion hat. Zum gängigen weiblichen Lebensmodell gehört eine Hochzeit als Megaevent in einem ansonsten womöglich als eher trist empfundenen Leben irgendwie dazu. Und sei es nur, um endlich eine Gelegenheit zu haben, einen unpraktischen Reifrock zu tragen und, wie es heißt, »den schönsten Tag im Dasein einer Frau« zu erleben. Bezeichnenderweise heißt es nie

»schönster Tag im Leben eines Mannes«. Zwar sind Frauen gegenteiligen Behauptungen zum Trotz grundsätzlich vernunftbegabt. Das heißt, auch sie sind in der Lage, Statistiken zu sehen und zu verstehen, in denen geschrieben steht, dass heutzutage jede dritte Ehe geschieden wird. Wenn das Paar in der Großstadt lebt, sogar noch häufiger. Doch das kümmert die Damen nicht, so unerschütterlich ist der Glaube an die immer währende Liebe. »Mir wird das schon nicht passieren« oder »Dann war es eben nicht der Richtige« lauten die durchaus mit der weiblichen Logik in Einklang zu bringenden Erklärungen. Schließlich hat schon Oma immer gesagt: »Jeder Topf findet sein Deckelchen« – und die musste es schließlich wissen, sie hatte ja Opa. Zwar »musste« Oma damals heiraten, weil die Mama unterwegs war, aber, ach, wer wird denn alles so eng sehen?

Also macht sich dereinst die Enkelin auf die Suche nach »Mister Right«. Und zwar überall, denn eine Frau weiß aus zuverlässigen Quellen wie Horoskopen und der Handleserin von der letzten Kirmes, dass das Schicksal verschlungene Pfade geht. Grundsätzlich ist es nicht auszuschließen, dass der erheblich alkoholisierte Spiderman, den die Suchende in der Nacht von Rosenmontag auf Karnevalsdienstag in der Mainzer Innenstadt aufliest und mit zu sich nach Hause nimmt, genau *der* Mann ist, auf den sie seit Jahr und Tag gewartet hat. Statistisch gesehen ist das möglich, jawohl! Wahrscheinlicher ist es, dass der Kerl nach einer alkoholbedingten Pleite im Bett seinen Rausch ausschläft, am nächsten Tag unter dem Spiderman-Kostüm – zu spät – seinen Ehering entdeckt oder mit einem Blick auf die Kameliendame des Vorabends feststellt, dass er in Zukunft unbedingt weniger trinken sollte. Dann verlässt er ohne ein Wort die Wohnung. Das Schwein!

Jeder Mann, mit dem eine ledige Frau länger liiert ist als eine Staffel *Großstadtrevier* dauert, wird unter die Heiratslupe genommen. Und zwar selbst dann, wenn eine Heirat von der betreffenden Frau offiziell nicht angestrebt wird, sondern nur eine »eheähnliche Gemeinschaft«, wie eine längerfristige Beziehung im Amtsjargon heißt. Wie hoch oder niedrig hier die Anforderungen sind, hängt unter anderem von zwei meist unmittelbar im Zusammenhang stehenden Faktoren ab: a) wie viele Verehrer noch Schlange stehen, um gegebenenfalls inakzeptable Sozialpartner auszuwechseln, und b) wie nah die Dame der Menopause bereits ist. Je lauter die biologische Uhr tickt, umso eher sind Kompromisse denkbar, zumindest dann, wenn die Frau sich noch zu vermehren gedenkt. Sicher, der Kerl kokst und hat psychische Probleme, die auch nicht dadurch besser werden, dass er von morgens bis abends DJ Ötzi im CD-Player liegen hat. Dafür hat er ihr schon mal das Frühstück ans Bett gebracht. Klar, er sieht nicht aus wie Richard Gere, eher wie Mike Krüger mit einem Hauch Toppmöller, aber er kann lesen und schreiben. Das ist doch schon mal was.

Nun muss das nächste Etappenziel – der Antrag – erreicht werden. Den hat der Mann zu machen, da sind sich beide Geschlechter ausnahmsweise einig. Das ist auch gut so, dann erliegt er bei Reklamationen später der Illusion, dass er sich das Ganze selbst eingebrockt hat. Für Frauen ist der Antrag die Krönung der Liebe, der Beweis, dass es dem Kerl, für dessen Schulden sie neulich gebürgt hat, ernst ist. Einfach nur »Ich liebe dich« sagen, das kann jeder. Dass es nicht jeder tut, weil er die hier thematisierten Konsequenzen fürchtet, steht auf einem anderen Blatt. Selbst die Frauen, die gar nicht heiraten wollen, hören einen Heiratsantrag gern. Wenn sie weiß, dass er gern würde, wenn sie nur wollte, lässt es sich leichter sagen: »Ach, Rüdiger, geht doch auch so, ohne Trauschein.«

Ein Mann, der schon eine Weile mit ein und derselben Frau das Lager teilt und die 30 erreicht oder bereits überschritten hat, wird bald wissen, was gesellschaftlich (zumindest im weiblichen Lager) von ihm erwartet wird. Bis zu diesem Alter wird den Männern ja eine Phase des »Hörnerabstoßens« zugestanden, was im Grunde nichts anderes bedeutet, als dass sich niemand daran stört, wenn sie, frei nach den Ärzten, wahllos »alles begatten, was nicht bei drei auf den Bäumen ist«. In einigen ländlichen Gegenden ist es noch heute üblich, dass ein Junggeselle an seinem 30. Geburtstag die Stufen vor dem Standesamt fegen muss. Ein dezenter Hinweis, wo die Reise hinzugehen hat. Jetzt wird es ernst. Mindestens seine Mutter wird ihn wiederholt darauf hinweisen, dass das aktuelle »Mädchen« nun endlich in den Wind zu schießen oder aber zu ehelichen sei. Zeitgleich wird von einer weiteren Seite angegriffen. Das »Mädchen« beginnt plötzlich damit, bei jeder Gelegenheit die detaillierten Hochzeitspläne selbst weit entfernter Bekannter auszubreiten, bleibt beim Stadtbummel vor Brautausstattungsgeschäften stehen und bekommt bei *Ikea* angesichts brüllender Mini-Monster, die im »Kinderparadies« randalieren, glänzende Augen.

IKEA
Beliebteres Tagesausflugsziel als Schloss Neuschwanstein oder die Kreidefelsen von Rügen. Bei Frauen. Natürlich.

Spätestens jetzt ist klar, dass Mutti die Sachlage auf den Punkt gebracht hat. Der Mann findet sich plötzlich in einer Zwangslage. Will er weiterhin Zeit mit seiner derzeitigen Freundin verbringen (andere Formulierung für »Sex haben«), muss er sie bald fragen, ob sie seine Frau werden will. Weil Männer nicht gerne Ärger kriegen und Diskussionen über den Beziehungsstatus führen, entscheiden sie sich oft genug für den Weg des geringsten Widerstandes und trösten sich damit, dass wir nicht mehr im Mittelalter leben und eine Scheidung zumindest möglich ist.

So kommt es dann, dass sich manchmal auch jene Jungs im Standesamt einfinden, die irgendwann behauptet haben: So was passiert mir nie!

Hart, aber herzlich

Wie Frauen Männer wirklich wollen

> Je mehr sich die Männer den Wünschen der Frauen anpassen, desto weniger können die Frauen mit ihnen anfangen.
>
> *Camille Paglia*

Wären Männer ein Steak, Frauen würden sie vermutlich »medium« ordern. Noch ein bisschen roh in der Mitte, aber ohne Gesundheitsschäden genießbar. Als Eier entsprechend wachsfest, als Auto ein Kombi. Keinen Softie, keinen Chauvi, irgendwas dazwischen. »Medium« eben.

So kann man jedenfalls das Ergebnis einer Studie der Zeitschrift ELLE interpretieren, die im März 2003 durchgeführt wurde. Demnach wollen 79 Prozent aller befragten Damen einen »selbstbestimmten«, jedoch »nicht frauenfeindlichen« Mann. Gleichzeitig sagen 60 Prozent der Frauen, der von ihnen bevorzugte Mann solle sich in seiner »Geschlechterrolle« wohl fühlen. Wie diese Rolle genau aussehen soll, wird in der ELLE nicht beantwortet, es werden lediglich Hinweise gegeben, was nicht erwünscht ist. Auf keinen Fall, so heißt es, dürfe ein von Frauen begehrter Mann »zu sensibel« sein. Das sagen 55 Prozent. Ein männliches Mimöschen kann dann zwar eine Schulter zum Anlehnen bieten, nur ran an das, was einen heterosexuellen Kerl an den Mädels im Allgemeinen interessiert, darf er nicht. Erwartungsgemäß lässt ELLE im Dunkeln, was genau »zu sensibel« eigentlich bedeutet, dabei würde das die Männer sicher brennend interessieren. Aber die lesen ja auch nicht die ELLE.

Eine etwas weniger glamouröse Frauenzeitschrift, die LISA, hilft uns dabei, den mittelsensiblen Supermann näher zu definieren. Zugegebenermaßen ebenfalls auf dem Umweg des Ausschlussverfahrens.

Katze, die
Lebewesen, das nicht »Nimm die Fischstäbchen von meinem Bein!« keift, wenn man sich die Füße an ihm wärmt, nicht die Nase rümpft, wenn man zum Abendessen mal eine Dose aufmacht, und sich nicht schnaufend auf einen rollt, wenn man ihm zärtlich über den Rücken streicht.

LISA wollte per Umfrage wissen, was Frauen an Männern stört, und kam zu folgendem Ergebnis: Fast die Hälfte der Frauen regt sich über Männer auf, die nicht ganz Ohr sind, wenn ihnen das Neueste aus dem Büro referiert oder von den Erlebnissen des letzten Shopping-Abenteuers berichtet wird. Auch sich häuslichen Tätigkeiten verweigernde Jungs arbeiten durch dieses Verhalten nicht ihre begehrenswerte harte Seite heraus. Fast ein Viertel der Frauen hat die Nase voll von Kerlen, die keinen Bock auf Abwasch haben. Der Rest der Damen lebt wahrscheinlich in einem Haushalt mit Spülmaschine.

Halten wir also schon mal fest: In die Würstchen-Kategorie »zu sensibel« fällt ein Mann weder durch interessierte Teilhabe am Leben seiner Gefährtin noch durch Engagement im Haushalt. Schließlich wird ein Mann nicht automatisch zum heißblütigen Latin Lover, wenn er im gemeinsamen Haushalt im Bad sehr männlich extra auf die Brille pinkelt, von der er annimmt, sie nicht selbst säubern zu müssen. So ein Typ wirkt auf Frauen nicht unwiderstehlich, sondern vielmehr untauglich – als Partner.

Wir verfügen übrigens über Indizien aus weiblichen Insider-Kreisen, dass der Traum der Frauen vom nicht zu sensiblen Mann nur bedeutet, dass die Mädels sich einen Herrn wünschen, der einen Schnupfen nicht zu einer lebensbedrohlichen Lungenentzündung hochstilisiert und tagelang autistisch in der Ecke hockt, nur, weil sein Tennisclub die Meden-Spiele versemmelt hat. Das kann ja wohl nicht so schwierig sein.

Als Role-Model des von der Durchschnittsfrau begehrten Medium-Mannes könnte vielleicht Olli Kahn taugen – und zwar ausdrücklich jener Olli Kahn *vor* dieser ganzen unseligen Discomaus-Geschichte, die wir hier nicht weiter thematisieren wollen, weil sie eigentlich viel besser in ein späteres Kapitel passen würde, das sich damit beschäftigt, was junge Hühner von alten Knackern wollen. Unmittelbar nach seinem tapferen Einsatz bei der WM im Sommer 2002 war der bundesdeutsche Torhüter der Traum der deutschen Frauen – natürlich auch dies ein repräsentatives Umfrage-Ergebnis des EMNID-Instituts. Kahn verkörperte damals exakt die richtige Mischung aus hart und zart. Einerseits ein Held mit der Ausstrahlung eines Terminators (böse Zungen behaupten zuweilen: eines Berggorillas), der seiner Mannschaft und der Vision vom Sieg zuliebe selbst mit gebrochenem Finger weiterspielt. Andererseits eine empfindsame Seele, verzweifelt am Pfosten zusammengesunken. Wegen der Selbstvorwürfe, dass er den entscheidenden Ball nicht halten konnte, nicht wegen der Schmerzen in der Hand. Ein *richtiger* Mann eben, einer, der für andere sein Leben riskiert, wenn es sein muss, der Kätzchen aus brennenden Häusern rettet und selbst Vogelspinnen auf der bloßen Hand ins Freie trüge, so es sie in Pullach bei München oder wo auch immer die Spieler vom FC Bayern so wohnen, denn gäbe. Bei dieser Spitzenmischung kann die deutsche Frau auch über geschmackliche Unsicherheiten bei Styling und Arbeitgeberwahl hinwegsehen. Vielleicht sogar darüber, dass hochschwangere Ehefrauen mit Bayern-Groupies betrogen werden. Verzeihung, darüber wollten wir doch nicht sprechen.

Bevor nun der deutsche Durchschnittsmann verzweifelt, der nicht aussieht wie Oliver Kahn – was nicht in allen Fällen ein Unglück sein muss – und der höchstens medienunwirksam in einer miefigen Kreisklasse-Umkleide um verlorene Finals gegen den FC Waldmeister trauern darf, sei ein wichtiger Einwand angebracht: Die Damen, die den Nationaltorwart anziehend finden, haben keine Ahnung, was für ein Typ Mann Herr Kahn wirklich ist. Darauf kommt es auch nicht an. Vielmehr ist Kahn, oder besser das Foto, das nach dem Endspiel um die Welt ging – der am Tor kauernde geschlagene Held –, lediglich ein Symbol. Ein Symbol für einen Typen, der Gefühle zeigen kann, wenn ihn etwas wirklich berührt. Einen Mann, der andererseits bereit ist, sich bis aufs Blut für etwas einzusetzen, das ihm wichtig ist (auch wenn dieses Etwas in Kahns Fall vermutlich mit dem Begriff »Fußball« einigermaßen erschöpfend umschrieben sein dürfte). Ein Mann, der sich nicht hinter irgendwelchen Rollenklischees mit den Bezeichnungen »Macho« oder »Weichei« verstecken muss, weil er einfach ist, wie er ist. Der kämpft, wenn er es für notwendig hält, und auch mal heult, wenn er heulen muss. Kurz: nicht einfach ein starker Mann, sondern ein starker Mensch. Unabhängig von äußeren Vorgaben, wie ein echter Kerl zu sein oder auch nicht zu sein hat. Starke Menschen wirken immer anziehend, ganz egal ob Mann oder Frau, Bayer oder Mecklenburger, Hänfling oder Gorilla.

Vorsprung durch Technik?

Warum können Frauen auch im Zeitalter der Emanzipation nur dann eine Glühbirne wechseln, wenn kein Mann in der Nähe ist?

Ein bisschen Naivität steht einer Frau gut,
auch wenn sie bloß vorgetäuscht ist.
Vicky Baum

Wir Frauen haben bekanntlich kein Problem damit, nach dem Weg zu fragen. Bleibt euch ja auch nichts anderes übrig, werden männliche Lästermäuler jetzt rufen, Frauen haben doch nachweislich ein schlechteres räumliches Vorstellungsvermögen und verlaufen sich darum in null Komma nichts! Mag sein, dass da ein Zusammenhang besteht, aber das soll jetzt nicht unser Thema sein, wir heißen schließlich nicht Herr und Frau Pease. Es geht uns vielmehr darum, dass Frauen sich nicht schämen, etwas nicht selbst zu wissen, solange sich jemand findet, der weiterhelfen kann. Männer würden lieber bei minus 20 Grad in einem Cabrio auf einem Kartoffelacker kampieren, wenn sie sich mit der Route vertan haben, als einmal irgendwo an einem Kiosk anzuhalten und um Auskunft zu bitten. Womöglich noch bei einem anderen Kerl, der sich sein triumphierendes Grinsen nicht verkneifen kann. Das machen Männer nicht mit!

Wir Frauen fragen dagegen völlig ohne Skrupel. Wenn es sein muss, auch mehrfach und kommen auf diese Weise ohne große Verzögerung ans Ziel. Wir haben im Gegensatz zum Mann auch keinen Ruf zu verlieren, weil uns sowieso kein Mensch – übrigens beiderlei Geschlechts – die Fähigkeit zur Orientierung zutraut. Genauso wie uns nur selten Verständnis für technische Zusammenhänge bescheinigt wird. Darum fahren die meisten Damen eine ähnliche Strategie wie bei der Routenplanung, wenn im Haushalt etwas reparaturbedürftig ist. Kühlschrank kaputt? Stereoanlage im Eimer? Herdplatte funktioniert nicht? Da muss ein Mann ran. Ob der nun vom Kundendienst der Firma *Siemens* kommt oder mit der Hilfesuchenden verwandt, verschwägert oder verbandelt ist, macht keinen Unterschied. Die meisten Frauen kämen nicht auf die Idee, in solchen Fällen selbst aktiv zu werden. Ein Grund dafür: Das Selbstbewusstsein in puncto Technik ist quasi nicht vorhanden. Dabei geht es weniger um ein Nicht-Wissen, als um ein Nie-gelernt-Haben. So ermutigende Fakten wie jene, dass zum Beispiel an der Entwicklung des ersten digitalen Computers der Welt, des ENIAC (Electronic Numerical Integrator and Computer), maßgeblich sechs junge Mathematikerinnen beteiligt waren, kennt ja kaum jemand. Mehr fällt uns gerade auch nicht ein – und das kommt nicht von ungefähr.

Wagt sich tatsächlich mal ein weibliches Wesen an die Reparatur eines Geräts und es geht was schief, wird das später garantiert quittiert mit einem: »Frauen und Technik! Hättest du mal gewartet, bis ich nach Hause gekommen wäre.« Ist sie erfolgreich, wird Verwunderung demonstriert (»Das hast *du* ganz allein gemacht?«), abgewiegelt (»War ja auch nur eine Kleinigkeit«) oder mit Unverschämtheiten geschossen (»Ui, da hast du aber Glück gehabt, das hätte aber auch schief gehen können«). Schafft es selbst der Mann im Haus nicht, das Teil wieder startklar zu machen, wird es als irreparabel deklariert. Brüder, Väter, Freunde oder Ehemänner geben sich alle Mühe, ihre angeblich technische Naturbegabung durch allerlei Beiwerk zu zelebrieren, sogar wenn sie nur einen Dübel in die Wand praktizieren sollen. Ein Mann kann nicht einfach Dübel kaufen, wie das vermutlich eine Frau täte - wenn sie es denn täte. Da müssen zunächst Gesteins- und Putzproben analysiert und die Baupläne des Hauses studiert werden. Erst dann wird entschieden, ob es ein Fischer-, Tox-, Hohlraum- oder Hülsendübel sein muss – oder lieber gleich eine Ösenmuffe? Außerdem lagert in der Garage beinahe das komplette Werkzeug-Sortiment von *OBI*. Es werden Zeitschriften mit Titeln wie *Der Heimwerker* oder *Do-It-Yourself* angeschleppt und ganze Freibadwetter-Samstage im Baumarkt verbracht. Kurz, es wird Aufwand getrieben und der Eindruck vermittelt, als handele es sich bei der Angelegenheit um so etwas Ernstes wie ein Studium der Kernphysik. Im Kalten Krieg hat man diese Strategie »Abschreckung« genannt. Damals hießen die Kontrahenten UdSSR und USA, im Kampf um den Technikvorsprung heißen sie Mann und Frau.

Die Gehirnwäsche beginnt früh: Mädchen werden heute zwar nur noch selten gezwungen, Topflappen zu häkeln oder sinnlos Eichelhäher auf Stramin zu sticken, zur technischen Weiterbildung der jungen Damen fühlt sich dennoch niemand berufen. Väter kommen selten auf die Idee, ihren Töchtern zu erklären, wie ein Kronleuchter angeschlossen wird und wie das Innere eines Toasters aussieht. Wenn Papi mit äußerster Wichtigkeit repariert, heißt es schnell: »Prinzessin, steh hier nicht im Weg rum, spiel mit deinen Kuscheltieren.« Die Mütter haben – wen wundert es – selten Ahnung von der Materie, also erklären sie auch nichts, und wenn die Kleine mal groß ist, stehen die Chancen gut, dass sie kaum weiß, wie ein Nagel in die Wand geschlagen wird, weil das immer der Papa gemacht hat.

Wir haben es hier also mit einem der letzten zuverlässig von beiden Geschlechtern tradierten Rollenbilder zu tun. Warum aber entwickeln die Frauen auch später keine Ambitionen, es den Männern mal so richtig zu zeigen? Warum packt es sie nicht bei der Ehre, dass sie von der Männerfraktion als beidseitig linkshändig angesehen werden?

Vielleicht, weil Frauen ein kleines bisschen froh darüber sind. Zumindest in diesem einen Bereich können sie sich darauf verlassen, dass die Männer ihnen die Arbeit ohne jede Nörgelei abnehmen und sich hinterher sogar noch als gut gelaunter Held fühlen. Beides, sowohl den praktischen als auch den psychologischen Effekt wissen Frauen zu schätzen. Den Damen obliegt schließlich auch heute noch der Löwenanteil von Hausarbeit und Kinderbetreuung. Das behaupten wir nicht einfach so, sondern das ist das Ergebnis zahlreicher Studien. Etwa eine Langzeitstudie unter der Leitung von Professor Dr. Hans-Peter Blossfeld von der Uni Bielefeld und Dr. Sonja Drobnic von der Uni Bremen zur Entwicklung der Berufskarrieren von Paaren. Die Wissenschaftler stellten fest, dass sich seit dem Zweiten Weltkrieg an der häuslichen Arbeitsaufteilung nur sehr wenig geändert hat. Selbst wenn in einer Partnerschaft beide Vollzeit arbeiten, organisiert die Frau in den meisten Fällen den Haushalt. Männer »helfen« allenfalls, und schon durch die verbreitete Wahl dieses Verbs wird klar, wer die Hauptverantwortung für Wäsche, Frühjahrsputz und kulinarische Grundversorgung trägt. Da befürchten die Mädels mit vollem Recht, auch noch die Handwerkerrolle übernehmen zu müssen, wenn sie sich in diesem

Feld zu lernwillig und geschickt zeigen. Lieber überlassen die Frauen den Männern sogar das Ersetzen von durchgebrannten Glühbirnen und loben hinterher: »Toll hast du das gemacht, Schatz!« Denn, wer weiß, vielleicht wären die Herren andernfalls tödlich getroffen in ihrem Stolz und verweigerten aus diesem Grund in Zukunft den Technik-Service? Nicht auszudenken!

Kinderwunsch
Begründung für den Erwerb von Kleinbussen und der Grund, dass auch die Jungs, die in der Schule Briefmarken gesammelt und Vögel beobachtet haben, später mal die Chance auf Sex bekommen.

P.S.: Genauso, wie auch Männer in der Not (also ohne Frau) fähig sind, Wasch- und Spülmaschinen fehlerfrei zu befüllen und sogar noch anzuschalten, WCs sauber zu halten oder gar Kinder zu betreuen, können Frauen sich in technischen Dingen durchaus selbst helfen, wenn es sein muss. Zum Beispiel bei einer Autopanne in Novosibirsk. Oder so. In den allermeisten anderen Fällen gibt es eigentlich immer eine passende Servicenummer. Und die steht nur in den selteneren Fällen in den Gelben Seiten. Die Dienstleistungsunternehmen heißen vielmehr Thorsten, Enno, Mike oder Opi und finden sich im persönlichen Adressbuch.

Sie könnte seine Tochter sein

Was finden junge Mädchen an alten Knackern?

> Wenn du siehst, wen einige Mädchen heiraten, weißt du, wie sehr sie es hassen müssen, ihren Lebensunterhalt selbst zu verdienen.
>
> *Helen Rowland*

Männer jeden Alters, das ist bekannt, haben eine Menge übrig für junge Frauen. Das pralle Bindegewebe, die aufregenden Sexspielchen, die makellosen Beine und so weiter, wir müssen das nicht weiter ausführen. Biologen sagen, es seien die Gene, die Tagesthemen-Anchorman und Knitterlook-Träger Uli Wickert zur 29 Jahre jüngeren FINANCIAL-TIMES-Kraft Julia Jäkel treiben oder Witzewilli Otto Waalkes zu Mimin Eva Hassmann, immerhin auch 25 Jahre nach ihm geboren. Männer können nichts dafür, sie wollen nun mal fruchtbares Frischfleisch. Die Arterhaltung, man muss das verstehen. Tun wir auch. Rein theoretisch zumindest, so wie wir auch verstehen, dass die Polareiskappen durch den Treibhauseffekt schmelzen. Ein bisschen unbehaglich ist uns bei beiden Angelegenheiten, aber das soll hier niemanden kümmern.

Einen entscheidenden Unterschied gibt es allerdings: Die Polareiskappen haben keine Wahl, die jungen Frauen schon. Was lässt sie sich Männern in die Arme werfen, die ihre Väter sein könnten? Greifen wir das mal auf. Es könnte schließlich ein Vaterkomplex sein. Ein paar Indizien dafür gibt es schließlich. Dr. Anthony Little von der Universität St. Andrews in Schottland fand heraus – so erzählte er dem EVOLUTION AND HUMAN BEHAVIOUR JOURNAL –, dass viele Frauen sich Männer aussuchen, die ihrem Vater ähneln. Little hat das anhand von bevorzugter Augen- und Haarfarbe untersucht. Außerdem, jetzt wird es interessant, Frauen, deren Papi bei ihrer Geburt bereits nicht mehr ganz jung war, fühlen sich später ebenfalls zu älteren Semestern hingezogen. Little vermutet, dass sich das Gesicht des Vaters bei den Frauen während der Kindertage als attraktiv einprägt. Motto: Was man nur oft genug sieht, ist schön, selbst wenn es aussieht wie ein nordafrikanischer Nacktfaltenhund. Frauen mit »alten« Daddys empfinden Runzeln bei ihren Liebespartnern als nicht störend. Das Ganze ist allerdings nicht typisch weiblich: Bei Männern mit älteren Müttern funktioniert der Mechanismus genauso: Sie stehen später nicht ausschließlich auf junge Hüpfer. Eine weitere Begründung für die Vorliebe mancher junger Frauen für graue Panther hält ebenfalls die Psychologie bereit. Die von den Emanzipationskämpfen ausgelaugte junge Frau wolle sich bei einem älteren Mann endlich ausruhen, während ein junger Heißsporn sie weiter täglich herausfordert. Geheimer Subtext: Bei dem konservativen Sack braucht man das Diskutieren erst gar nicht anzufangen, der ändert sich sowieso nicht mehr.

Ob solche Erkenntnisse allerdings die richtige Erklärung sind, wenn sich an der Seite von Supermilliardär Donald Trump immer wieder ein junger Klon seiner dummerweise gealterten Exgattin Ivana zeigt? Oder wenn sich brasilianische Schönheiten zu Altherren wie Ottmar Hitzfeld und Co. hingezogen fühlen? Das darf bezweifelt werden. Das überwältigende Äußere der genannten Männer wird es wohl nicht sein, da werden Sie uns zustimmen. Dann schon eher die »inneren Werte«. Um den Sachverhalt zu erhellen, möchten wir den Biologen Karl Grammer zitieren: »Jede Frau, die einen reichen Mann monogam heiratet, kann erwarten, dass sie seine ganzen Ressourcen für ihren Nachwuchs zur Verfügung hat. Sie kann sich dabei einen größeren reproduktiven Erfolg verschaffen im Vergleich zu Frauen, die nicht so gut verheiratet sind. Als Resultat entsteht zwingend Wettbewerb unter Frauen um Männer. Dieser Wettbewerb führt aber letztlich dazu, sich so teuer wie möglich verkaufen zu müssen.« Daraus resultiert die Formel: Herr mit dickem Bankkonto gleich gutes Männchen. Und zwar egal wie alt. Denn Kinder zeugen geht bei den Jungs theoretisch bis zum letzten Atemzug. Die Biologie also mal wieder. Es ist wenig schmeichelhaft, doch streng genommen handelt es sich um nichts anderes als eine Form der Prostitution, wenn Frauen aus finanziellen Erwägungen eine Liaison mit einem gut situierten Mann eingehen. Dass dabei oft Paare herauskommen, bei denen der Mann erheblich älter ist als seine junge Partnerin mit Bindegewebsvorteilen, liegt zum einen daran, dass es unter den 20-Jährigen weniger Millionäre gibt als unter den Männer in der Altersgruppe »Ü 50«. Zum anderen haben die jungen hübschen Frauen im Wettbewerb um die Dagoberts (die manchmal auch Donald heißen) die Nase vorn. In Ländern mit einem allgemein geringeren Wohlstand und – wichtig – geringeren Aufstiegschancen für Frauen sind die betuchten Jungs noch begehrter. Angebot und Nachfrage eben.

Ein interessantes Beispiel für diesen marktwirtschaftlichen Sachverhalt haben wir im Internet gefunden, die ukrainische Partnervermittlungsagentur *Confidential Connections* – zu deutsch »vertrauensvolle Verbindungen«. Die Agentur wendet sich direkt an nichtrussische einsame Männerherzen aus wohlhabenden Staaten. Genauer gesagt, aus England, Spanien, Frankreich und Deutschland. Das sind die vier Sprachen, in denen die Seite abgefasst ist. Russisch gibt es erst gar nicht. Die Vertrauensvollen brüsten sich mit den jungen Russinnen, die (angeblich) ältere Partner suchen. Ein Zitat von der Website, in kreativem Deutsch abgefasst: »Die ukrainischen Frauen glauben, dass die Männer, die in anderen Ländern leben, bessere Gatten als ukrainische Männer sein werden. Diese Männer können mehrer Sicherheit, Stabilität, Verständnis und bessere Chancen vorschlagen.« Und: »Wenn Sie unser Klient sind, haben Sie hier die Möglichkeit, einer jüngeren, attraktiveren und besseren Frau zu begegnen als bisher. Unsere Erforschung, die mit *Confidential Connections* unternommen wurde, zeigte, dass die ukrainischen Frauen die Männer bevorzugen, die älter als sie sind. Wenn Sie älter als 55 sind, können Sie gute Resultate mit 25-jährigen Frauen erhalten.« Gute Resultate! Als Beweis für so ein gutes Resultat ist ein Foto abgebildet von Natascha (24), die aussieht wie eine kleinere Ausgabe von Supermodel, Schauspielerin (*und* Ukrainerin) Mila Jovovich. Um Naschas Schultern liegt der Arm von Steve (41), einem blassen Engländer, dessen hervorstechendstes äußeres Merkmal sein Schmerbauch ist, der sein geschmackvolles *Southpark*-T-Shirt ausbeult. Es steht zu vermuten, wenn man Karl Grammer und *Confidential Connections* glauben darf, dass Steve im Vergleich zum Durchschnitts-Ukrainer sexy wohlhabend ist.

Hochzeit
Angeblich schönster Tag im Leben einer Frau. Impliziert, dass es danach bergab geht.

Wo gerade die Rede von Mila Jovovich war: Die Schöne war von 1997 bis 1999 mit dem fast 17 Jahre älteren Regisseur Luc Besson verheiratet. Falls Sie nicht wissen, wie Monsieur Besson aussieht: Ein bisschen wie Hape Kerkeling in seiner Verkleidung als iranischer Schach-Champion. Will sagen: klein, moppelig und bärtig. Das Geld kann es wohl kaum gewesen sein. Letzteres besitzt Super-Mila nämlich selber reichlich. Vielleicht hat Besson ja verborgene Vorzüge, da können wir nur spekulieren. Sicher ist nur: Der Mann ist kreativ, und er hat Erfolg. Womit wir bei der Gruppe der erfolgreichen Männer wären, die eine besondere Anziehung auf Frauen jeden Alters ausüben, also auch auf junge. »Erfolg macht sexy« ist eine ebenso triviale wie wahre Binsenweisheit. Dass hiermit oft auch ein gewisser finanzieller Status verbunden ist, macht die differenzierte Ursachenforschung für das Junge-Frauen-alte-Männer-Phänomen nicht unbedingt einfacher. Wahrscheinlich kommen hier mehrere Faktoren zusammen. Tatsache ist, dass Männer, die einen prestigeträchtigen Beruf ausüben, gefragtere Partner sind. Und zwar *auch* dann, wenn sie schon älter sind und aussehen wie Bernie Ecclestone oder Klaus-Jürgen »Dr. Brinkmann« Wussow.

Da fällt uns ein: Selbst ein deutlich grau melierter und nicht mehr knitterfreier Chefarzt ist für Frauen immer noch ein »Halbgott in Weiß«. Am gleichen Kittel tragenden Mann im Pförtnerhäuschen würden die Damen achtlos vorbeilaufen. Nicht von ungefähr heißen die vor allem bei Frauen beliebten Serien-Hits im TV *Klinikum Berlin Mitte* oder Dr. *Stefan Frank – der Arzt, dem die Frauen vertrauen. Hausmeister Stefan Frank* oder *Gebäudereinigungsservice Berlin Mitte* wären von vornherein zum Scheitern verurteilt. Die Erlebnisse von Fensterputzer Günni wären höchstens dann interessant, wenn Günni eigentlich ein reicher Millionenerbe ist, der über seinen Job ans Zimmermädchen-Aschenputtel rankommen möchte. Da hätten wir also wieder das alte Prinz-Prinzessinnen-Schema. Der schwerreiche Prinz darf auch ruhig etwas älter sein, solange er ähnlich charmant ist wie Richard Gere in *Pretty Woman* oder Robert Redford in *Ein unmoralisches Angebot*.

Ein Spezialfall scheinen die Professoren zu sein. Was Dietrich Schwanitz im Roman *Campus* beschreibt – die Verbindung von alterndem Hochschullehrer und knackiger Studentin –, ist kein Einzelfall. Offizielle Zahlen gibt es verständlicherweise nicht, doch jeder, der irgendwann mal studiert hat, hat eigene Beobachtungen zu diesem Phänomen. Männerforscher Klaus Theweleit erklärt es in seinem Buch *Objektwahl* mit dem freudschen Modell der »narzisstischen Liebeswahl«. Soll heißen: Das Objekt der Liebe wird danach ausgesucht, wie der oder die Liebende selbst gerne wäre. Im Professor-Studentin-Fall: Sie bewundert ihn für seine souveräne Gelehrtheit, er möchte ihre Jugend anzapfen. Theweleit weiter: »Solange die Universität patriarchalisch ist, ist der Doktorvater nicht nur Vater oder Mann, sondern oberster Pavian seiner Wissenschaftshorde.« Alles wie bei den Affen, wussten wir's doch. Und so ein Paviancheff ist potent! Zu dem Ergebnis kamen amerikanische Wissenschaftler, die im Bostoner Raum eine Langzeitstudie durchführten, die im Jahr 2000 veröffentlichte »Massachusetts Male Aging Study«. Je ungebildeter die teilnehmenden Männer waren, umso eher bekamen sie Probleme im Schritt. Mechaniker Gökhan und Straßenbahnfahrer Sven haben demnach ein anderthalbmal so großes Risiko, beim Akt schlappzumachen wie die männliche Bevölkerung mit Hochschulabschluss oder gar Habilitation. Ob das die wahre Motivation der in den Prof verliebten Studentinnen ist? Wir wagen das mal zu bezweifeln, die haben schließlich nicht alle vorher die Massachusetts-Studie gelesen.

Papis Plissee-Gesicht, Prestige, finanzielle Sicherheit und – eventuell – auch Potenz im Lendenbereich könnten also die Gründe sein, dass junge Damen im Seniorenzirkel aktiv werden. Oder alles zusammen. Selbst wenn das ziemlich sicher keine zugeben würde. »Alles aus Liebe«, tönen die Damen an der Seite von *Kukident*-Nutzern – von Christina Rau bis Simone Rethel – unisono.

Wie auch immer, es gibt eine Gegenbewegung. Na ja, vielleicht nicht wirklich eine Bewegung. Sagen wir, eine zarte Tendenz: Den Trend zum Jungmann. Wenigstens bei jenen Frauen, die für ihr Auskommen, besser gesagt ihren »reproduktiven Erfolg« locker selbst sorgen können. Die Mädels haben nämlich ebenfalls etwas übrig für glatte Haut und ein knackiges Anfasserlebnis. Mittsiebzigerin und Immer-noch-Sex-Symbol Bibi Johns ist seit 1997 mit dem fast 40 Jahre jüngeren Pianisten Alex zusammen. Madonna hat Guy Ritchie, Nina Hagen und Demi Moore einen jungen Liebhaber nach dem nächsten, und sogar die nicht ganz so bekannte Internet-Userin Bärbel schreibt bei *Ladyweb.de* begeistert: »Dieses prickelnde Gefühl von Lust und Leidenschaft genieße ich mit einem 25 Jahre jüngeren Mann.«

Wir sagen: »Weiter so!«

Gestrandet

Warum Frauen im Urlaub mit Gesichtsmaske im Romantikhotel sitzen und lesen
Gastautorin Mascha Kurtz über die Problematik der »schönsten Wochen des Jahres«

Klug ist der Reisende, der sein Herz zu Hause lässt.

Afrikanisches Sprichwort

Eine Trennung ist eine lange schmerzvolle Reise. Manchmal vergehen Jahre, bis einer der beiden Beteiligten die Koffer packt. Dabei lässt sich der Prozess ganz einfach beschleunigen: Fahren Sie gemeinsam in Urlaub. Die Chancen, dass danach die Fronten geklärt sind, stehen hervorragend. Die nordrhein-westfälische Verbraucherzentrale hat errechnet, dass jede dritte Scheidung nach der schönsten Zeit des Jahres eingereicht wird.

Leider gilt das auch für die Paare, die eigentlich zusammenbleiben wollen. Zu Hause bleiben wäre die einzige Lösung, doch wer möchte schon den Sommer auf dem Balkon verbringen, während Freunde und Kollegen sich an den Stränden dieser Welt aalen? Darum entschließen sich nach einer Studie des BAT-Freizeitforschungsinstituts 65 Prozent aller Paare, um der Sonnenbräune willen ihre Beziehung aufs Spiel zu setzen. Die 1800 Euro, die sie dafür durchschnittlich ausgeben, kommen natürlich zu den Kosten für den Scheidungsanwalt dazu. Muss das sein? Um nicht im Nachhinein alle Urlaubsfotos zerschneiden zu müssen, lohnt es sich, die Gründe der sommerlichen Zerwürfnisse näher zu betrachten.

Eigentlich sind sich Männer und Frauen durchaus einig, was sie von ihrem Urlaub erwarten: 59 Prozent suchen Entspannung, 54 Prozent

Abstand vom Alltag, und 50 Prozent möchten auftanken, meldet die Forschungsgemeinschaft für Urlaub und Reisen (F.U.R.). Allerdings sind sich die Geschlechter nicht darüber einig, auf welche Art und Weise sich diese Ziele erreichen lassen. Zum Beispiel ziehen Frauen den Wellness- dem Fitnessurlaub vor; bei den Männern ist es genau umgekehrt.

Jungs werfen sich, kaum von Sakko und Krawatte befreit, ins grelle, hautenge Radlerdress, wahlweise den Badetanga mit Arschkerbensenkel, um die Terra incognita am Urlaubsort in Besitz zu nehmen. Das geschieht auf zwei Arten: die mobile und die stabile. Mobile Männer können es kaum erwarten, die fremden Hügel mittels Mountainbike, Wanderstab oder Gleitschirm zu erobern. Wo diese Hügel sich befinden, spielt eine untergeordnete Rolle, sie dienen lediglich als Kulisse für sportliche Höchstleistungen.

Ganz anders der Stabilist: Am ersten Urlaubstag eruiert er die kürzeste Verbindung zwischen Hotel und Strand und lässt sich auf ebendiesem nieder. Dort verharrt er in Ruhestellung, bis die Sonne unter- und das letzte Bikinimädchen nach Hause gegangen ist, um dann ins Hotel zurückzukehren und sich von der Gattin den Sonnenbrand verarzten zu lassen, den er sich zugezogen hat, weil er es als unmännlich empfindet, Sonnencreme zu benutzen.

Beiden Arten von Männern ist vollkommen unverständlich, dass Frauen ihre Begeisterung für diese Arten der Urlaubsgestaltung nicht teilen. Dass »Sie« das Romantikhotel mit Himmelbett ausgesucht hat, wo es doch auch der billigere Bettenbunker nebenan getan hätte – nun gut, darüber sieht »Er« hinweg, auch wenn es lästig ist, sich zum Abendessen etwas anderes anziehen zu müssen als Boxershorts. Doch warum liegt sie den ganzen Tag mit einem Buch am Pool oder verbringt Stunden damit, die Elendsquartiere des Urlaubsortes zu durchstreifen und abbröckelnde Wände zu fotografieren?

Warum Frauen so seltsame Vorstellungen von einem gelungenen Urlaub haben, ist eines der komplexeren Probleme der Evolutionstheorie. Irgendwann in den letzten zwei Millionen Jahren muss ein Gen mutiert sein, und von da an beschlossen wir, es gebe nur drei Gründe, sich an einem Strand aufzuhalten: braun zu werden, den neuen Bikini vorzuführen oder den Sonnenuntergang zu genießen. Alle drei Gründe werden hinfällig, wenn das Hotel einen Pool besitzt. Frauen misstrauen grundsätzlich der Natur. Während Männer sich in die

Fluten stürzen, um heldenhaft den Elementen zu trotzen, wagen wir uns höchstens bis zu den Knien ins Wasser; selbst das nur zögernd und unter Gequietsche, da wir fürchten, in irgendwas Ekliges reinzutreten oder von einer Qualle gestreift zu werden. Am Pool dagegen hat man einen herrlichen Blick aufs Meer, dringt kein Sand an sensible Stellen, droht kein Getier, und Gino hinter der Poolbar weiß auch den neuen Bikini zu würdigen.

Dass uns schleierhaft ist, warum man in praller Sonne einen Berg hinaufkeuchen soll, nur um sich anschließend herunterrollen zu lassen, heißt nicht, dass wir keine Entdeckerfreude kennen. Urlaub ist für uns ein Leben auf Zeit, in dem wir ohne die Nachteile des Alltags neue Identitäten ausprobieren (ähnlich wie französische Baronessen, die sich als Schäferinnen kostümierten und parfümierte Lämmer an seidenen Bändern hinter sich herzogen). Was für ein Triumph ist die Entdeckung eines romantischen Hinterhofs oder eines Restaurants, das in keinem Reiseführer verzeichnet ist! Das ist unsere Art, sich das Terrain anzueignen. Wenn wir abreisen, möchten wir uns zu Hause fühlen. Auf unseren Streifzügen durch malerische Gassen tun wir so, als könnten wir für immer bleiben. Dabei verlassen wir uns nicht auf Vorgekautes, selbst wenn wir vor dem Urlaub sämtliche Literatur zum Ferienort inhaliert haben.

Eines allerdings verstehen sogar sensible Männer selten: »Kennt dich doch eh' keiner«, lautet der übliche Kommentar angesichts des Aufwandes, den wir im Urlaub für unsere Schönheit betreiben. Dabei ist es so einfach: Die mehrfachbelastete Durchschnittsfrau hat im Alltag schlicht keine Zeit, all die Ratschläge von Frauenmagazinen zu befolgen und sich täglich zu maniküren, zu epilieren, zu massieren und einzucremen. Wir haben ständig ein schlechtes Gewissen, weil wir glauben, eigentlich könnten wir viel gepflegter sein, als wir sind. In den Ferien holen wir alles nach und lassen das Luxusweibchen von der Leine. Weil uns »eh' keiner kennt«, trauen wir uns sogar, endlich das Flatterkleid anzuziehen, das die Nippel durchschimmern lässt, und selbst wenn sie nicht verstehen, haben zumindest dagegen auch Männer meist nichts einzuwenden.

Jetzt sollte klar sein, warum sich nur wenige Frauen überreden lassen, am Survivaltraining

Kochen, schnell was
Bei Frauen: Ankündigung, aus vermeintlichen Speiseresten ein vorzügliches Mahl zu zaubern. Bei Männern: Ankündigung, den Pizzadienst zu rufen.

in den Alpen oder dem Mud-Motocross-Camp teilzunehmen. Versuchen Sie mal, sich in einem Zelt zu schminken, ganz zu schweigen davon, Haare in eine halbwegs anständige Frisur zu verwandeln! Zugegeben: Es kann auch Spaß machen, den ganzen Kosmetik-Klimbim mal zu vergessen, aber spätestens, wenn man die Urlaubsfotos den Freundinnen zeigt, bereut man es. Wer will schon Kommentare hören wie: »Ach, Petra Pau macht auch Mountainbiking? Oh, das bist ja du!«

Wenn Männer und Frauen derart unterschiedliche Bedürfnisse haben, wäre es nicht sinnvoller, den Urlaub getrennt zu verbringen? Allerdings fielen dann auch die sexuellen Urlaubsaktivitäten aus (zumindest mit dem eigenen Partner), und das wäre für beide Seiten bedauerlich. Darum empfehlen Kommunikationsexperten, *vor* der Reise über die Erwartungen an den Urlaub zu reden und *während*dessen nicht aneinander zu kleben. Karlheinz wird nicht zu Keanu Reeves, nur weil er den Brenner überquert hat. Und ihr Kerle könntet ruhig ab und zu vom Bike steigen oder das Surfbrett aus der Hand legen. Dann würdet ihr die wunderschöne Frau bemerken, die alleine am Hotelpool liegt und liest. Vielleicht dürft ihr sie ja zu einem Prosecco einladen, und man kann sich näher kennen lernen ...

Aktion Sorgenkind

Warum Frauen bindungsunfähige, egoistische, suchtkranke, polygame XY-Chromosomträger so wahnsinnig faszinierend finden – ein paar Worte zum weiblichen Helfersyndrom

Ganz allgemein tendiere ich dazu, Männer, die meine wichtigsten Stellen auch nur ein bisschen wichtig nehmen, wie liebenswerte Behinderte zu behandeln.

Polly Adler

In Allan und Barbara Peases Ratgeber *Warum Männer lügen und Frauen immer Schuhe kaufen* (Sie wissen schon, die bereits weiter oben zitierten, selbst ernannten Geschlechter-Erklärer aus Übersee, denen die Welt auch den schwatzhaften Bestseller *Warum Männer nicht zuhören und Frauen schlecht einparken* verdankt) gibt es eine Liste. »Was Frauen anmacht« heißt sie, und an ihrer flächendeckenden Anwendbarkeit darf gezweifelt werden. Denn was lesen wir da von Punkt eins bis elf?

»Athletischer Körperbau; breite Schultern, Brust und muskulöse Arme; kleiner, knackiger Hintern; volles Haar; sinnlicher Mund; freundliche Augen; ausgeprägte Nase und markantes Kinn; schmale Hüften, muskulöse Beine; flacher Bauch; großer Penis; Dreitagebart«.

Was uns an dieser Auflistung stört, wo doch Besitztümer wie ein Männerbauch, auf den man zur Not das AKW Brockdorf umsiedeln könnte, in der Tat zu den Luxusgütern unserer körperverliebten Zeit gehören? Nun, nicht einmal die Tatsache, dass oben Genanntes auch auf die meisten Hardcorepornodarsteller zutrifft, ohne dass die uns vermehrten Speichelfluss bescheren könnten. Auch nicht, dass ein bisschen Intelligenz und Humor noch keinem Mann geschadet haben.

Kuschelrock
Größtmögliche Ansammlung niveauloser Musikstücke – in dieser Hinsicht nur noch von *Best of Ballermann* zu überbieten. Steht im CD-Regal von Menschen beiderlei Geschlechts, die beleuchtbare Schrankwände besitzen und sofort nach dem Sex duschen.

Nein, uns fehlt etwas viel Perfideres, etwas, das aus mindestens 88 Prozent unserer Freundinnen – alles emanzipierte und lebenskluge Frauen – willenlose Hormonbehausungen mit der rationalen Bandbreite von trächtigen Seekühen macht. Der Punkt, der der wahren »Was Frauen anmacht«-Liste fehlt: die Aura eines unverstandenen Mannes, der tapfer, aber quasi auf dem Zahnfleisch robbend jenes Augenblicks harrt, in dem eine emanzipierte und lebenskluge Frau ihn in ihre Kemenate schleift, von vorn bis hinten bekocht, verwöhnt, bewundert und vor allem: ENDLICH versteht.

Was für ein Mann das sein könnte? Erinnern Sie sich bitte an James Dean in *Giganten*. Wie er als endlich arrivierter Ölbaron Jett Rink mit Knitter-Smoking, rekordverdächtigem Minderwertigkeitskomplex und Whiskyfahne diese texanische Abendgesellschaft brüskiert? Ein schöner Film, da haben Sie Recht, doch um ein Haar hätte es ihn nicht gegeben. Denn hätte eine missgünstige Laune der Natur nicht darauf bestanden, meinen Geburtstag auf das Jahr 1966 zu datieren, also zehn lächerliche Jährchen *nach* dem tragischen Ableben von Herrn Dean, hätte ich ihn im Vorflur der Festivität abgefangen, ihn nach Hause getragen, seinen Smoking gebügelt, ihm einen magenschonenden Kaffee gekocht und einen glücklichen Mann aus ihm gemacht – für alle Ewigkeit und noch drei Tage. Dass so ein Happy End für die Zuschauer unter Umständen nicht weiter spannend gewesen wäre, ist einzusehen. Oder hätten Sie gern auf großer Leinwand verfolgt, wie der liebevoll Umsorgte Bauch ansetzt, zu Chicken Wings und T-Bone-Steaks lädt und nach ein paar Budweisern am Elektrogrill schmutzige Lieder grölt? Ja? Dann verweisen wir Sie gern an die diversen Doku-Soaps auf RTL II, da kommen Sie schon auf Ihre Kosten.

Andere unverstandene Männer, aber von der guten Sorte, sind:

Daniel Day-Lewis
Leider seit ein paar Jahren mit der Tochter des Dramatikers Arthur Miller verheiratet, aber ansonsten ein Paradebeispiel für einen einsamen Wolf im Erlösungsnotstand: immer ein bisschen zu mager und

ungekämmt für diese Welt, schüchtern bis verhuscht lächelnd. Und dann hat er sich auch noch aufgemacht, eine Schuhmacherlehre in Florenz anzufangen, weil seine empfindsame Seele das böse Hollywood nicht mehr ertragen konnte ... wow!

Colin Farrell
Säuft schon zum Frühstück, raucht Kette, feiert Nächte durch und arbeitet wie verrückt. Hat enorme Augenringe, sieht dabei aber unglaublich sexy aus.

Robbie Williams
Einstiges Drogenwrack, das in jedem Interview auf seine Einsamkeit hinweist und das traurige Leben in einer 167-Zimmer-Villa in Beverly Hills und einigen Millionen auf dem Konto. (Mit diesem Herrn haben wir uns anderer Stelle bereits ausführlich beschäftigt.)

Kurt Cobain
Nicht mehr wirklich zu retten, was wir sehr gern getan hätten, aber Friede seiner Asche.

Eigentlich möchte ich noch ein paar Fußballer hinzufügen, und zwar die aus der Kategorie In-der-Nachspielzeit-den-entscheidenden-Elfmeter-versemmelt, da blutet mein mitfühlendes Herz nämlich jedes Mal. Doch wenn man diese gefallenen Recken nur wenige Minuten nach dem existenziellen Drama Worthülsen wie »Also, mental war ich heute nicht so gut drauf, aber insgesamt haben wir ein gutes Spiel gemacht und jeder Gegner ist ein schwerer Gegner ...« absondern hört, bin ich verdammt froh, dass der liebe Gott mich nicht dazu ausersehen hat, Lothar Matthäus die Florence Nightingale zu machen. Es gibt Grenzen der Mildtätigkeit, und einen athletischen Körper mit innen nichts als heißer Luft zu resozialisieren ist keine große Herausforderung.

Aber nicht, dass hier der Eindruck entsteht, ein Mann, der den Rettungsanker lohnt, müsse vor allem reich und prominent sein! O nein, es gibt IHN in jeder x-beliebigen Kneipe, wenn sie nicht gerade *Pupasch* heißt oder im mallorquinischen Badeort El Arenal unmittelbar an der Strandpromenade liegt. Meist lehnt ER ein wenig abseits von den anderen am Tresen, brütet stumm in sein Astra und hat für all die aufgeregt vorbeiflatternden, bauchnabelgepiercten Alkoholismusdebütantinnen nicht einmal einen wehen Blick übrig. Nie wird man aus seinem Mund tumbe Anmachsprüche hören, Gott bewahre. Stattdessen wird er, sollte man sich zwecks Getränkenachorderung neben ihm an der Bar platzieren, einen dieser optischen SOS-Rufe aussenden, die einem mitten ins Herz und von da aus direkt in die Weichteile gehen: ein verwehter Blick mit grüblerisch in Falten gelegter Stirn, Trauerflor um die Pupille ...

Unser Tipp: Jetzt die Beine in die Hand nehmen und rennen!

Denn alles, was nach einem kurzen, wenn auch bombastischen Gefühlscrescendo folgen wird, ist das, was niemand außer Nachtschwestern in Notfallambulanzen (und selbst die nur gegen überdurchschnittlich gute Bezahlung) durchmachen sollten: Leid, Leid, Leid. Natürlich hat so ein malerisch auf dem Barhocker Dahinsiechender nicht umsonst den Blick drauf, der Prinzessin Diana zur Johanna von Orléans in Versace machte. So einer, da darf man sich nichts vormachen, kommt in den seltensten Fällen direkt von der Uni, sondern hat mindestens einen Offenbarungseid an der Backe, sechs Kinder von fünf verschiedenen Frauen und mehr Narben auf der Seele als Bruce Willis nach dem Showdown von *Stirb langsam – jetzt erst recht*. Was IHM das Recht gibt, so glaubt er zumindest, jede weibliche Seele, die sich auf weniger als drei Schritte nähert, ähnlich unsensibel zu behandeln wie Herr Willis seine Widersacher. Warum wir trotzdem sitzen bleiben? Da darf man nur auf den Ratgeber-Klassiker der Familientherapeutin Robin Norwood verweisen, *Wenn Frauen zu sehr lieben*. Gerade Frauen, die in ihrer Kindheit wenig stabile Zuneigung erfahren haben (es reicht schon, dass der Vater viel Arbeit und wenig Zeit hatte, Mädchen suchen da gern den Fehler bei sich), »offenbaren später ein Bedürfnis nach Überlegenheit als auch den Wunsch zu leiden. Beides erfüllt sich in ihrer Retterrolle. (...) Deshalb sind wir auch normalerweise nicht an Männern interessiert, denen unser Wohlergehen, unser Glück, unsere Zufriedenheit wichtig sind und mit denen der Aufbau einer guten Beziehung möglich wäre. (...) Einen Mann, der ganz in Ordnung ist, so wie er ist, können wir nicht ›reparieren‹, und wenn er liebevoll ist und sich um uns kümmert, können wir auch nicht leiden.«

Auch wenn man diese Verhaltensmuster bisweilen, so die Überzeugung von Frau Norwood, zu durchbrechen lernt, landet fast jede dafür empfängliche Frau irgendwann in ihrem Leben einmal vor so einem Theken-Cowboy und benimmt sich wie ein Wackeldackel auf der Hutablage: nickt zu jedem seiner leidenden Worte, seufzt mitfühlend, versteht. Klar, die Conni, mit der er eigentlich seit anderthalb Jahren nichts mehr hat, darf er jetzt nicht im Stich lassen, die braucht ihn nun wirklich gerade, nach dieser furchtbaren Darmspiegelung, und deshalb wird er auch die nächste Zeit bei ihr übernachten, nur für den Fall, dass irgendwas ist, du verstehst das doch, oder? Und was kann eigentlich er dafür, dass seine Bank den Kredit gekündigt hat, nur da er seit drei Jahren seinen Zahlungen nicht mehr nachkommt, weil der Kalle und er doch dieses sensationelle Motorrad zusammenschrauben, mit dem sie bei den Speedway-Meisterschaften ganz groß rauskommen werden? Ist doch echt nicht sein Problem, und diese ausgetrocknete Sparkassen-Sachbearbeiterin, die ist doch sowieso nur sauer, weil er nicht scharf auf sie ist!

Lederhosen, seitlich geschnürt
Nach *Simpsons*-Socken und beigefarbenen Goretex-Jacken der beste Grund, allein nach Hause zu gehen.

Kurze Zwischenfrage: Sie sind immer noch da? Und bis auf weiteres geneigt, diesem waidwunden Zausel zu glauben, wenn er schwört, dass er Sie auf Händen tragen, Ihnen wunderschöne, Nobelpreis-gewinnende Kinder machen und, na ja, mit Ausnahme von gelegentlichen Visiten bei der armen Conni ein Leben lang monogam leben wird? (Unsere männlichen Leser bitte ich an dieser Stelle übrigens um Verzeihung, sofern sie sich ausgeschlossen fühlen, aber es gilt ein paar allzu vertrauensvolle Geschlechtsgenossinnen vor einem unschönen Plumps von Wolke sieben zu bewahren. Und glauben Sie mir: Ich weiß, wovon ich rede ...) Dann sind Sie entweder 17 und haben zu viel *California Clan* geguckt, was okay ist, denn da muss jede mal durch. Oder Sie werden mal eine dieser Pensionärinnen, die in ihrer Zweizimmerwohnung 344 entlaufende Katzen, Hunde und Meerschweinchen beherbergen.

Finden Sie ein bisschen hart, dieses Fazit?

Proteste und andere erhellende Beiträge bitte an Kleintierpension »Zum glücklichen Hamster«, Inhaberinnen: N. Michaely und C. Bongertz.

Liebling, wir müssen reden

Warum Männer diesen Satz ihrer Freundin sehr ernst nehmen sollten

Ich bitte dich, sei still.
Shakespeare, Macbeth zu Lady Macbeth

Es gibt da diesen Spruch: Männer heiraten Frauen in der Hoffnung, dass diese gleich bleiben. Frauen heiraten Männer in der Hoffnung, dass sie sich ändern.

Die Änderungswünsche der Damen werden auch in nichtehelichen Gemeinschaften meist mit harmlos klingenden Floskeln eingeleitet. Floskeln, wie sie in der Überschrift zu diesem Kapitel anklingen. Floskeln, die jeder Mann kennt und die er ernst nehmen sollte, was er jedoch leider meistens nicht in ausreichendem Maße tut. Das hat Folgen!

Nehmen wir einmal an, eine Frau stört es, dass die gebrauchten Jogging-Klamotten ihres Lebensabschnittsgefährten tagelang auf dem Badewannenrand vor sich hin schimmeln oder sein Schlafgewand den ganzen Tag den Flur schmückt. Dass sie das stört, kann sehr gut sein, denn laut einer Emnid-Umfrage nervt herumliegende Kleidung des Partners 37 Prozent der Damen. Im Grunde keine schwerwiegende Angelegenheit. Darum ist die Frau in unserem Beispiel auch nur ein klitzekleines bisschen genervt. Aber sie kennt das Sprichwort: Wehret den Anfängen. Unsere leicht genervte Frau will also wehren und dieses kleine Problem lösen. Wie löst eine Frau ein Problem? Ganz einfach: indem sie darüber spricht.

Nehmen wir jetzt also weiter an, der Freund der leicht Genervten kommt von der Arbeit nach Hause. Sagen wir, er arbeitet in einer Werbeagentur. Er könnte auch Müllmann sein oder Pizzabote, aber auf irgendetwas muss man sich schließlich festlegen. Der Werbeagenturfachangestellte hat mit Mühe einen Parkplatz für seinen Saab gefunden. Vielleicht hat er den ganzen Tag mit beschlipsten Schnöseln über die Präsentation von probiotischem Joghurt in redaktionellen Rezeptumfeldern gestritten. Entgegen der landläufigen Meinung reden Männer nämlich nicht (wesentlich) weniger als Frauen. Sie tun es nur nachweislich statt auf der heimischen Sofagarnitur lieber im Beruf oder vor Publikum. Zu Letzterem zählt der Mann seine Freundin in der Regel nicht. Der vom rechtsdrehenden Joghurt geschädigte Mann freut sich auf sein Feierabendbier – und auf Ruhe. Seine Lebensabschnittsgefährtin ist kurz vor ihm nach Hause gekommen und ist natürlich sofort über seinen Pyjama im Flur gestolpert. Kaum hat unser Mann seinen Trenchcoat auf einen Stuhl geworfen, dringt ein »Liebling, wir müssen mal über ein paar Sachen reden« an sein Ohr – verlockend wie ein Anruf von der Prüfabteilung des Finanzamtes. Instinktiv ahnt Jürgen Böses. Das Unheil, das er herannahen sieht, trägt den Namen »Beziehungsgespräch«. Er hat ja keine Ahnung, dass es nur um ein paar piselige Klamotten geht. Bei den Gesprächen vor denen er sich fürchtet, fühlt er sich immer so hilflos, weil bei der Gelegenheit jedes Mal merkwürdige Probleme auftauchen, die vorher gar nicht da waren. Das ist das Letzte, was er jetzt gebrauchen kann, und darum startet er ein Ausweichmanöver: »Och, Schatz, so ein Mist, wir haben heute Abend ein Spiel, hatte ich ganz vergessen, ich müsste schon längst weg sein.« Und, schwupp, schnappt sich Jürgen seine Handball-Tasche und ist weg. Wenn er wieder zurückkommt und die genervte Freundin liegt schon im Bett, atmet er auf. Wenn er über das Problem, das *er* ja ohnehin nicht hatte, nicht spricht, ist es für ihn weiterhin nicht vorhanden. Dass er durch sein Verhalten quasi eine Zeitbombe gezündet hat, ist Joghurt-Jürgen natürlich nicht klar. Für seine Liebste, der es eigentlich schon besser gegangen wäre, wenn er ihr einfach nur zugehört hätte, wird das Problem dagegen größer. Nachmittags handelte es sich noch um einen simplen »Jürgens Klamotten müllen die Bude zu«-Ärger. Jetzt kommt plötzlich das »Jürgen redet nicht mit mir«-Problem hinzu. Und das ist, in den Augen einer Frau, sozusagen der Super-GAU! Ein Riesenproblem, über das unbedingt geredet werden muss ...

Sie ahnen an dieser Stelle sicher schon, dass die Sache nicht gut gehen kann.

Schnell entwickelt sich nämlich hieraus das, was die Verhaltens- und Kommunikationsforscher Paul Watzlawick, Janet H. Beavin und Don

D. Jackson in ihrem Klassiker *Menschliche Kommunikation* beschreiben: »Ein oft zu beobachtendes Eheproblem besteht z. B. darin, dass der Mann eine im Wesentlichen passiv-zurückgezogene Haltung an den Tag legt, während seine Frau zu übertriebenem Nörgeln neigt. Im gemeinsamen Interview beschreibt der Mann seine Haltung typischerweise als einzig mögliche *Verteidigung gegen* ihr Nörgeln, während dies für sie eine krasse und absichtliche Entstellung dessen ist, was in ihrer Ehe ›wirklich‹ vorgeht: dass nämlich der einzige *Grund* für ihre Kritik seine Absonderung von ihr ist. Im Wesentlichen erweisen sich ihre Streitereien als monotones Hin und Her der gegenseitigen Vorwürfe und Selbstverteidigungen: ›Ich meide dich, weil du nörgelst.‹ Und ›Ich nörgele, weil du mich meidest.‹«

Die Wissenschaftler nennen das ein Problem der »Interpunktion«, was nichts anderes bedeutet, als dass unklar ist, wer mit dem ganzen Quatsch angefangen hat. Also prinzipiell das Gleiche wie die Szenen, die man aus dem Kindergarten noch in Erinnerung hat: »Die Mareike hat mich aber zuerst geschubst. – Gar nicht wahr, der Gerald hat mich gekloppt.«

Fakt ist: Viele Frauen empfinden Wortwechsel im häuslichen Rahmen als entspannend. Endlich reden! Männer dagegen empfinden Wortwechsel im häuslichen Rahmen eher als anstrengend. Endlich Ruhe! Da wirkt das normale Gesprächsbedürfnis der Partnerin schnell wie Genörgel. Trotzdem würden mutmaßlich die wenigsten Herren darauf tippen, dass etwas Grundsätzliches in ihrer Partnerschaft nicht stimmt. Vielleicht räumt der ein oder andere tatsächlich ein »Na ja, hier und da gibt's ein paar Schwierigkeiten« – wir vermuten, hier sind meist Gespräche mit uns Frauen gemeint –, »aber im Großen und Ganzen ist doch alles im grünen Bereich«. Was wahrscheinlich bedeutet, dass es ja noch Austausch von Körperflüssigkeiten gibt sowie einen gemeinsamen Jahresurlaub auf Gran Canaria und darum alles so dramatisch nicht sein kann. Für seine Partnerin *ist* allerdings das Reden die Beziehung. Oder, wie Kommunikationswissenschaftlerin Tannen sagt: »Für die meisten Frauen ist die Sprache der Konversation in erster Linie eine Beziehungssprache: eine Möglichkeit, Bindungen zu knüpfen und Gemeinschaft herzustellen.« Wenn also nicht ge-

Lind, Hera
Sirene. In Sachen Lautstärke und Selbstüberschätzung dem ehemaligen irakischen Propagandaminister vergleichbar. Mit einem Unterschied:
Er schreibt besser!

redet wird, gibt es die Beziehung in den Augen einer Frau eigentlich gar nicht. Dabei ist es fast egal, was das Thema des Geredes ist, ob Kritikpunkte wie Schlafanzüge im Wohnungseingangsbereich oder Neutraleres wie die Fellpflege des Kartäuserkaters. Wird nicht oder zu wenig geredet (besser gesagt: zugehört), spricht für manche Frau wenig dagegen, auch offiziell einen Schlussstrich unter das zu ziehen, was ihrer Meinung nach sowieso nicht mehr existiert: die Partnerschaft.

Je nach Jahr und Statistik werden zwischen 60 und 80 Prozent der Scheidungen von Frauen eingereicht. Auch nichteheliche Partnerschaften werden meistens vom weiblichen Part beendet. Selten wegen Nebensächlichkeiten wie dem Königspython-Terrarium neben dem Ehebett oder der unbedeutenden Affäre des Gefährten mit Blumenverkäuferin Bratbecker, tätig beim Floristen zwei Häuser weiter. Der Grund »Kommunikationsprobleme« wird am häufigsten genannt. Hat Sie das jetzt gewundert?

Eine Lösung hätten Sie gern? Davon war nie die Rede, dieses Buch heißt schließlich nicht *Die Problemlöserinnen*. Aber weil Sie's sind, überlegen wir mal ... Vielleicht könnten die Damen sich einen Papagei zum Zuhören anschaffen und ihren Schweigern bei ernsteren Problemen einen Einschreibe-Brief an deren Arbeitsstelle zusenden (mit frankiertem Rückumschlag). Und die Jürgens dieser Welt trainieren sich den interessierten Gesichtsausdruck bei Gehirn-auf-Durchzug-Modus aus Schulzeiten wieder an. Homosexualität wäre vielleicht auch ein überlegenswerter Ansatz.

Wir möchten dieses Kapitel mit einer lakonischen Feststellung des Forscher-Teams Watzlawick/Beavin/Jackson beenden: »In der gemeinen Psychotherapie von Ehepaaren kann man oft nur darüber staunen, welch weitgehenden Unstimmigkeiten über viele Einzelheiten gemeinsamer Erlebnisse zwischen den beiden Partnern herrschen können, so dass manchmal der Eindruck entsteht, als lebten sie in zwei verschiedenen Welten.«

So ist es.

Die kleine Fragestunde

Eine Auswahl berüchtigter Standardfragen der Damenwelt – wir enthüllen, wie es dazu kommt und wie Betroffene am besten reagieren

> Frauen sind Gemälde. Männer sind Probleme. Wenn Sie wissen wollen, was eine Frau wirklich meint – was übrigens immer ein gefährliches Unterfangen ist –, sehen Sie sie an, und hören Sie ihr nicht zu.
>
> *Oscar Wilde*

Dass Frauen und Männer oft größere Schwierigkeiten haben, sich zu verstehen, als ein deutschsprachiger Mensch eine finnische Talkshow entschlüsseln kann, ist allgemein bekannt. Bekannt ist ebenfalls, dass Frauen gerne kryptische Fragen stellen, gegen die es mitunter einfach erscheint, mal eben im Kopf die Wurzel aus 3762 auszurechnen. Die simple Wahrheit ist nämlich manchmal das Letzte, was Frauen hören wollen. Aber was dann?

Frage: Die sieht ja toll aus – also, wenn ich ein Mann wäre, würde ich die nicht von der Bettkante schubsen. Du doch sicher auch nicht, oder?

Warum sie fragt: Akuter Selbstbewusstseinsschwund. Es gibt verschiedene Situationen, die zu einer solchen, meist säuselnd und betont unschuldig vorgetragenen Frage führen können. Das Paar sieht sich beispielsweise zusammen die *Harald Schmidt Show* an, und eine sehr hübsche, sehr junge, sehr knackige Privatsender-Moderatorin sitzt auf dem Gästesessel. Oder man besucht zusammen eine Party, auf der ein draller Vamp im kurzen Röckchen für Aufsehen sorgt. Die Frage zählt zu jenen hinterhältigen (Test-)Fragen, auf die es im Prinzip nur falsche

Antworten gibt, weil die Fragende die wahre Antwort bereits zu kennen glaubt. Nämlich, dass der Mann auf die Tussi wie der pawlowsche Hund mit erhöhter Speichelproduktion reagiert.

Seine Reaktion

Knapp daneben: »Also, da steh ich überhaupt nicht drauf. Die trägt ihre Reize viel zu plakativ zur Schau.« (Glaubt kein Mensch.) »Doofe Frage: Natürlich würde ich die nicht schubsen, ich bin ein Mann.« (Ist vielleicht eine Spur zu offen.) »Die fragt mich ja sowieso nicht.« (Das Bedauern ist deutlich rauszuhören.)

Möglich: »Oh, ich war gerade ganz in Gedanken. Von wem redest du eigentlich?« Oder die Schleimversion: »Was meinst du, wie viele Männer das von dir dächten, wenn du da in der Show wärest. Dann müsste ich für dich ja einen Bodyguard besorgen.«

Ideallösung: Ablenkung von außen. Im entscheidenden Moment klingelt das Telefon. Oder der Fernseher implodiert. Oder der Hauskater fängt an zu sprechen.

Frage: Findest du mich eigentlich schön?

Warum sie fragt: Sie hat soeben die Lieblingshose vom letzten Sommer anprobiert, die damals noch perfekt passte, diesmal jedoch knapp oberhalb des Knies hängen bleibt. Oder sie ist kürzlich von einem Einkaufsbummel zurückgekehrt. Da Umkleidekabinen standardmäßig mit Zerrspiegeln und extra käsig-grünem Licht (Goudalux) ausgestattet werden, um selbst perfekten Schönheitsköniginnen körperliche Makel zu suggerieren (Augenringe, Pickel, Altersflecken, Mopsfalten, Cellulite im Krater-Stadium), hat die Fragende wahrscheinlich festgestellt, dass sich ihr Aussehen zurzeit irgendwo zwischen einem Komodowaran, Camilla Parker Bowles und Tiffy aus der *Sesamstraße* bewegt.

Seine Reaktion

Knapp daneben: »Schönheit liegt ja immer im Auge des Betrachters und ich finde dich schon irgendwie ganz schön.«; »Ach, weißt du, mir sind andere Dinge wichtig als Schönheit«; aber auch das locker dahingesagte: »He, klaro« ist nicht so ganz das, was sich die Fragende vorgestellt hat, lässt es ihrer Meinung nach auf gewisse Gleichgültigkeit schließen.

Möglich: »Sagen wir mal so: Wenn ich in der Öffentlichkeit an dich denke, bin ich jedes Mal froh, dass ich einen weiten Mantel anhabe.«

Lust auf was Süßes
Vgl. Cola-Light-Mann, vgl. Magnum, vgl. Sahneschnittchen

Ideallösung: Er sieht sie nur an, gerät völlig aus der Fassung und will sofort Sex mit ihr.

Frage: Vermisst du mich?

Warum sie fragt: Es fällt ihr schwer, nachzuvollziehen, dass er irgendetwas ohne ihre Anwesenheit genießen kann. Seine Geschäftsreise oder auch das Wochenende mit den Jungs aus seinem Handballverein sind für die Fragende unbekannte Variablen. Was geschieht dort eigentlich genau? Dem Unbekannten möchte sie die Bedrohlichkeit nehmen, indem sie ihn fragt, ob er sie vermisst. Er soll sich nun mal einfach nach ihr verzehren. Vermittelt er ihr das nicht glaubwürdig genug, wird sie das verunsichern. Denn nicht zuletzt macht sie sich Gedanken, ob ihm während der Reise eventuell seine Gefühle für sie abhanden kommen – besser gesagt Gefühle für andere Damen *auf*kommen könnten.

Seine Reaktion

Knapp daneben: »Och, weißt du, hier prasseln so viele Eindrücke auf mich ein, zum Vermissen hab ich gar keine Zeit.« Diese Eindrücke kann sie sich jetzt lebhaft vorstellen. Und ein pflichtbewusstes »Schon« wird sie erst recht nicht beruhigen.

Möglich: »Ich kann mich gar nicht richtig konzentrieren, so sehr muss ich dauernd an dich denken.«

Ideallösung: Er meldet sich krank und kehrt sofort zu seiner Liebsten zurück.

Frage: Warum sagst du mir nie, dass du mich liebst?

Warum sie fragt: Gerade lief im TV eine Rosamunde-Pilcher-Schmonzette, in der sich junge Adlige mit fragwürdigen Föhnfrisuren ungefähr alle fünf Minuten an irgendwelchen wildromantischen Klippen beteuert haben, wie viel sie sich gegenseitig bedeuten. Der Zuschauerin wurde damit die irrige Annahme ins Unterbewusstsein gepflanzt, es handele sich um den Normalzustand.

Seine Reaktion

Knapp daneben: »Liebe ist doch lediglich ein biologisches Programm zur Arterhaltung.« (Auch ungünstig im Hinblick auf die nächste Frage.) »Wenn ich dich nicht lieben würde, wüsste ich nicht, warum ich solche dämlichen Fragen beantworten sollte.« (Frauen, die solch eine Antwort charmant fänden – und die gibt es durchaus –, stellen die entsprechende Frage leider nicht.)

Möglich: Der Befragte geht wortlos zum CD-Player und spielt den Song *Wie es geht* von den Ärzten. Darin heißt es: »Bitte geh noch nicht/ Am besten gehst du nie/ Ich hab's dir schon so oft gesagt, in meiner Fantasie/ Bleib noch ein bisschen hier/ Bitte geh noch nicht/ Was ich versuche, dir zu sagen, ist: Ich liebe dich!/ Ich weiß nicht, wie es geht!« Wer es hinkriegt, singt mit.

Ideallösung: Er hält um ihre Hand an.

Frage: Warum fahren wir nicht ein paar Tage nach Südfrankreich?

Warum sie fragt: Um die Form zu wahren. Wahrscheinlich hat sie bereits Flugtickets und Hotelbuchung in der Tasche und redet sich ein, dass es sich um eine Überraschung für ihr Schnürzelchen handele. In Wirklichkeit hat sie einfach selbst Lust auf ein paar Tage Urlaub inklusive zwischenmenschlicher Zuwendung. Es handelt sich daher nicht um eine tatsächliche Frage, sondern vielmehr um eine Ankündigung. Dass diese in Frageform dargebracht wird, verleitet manchen Mann zu der irrigen Annahme, er habe noch eine Entscheidungsmöglichkeit. Das ist keineswegs so!

Seine Reaktion

Knapp daneben: »Südfrankreich, was das wieder kostet ... Fahr doch ein paar Tage zu deiner Schwester aufs Land. Ich muss sowieso arbeiten.«

Möglich: »Ein bisschen Ausspannen? Gute Idee.«

Ideallösung: »Ein paar Tage? Warum nicht vier Wochen? Ich mache gleich eine Suite im Carlton Hotel in Cannes klar.«

Frage. Was hältst du davon, wenn ich die Pille absetze?

Warum sie fragt: Die Frau hat den Punkt ihres Lebens erreicht, an den jedes weibliche Wesen unweigerlich irgendwann kommt: Alle Freundinnen sind auf einmal schwanger. Oder die Fragende findet ihren Job in der Geschenke-Boutique zwischen lustigen Diddlmäusen und Spardosen in Busenform auf einmal ziemlich öde und sucht eine neue Aufgabe, die sie in der Weitergabe ihres Erbmaterials sowie der Brutpflege zu finden glaubt.

Seine Reaktion

Knapp daneben: »Hältst du das für sinnvoll? Du könntest schwanger werden!« Auch schlecht: »Die Welt ist doch jetzt schon überbevölkert – warum sollten wir dazu beitragen?«; »Du willst dich sterilisieren lassen? Gute Idee!«

Magnum
a) Eismedizin gegen Frust aller Art,
b) knapp bekleideter Ferrari-Fahrer a.D.

Möglich: Der Befragte lädt zur Abschreckung die schwer erziehbaren, hyperaktiven Zwillinge seiner Schwester für die ganzen Sommerferien ein und besorgt eine Vorratspackung Kondome.

Ideallösung: »Super, ich wünsche mir auch ein Kind!«

Frage: Warum nimmst du dir nicht frei und kommst mit zum Geburtstag meiner Mutter?

Warum sie fragt: Sie möchte den Familiensinn und die Opferbereitschaft ihres Sozialpartners auf die Probe stellen.

Seine Reaktion

Knapp daneben: »Auf gar keinen Fall, meinen Resturlaub brauche ich unbedingt für den Sporttrip mit den Jungs vom Skatclub.«

Möglich: »Zu dumm, genau für den Tag habe ich uns Karten für die Oper besorgt und vorher einen Tisch im *Ritz* reserviert. Bevor ich das absage: Vielleicht will deine Mutter ja mitkommen?«

Ideallösung: Er nimmt nicht nur einen Tag, sondern die ganze Woche frei, kommt erst mit zu Mutti und fährt dann mit seiner Partnerin ans Meer.

Frage: Wie findest du es?

Warum sie fragt: Etwas an ihr hat sich verändert. Die Frisur ist neu oder ein Kleid oder die Schuhe oder alles auf einmal. Sie will wissen, ob ihr Partner genau hinsieht.

Seine Reaktion

Knapp daneben: »Äh, hübsch siehst du aus – und was meinst du jetzt genau?« oder, noch schlimmer, weil die wahren Interessen enthüllend: »Ach, ich bin ganz zufrieden. Gut, es wäre besser, wenn sie gewonnen hätten, aber mit dem Unentschieden ist noch alles drin.«

Möglich: »So kann ich dich jedenfalls nicht allein auf die Straße lassen. Dass das schon mal klar ist.«

Ideallösung: Sie fragt erst gar nicht, weil er schon lange vollmundig über ihre entzückende Metamorphose schwadroniert hat.

Vitale Herdflucht

Warum Frauen vor einem kochenden Mann, nicht aber vor einem leeren Kühlschrank fliehen

»Dass nahezu alle Köche, die wirklich etwas bewegten in der Welt, männlichen Geschlechts waren, ist lediglich eine Behauptung, wenn auch eine manifeste.«

Max Christian Graeff

Ein nahezu leerer Kühlschrank ist für einen Mann häufig ein Grund, den Pizzadienst anzurufen. Wenn Mutti nicht gerade in Burkina Faso oder auf Madagaskar wohnt, lädt der ein oder andere Kerl sich in so einem Fall auch gerne mal da zum Essen ein, wo er manchmal außerdem noch die schmutzige Wäsche hinbringt.

Für eine Frau käme das einer Kapitulation gleich. Sie fühlt sich in solch einer Situation erst recht herausgefordert. Zwar sind Frauenkühlschränke analog zu Frauenkleiderschränken fast immer gut gefüllt, doch wenn sie sich – selten genug – nach einer Urlaubsreise oder im Haushalt ihres Partners mit dem vermeintlichen Nichts konfrontiert sieht, kann eine Frau meist noch Erstaunliches zaubern. Ein Ei, eine Tomate, stinknormale Nudeln, eine kleine Zwiebel, zur Not vom Nachbarn geborgt und ein paar Gewürze – fertig ist die deftige Bauernpfanne. Als Vorspeise wird Aufbackbrot gereicht, mit einem Käserest überbacken, den ein Mann vermutlich nicht mal als Spurenelement wahrgenommen hätte. Zum Nachtisch gibt es Milchreis, zubereitet mit der H-Milch für alle Fälle und garniert mit ein paar Schokostreuseln. Letztere hat die Köchin direkt von der *Milka* gehobelt, die sonst als Medizin gegen Frust in der Schreibtischschublade lagert. Bei Bedarf lassen sich noch mehr Gänge kreieren – und wenn die Pflanzen auf dem Balkon dran glauben müssen. Frauen haben Übung darin, Essbares zu finden, wo eigentlich weniger zu sehen ist als auf dem Kopf von André Agassi. Außerdem können sie in einer einzigen Werbepause von *Nur die Liebe zählt* eine ganze Mahlzeit kochen. Diese Fähigkeit wird noch perfektioniert, sobald sie Kinder zu versorgen haben. Worin ihre besondere Kreativität in Bezug auf Kalorienhaltiges begründet liegt, ist allerdings unklar. Moderne Hirnforscher kämen jetzt möglicherweise mit der multifunktionalen »Frauen denken vernetzter«-Erklärung. Leuchtete ein, wenn beispielsweise in der linken Gehirnhälfte Tomaten und Eier abgespeichert wären, rechts Gewürze und Käse. Denkt der Mann nur mit rechts, hat er ein Problem. Wir sind da allerdings skeptisch und vermuten, es liegt mal wieder eher an der unterschiedlichen Prioritätensetzung: Wir kochen, weil unser Magen knurrt, Männer kochen, wenn es unbedingt sein muss. Zum Beispiel, um bei uns Frauen Eindruck zu schinden.

Weil der ein oder andere uns für diese »männerfeindliche« These bestimmt gerne verhauen möchte, zitieren wir zur Verhütung von Bombendrohungen die Autoren des männlichen Pendants zu diesem Buch, Christian Sobiella und Harald Braun: »Wenn allein stehende Männer eine Frau bekochen, führen sie etwas im Schilde. Die kulinarische Selbstinszenierung gehört zum festen Repertoire balzender Männer (...).« Und an anderer Stelle: »Gekocht haben meine Freunde und ich aber schon lange nicht mehr. Wir schieben es gerne auf die fehlende Zeit für solch einen brotlosen Luxus. Doch viel wahrscheinlicher liegt es daran, dass wir alle drei feste Freundinnen haben. Wir müssen also nicht mehr kochen.«

Wir haben uns das also nicht einfach nur so ausgedacht. Wenn der Mann an unserer Seite kocht, ist uns das eine Ursachenforschung wert. Wir fragen uns: Was ist mit ihm los, dass er seine Zeit dafür opfert, Gemüse zu putzen und Sehnen aus der Putenbrust zu fummeln, womöglich – größtmöglicher Alarm – statt *ran* zu gucken? Hat er ein schlechtes Gewissen? Oder ist er vor dem Fernseher eingeschlafen, während *Alfredissimo* lief und Biolek das Unterbewusstsein unseres Herzbuben getränkt hat mit Sätzen wie: »Köst!lich! Wun!der!bar! zum Grünen Veltliner«? Wir wissen es nicht.

Dafür wissen wir etwas anderes: Hunger hat er wohl kaum, denn das, was er veranstaltet, wenn er essbare Dinge bearbeitet, dauert mindestens lange. Meistens sehr viel länger. So ganz anders als bei uns. Derselbe Mann, von dem wir wissen, dass er bei akutem Appetit auch ein pampiges Fertiggericht in die Mikrowelle schieben würde, zu dem seiner Frau nicht mal das Attribut »essbar« einfiele, fährt 50 Kilometer mit dem Kfz zu Bio-Bauer Kunze, und für den besten Pecorino begibt er sich in ein Feinkostgeschäft, wo das Milchprodukt aus genau *dem* richtigen 60-Seelen-Ort in der Toskana wie wertvollstes Geschmeide auf kleinen Podesten präsentiert wird – und ungefähr so viel kostet. Wir Frauen greifen ja aus praktischen und finanziellen Gründen schon mal auf Produkte wie Tiefkühlkräuter, Büchsenfisch und Dosentomaten zurück. Schmeckt bei richtiger Zubereitung auch passabel und gibt es alles bei *Aldi* oder *Kaiser's* um die Ecke. Nicht auszudenken, wenn wir zum Einkaufen einen Stadtplan lesen müssten, weil der Feinschmecker-Bedarfshandel über den ganzen Ballungsraum verteilt ist – womöglich jeweils ohne eigenes Grundstück mit schrägen Einparkboxen. Das würfe für uns noch ganz eigene Schwierigkeiten auf. Klar, oder?

Mädelsabend
Zusammenrottung weiblicher Personen, meist unter Verkonsumierung alkoholischer Getränke (vgl. Sekt auf Eis). Für versehentlich anwesende Männer besteht akute Traumatisierungsgefahr, weil der Glauben an Sanftheit, Stil und Feingefühl des »schönen Geschlechts« voraussichtlich schwer erschüttert wird (vgl. auch Tupperparty).

Ehrlich gesagt verlassen wir am liebsten sofort die Wohnung, wenn sich unser Gefährte dort mit Lebensmittelbasteln die Zeit vertreibt. Das ist aufreibender für unser Nervenkostüm, als mit einem Blackout bei Günther Jauch auf dem *Wer wird Millionär*-Sessel zu sitzen. Wir fürchten nämlich um unsere Ehre. Wenn das, was der Mann in »unserer« Küche fabriziert, auch noch schmeckt, womöglich sogar besser als das, was wir zuzubereiten pflegen, haben wir ein Problem. Ähnlich kommt sich vermutlich ein Mann vor, wenn eine Frau in fünf Minuten einen Reifen wechselt oder ratz-fatz die Homepage neu programmiert. Das heißt, wir fühlen uns gedemütigt, gekränkt, vom Leben enttäuscht. Klar, das klingt nach ollen Rollenklischees. Und Frauen von heute wollen zwar (eigentlich) nicht mehr als Einzige für die häusliche Nahrungsversorgung zuständig sein. Darum ist es schon ein wenig schizophren, wenn wir angesichts eines brutzelnden Mannes das Gefühl haben, dass eine fremde Macht in unserem Hoheitsbereich herumfuhrwerkt. Dass wir uns so fürchten, liegt allerdings auch an den ganzen High-Tech-Waffen! Männer kaufen vor ihren Kochaktionen ja mit Vorliebe Küchengerät, das aus intelligenten Materialien der NASA entwickelt worden ist. Zum Beispiel Metallklötze mit unterschiedlichstem Schnittwerkzeug, das butterweich sogar durch Marsgestein gleiten soll. Dazu vielleicht ein High-Tech-Bunsenbrenner mit Digital-Display für die Karamellkruste auf der Crème Brulée. »Intelligente« Pfannen, die in ihrer Entwicklung nur kurz vor der Erlangung des Sprachvermögens stehen. Außerdem Topflappen aus Astronautenanzugkunststoff mit einer Belastbarkeit von 20 Tonnen. Letzteres ist wichtig, falls man mal einen Kleinlaster daran aufhängen will. Hinzu kommen die ganzen Spitzenzutaten und fünf Stunden Zeit zur Zubereitung eines einzigen Mahls.

Wir lassen uns auf das Brimborium erst gar nicht ein. Erstens haben wir unsere ein, zwei Lieblingsmesser für alles, mehr Werkzeug ist gar nicht vonnöten – Missgünstlinge würden wohl sagen: Wir können damit nicht umgehen. Zweitens wäre es uns viel zu teuer, täglich Gerichte auf den Tisch zu bringen, deren Rohstoffe den Wert einer Wochenendreise nach Mailand (inklusive Übernachtung im *Ritz* und Shopping bei *Gucci*) nur um Haaresbreite unterschreiten. Drittens – und das ist der wahre Grund – können wir so unseren Neid auf die männliche Hingabe an die Fertigung einer Mahlzeit kanalisieren und sagen: Pah, kein Wunder, wenn es hinterher schmeckt. Wenn *wir* unter derart günstigen Bedingungen arbeiten würden, dann würde es nicht nur schmecken, Testesser verlören ob der Qualität unserer Kreationen vor Verzückung das Bewusstsein. Dem direkten Vergleich stellen wir uns allerdings nicht. Leider, leider, haben wir keine Zeit zu derartigen Ausschweifungen. Feige? Ach was!

Wenn also der Mann am Herd steht, nehmen wir unsere Handtasche, erkundigen uns, wann das erlesene Mahl wohl fertig sei, und begeben uns auf einen Bummel in die Stadt. Wir wollen nichts sehen und auch nichts hören. Nicht sehen, wie die Küche im Chaos versinkt wie Paris nach dem Sturm auf die Bastille. Und nicht die übliche Leier hören, dass angeblich alle großen Küchenkünstler männlichen Geschlechts seien. Während unser Liebster Dinge bereitet wie »Seeteufel im pochierten Reisblatt an Gemüsejulienne mit Sherry-Kokoscreme«, wird nämlich häufig genug die Riege der Superköche aufgezählt, als handele es sich um die Mannen eines siegreichen Bundesliga-Vereins, der europaweit Spieler eingekauft hat: Bocuse, Witzigmann, Ducasse, Schuhbeck, Siebeck, Wynants, Oliver ... Spitzenköchinnen gibt es in der Tat wenige. Und die paar, die es gibt, sind lange nicht so bekannt wie ihre Kollegen. Damit das nicht so bleibt und Sie demnächst besser Bescheid wissen, verraten wir Ihnen an dieser Stelle ein paar Namen – ohne Anspruch auf Vollständigkeit. Seit den 70ern hat sich Elfie Casty einen Platz im Kocholymp erkämpft, erst als Vorreiterin der Nouvelle Cuisine, in den 80ern als Fernsehköchin und seitdem auch noch als Autorin viel beachteter Kochbücher. Die im Moment bedeutendste Vertreterin der brutzelnden Weltspitze ist Lea Linster, Gewinnerin des Koch-»Oscars« *Bocuse d'Or*. Frau Linster ist ebenso wie ihre Kollegin Hilda Veraguth Michelin-Stern-Besitzerin. Merken sollte man sich ferner die Namen Irma Dütsch, Johanna Meier, Judith Baumann, Gabriella Cecchellero, Vreni Giger ...

Unsere kleine Köchinnen-Kunde ändert allerdings nichts daran: In der gastronomischen Öffentlichkeit kochende Frauen sind rar und haben es nach wie vor schwer. Viele werfen vorzeitig das Küchenhandtuch oder setzen ihren Berufswunsch »Köchin« nach der Schule erst gar nicht um. Unser Freund Thorsten ist Koch und hat so seine eigenen Vermutungen, warum sich die Mädels seltener in Restaurantküchen Ruhm erkochen: »Viele Frauen ergreifen noch immer einen Beruf, um dem Heimchen-Image von Haus und Herd zu entfliehen. Wieso also den heimischen Herd gegen einen anderen eintauschen?«

Urs Heller, Chefredakteur des Restaurantführers GAULTMILLAU, bezeichnet das Koch-Geschäft als »Macho-Metier«. Frauen, heißt es oft, brechen doch schon unter einer handelsüblichen Schweinehälfte zusammen. Außerdem kämen sie mit den familienunfreundlichen Arbeitszeiten nicht zurande. Zu Hause, sagen manche Machos, warten schließlich die Kinder, die haben auch Hunger. Und, das hatten wir schon, daheim kocht eben die Frau. Meistens jedenfalls. Womit wir wieder bei der weiblichen Koch-Vorherrschaft (oder müsste es Vor*dam*schaft heißen?) im Privaten wären. Hier, das geben fast alle Männer bereitwillig zu, gibt es eine Menge sehr guter – aber eben nicht *exzellenter* – Köchinnen. Ihnen fällt da auch spontan eine besonders patente ein: Mutti. Damit schließt sich der Kreis. Meist sprechen die Herren ähnlich lobhudelnd wie über die Kochkünste ihrer Mama auch über ihre jeweilige Partnerin. Über uns also. Wir nehmen an, das hat strategische Gründe: Gedankenlos saugen wir das Lob unserer Partner auf wie mit dem *Zewa* die Verschmutzungen auf der Küchenab-

Möpse
a) bevorzugte Hunderasse der Royals, b) das, was bei Jenny Elvers früher doppelt so groß war

lage und fühlen tief in unserem Innern, dass der Junge ohne unsere Kochkünste ganz schön alt aussähe. Natürlich, in unverklärten Momenten erkennen wir auch die Berechnung hinter der Schmeichelei, ebenso wie hinter dem Bohei, das die Jungs veranstalten, wenn sie denn mal den Kochlöffel übernehmen. Schließlich soll niemand – will sagen: die Partnerin – auf die Idee kommen, die Nahrungsmittelzubereitung täglich von den Herren zu verlangen. Denn sie ahnen wahrscheinlich, dass wir im Grunde unseres Herzens wirklich gerne bekocht würden, wenn ... ja, wenn ...

»Wenn« umfasst folgende Voraussetzungen: a) es müsste schnell gehen und dennoch b) schmackhaft sein. Die Zutaten dürften c) nicht schwieriger zu beschaffen sein als eine Tüte Kokain, d) müssten sie deutlich weniger kosten, außerdem dürfte e) das vom Mann beim Kochen benutzte Areal nicht hinterher aussehen, als hätten Godzilla und das Krümelmonster eine Tortenschlacht-Party auf Speed veranstaltet. Und f) dürfte die Instandsetzung nicht an den weiblichen Haushaltsbewohnern hängen bleiben, weil Bocuse sich nach den Strapazen erst mal ausruhen muss.

Wie wahrscheinlich die gleichzeitige Erfüllung der Bedingungen a) bis f) ist, können Sie sich ausrechnen. Damit wir nun mit dieser Aufzählung nicht doch wieder in den Verdacht geraten, uns in diesem Text ungerechtfertigt auf Kosten der Herren zu amüsieren, überlassen wir das Schlusswort dieses Kapitels vorsichtshalber einem Herrn, und zwar Dietmar Bittrich. Der Autor schreibt nämlich über den kochenden Mann: »Wie ein umnachteter Künstler benutzt er alles für seine Zwecke. Je mehr die Umgebung ruiniert ist, desto genialer kommt er sich vor. Aus einer verwüsteten Küche erhebt sich rein und einzigartig sein Pudding. Bravo.«

Guten Appetit!

Machst du das mal eben?

Warum Frauen meinen, auch im Jahre 228 nach Abschaffung der Sklaverei ein Anrecht auf gewisse männliche Frondienste zu haben – oder: Wozu sind Männer eigentlich gut?

Es gibt nur eine Ausflucht vor der Arbeit:
Andere für sich arbeiten zu lassen.
Immanuel Kant

Wir befinden uns im 21. Jahrhundert. Ein lauer Abend im Sommer. Ein glückliches Paar hat bei einem Glas Wein die letzten Sonnenstrahlen auf dem Balkon genossen, jetzt möchten die beiden sich entspannt in die Laken fallen lassen. Ein wenig Liebe vor dem Einschlafen, das ist der Plan. Doch plötzlich ertönt eine Sirene. Die Sirene ist die Frau, denn sie hat etwas Schreckliches erspäht. Ein Monstrum mit acht Beinen, mehr Körperbehaarung als Burt Reynolds und einem gehässigen Gesichtsausdruck. Dieses Wesen sitzt dort, wo eigentlich die Liebe stattfinden sollte: mitten in den Kissen. Klar, die Balkontür war den ganzen Tag auf, da kann so was schon mal passieren. Die Frau sieht das ein, beruhigt sich, geht in die Küche, besorgt sich ein großes Wasserglas und ein Stück Pappe. Dann kehrt sie ins Schlafzimmer zurück, stülpt das Glas über die Spinne, schiebt das Stück Pappe darunter und trägt das Tier nach draußen. Anschließend legt sie sich ins Bett, bereit für ihren Liebsten.

Szenenwechsel. Irgendein Hotelkomplex in einem Urlaubsgebiet – sagen wir, auf Mallorca. Ein frisch verheiratetes Ehepaar kommt an der Rezeption an. Der Hotelangestellte teilt den beiden zerknirscht mit, dass sich das Honeymoon-Zimmer im vierten Stock befinde, der Aufzug leider momentan defekt sei und – wie dumm – ein Page gerade nicht zur Beförderung des Gepäcks bereitstehe. Auch er selbst sei aus Sicherheitsgründen am Empfang nicht abkömmlich. Daraufhin klemmt sich die junge Frau ihren Koffer, die Umhängetasche und das Beautycase unter den Arm, schnappt sich die Reisetasche und das Beach-Volleyball-Set ihres Mannes und trägt den ganzen Krempel ohne Murren allein in den vierten Stock.

Das gleiche Hotel, das gleiche Ehepaar. Die beiden sind soeben vom Strand zurückgekehrt. Er liegt auf dem Bett und zappt durch die Kanäle, sie steht vor dem Spiegel und legt eine kühlende Après-Sun-Maske auf. Den Ehering hat sie auf die Ablage unter dem Spiegel gelegt. Eine ungeschickte Bewegung mit dem Ellenbogen, es klirrt, und der Ring ist im Ausguss verschwunden. Sie flucht kurz, der Mann ruft aus dem Zimmer: »Ist was, Schatz?« Doch seine Frau antwortet nicht, weil sie schon damit beschäftigt ist, den Siphon aufzuschrauben, in dem sich genetisches Material aus den intimen Körperregionen tausender Hotelgäste zu einem einzigen widerlichen Klumpen vereinigt hat und irgendwo den verschwundenen Ring umschließt ...

Stopp! Sie haben sicher bemerkt, an welchen Stellen unsere kleinen Geschichten ins Reich der Mythen und Sagen abgedriftet sind.

Also der Reihe nach: Nur im äußersten Notfall würde eine Frau eine Spinne (Kakerlake / Schnake ...) selbst entfernen. Das heißt im Klartext: Wenn kein Mann zur Verfügung steht. Zu diesem unerfreulichen Zustand kommt es ausgesprochen selten, denn bei der Hilfesuche sind wir Mädels nicht gerade zimperlich. Normalerweise würde eine Frau lieber nachts um drei im Schneesturm bei ihrem gebrechlichen 90-jährigen Nachbarn klingeln, um ihn um Hilfe zu bitten. Mit vollstem Recht, wie sie findet. Denn Männer sind nun mal – unter anderem – zum Spinnenentfernen auf der Welt. Daran glaubt die durchschnittliche Frau so fest wie daran, dass ihr Hintern zu fett ist! Genauso unerschütterlich sind wir der Überzeugung, dass Männer – genetisch bedingt – mutiger sind. Warum das so sein sollte, haben wir uns noch nie gefragt. Wieso auch, die Jungs machen das Spielchen ja immer mit. Entweder, um ihre Ruhe zu ha-

Nissan Micra
Japanischer Kleinwagen, in den Männer sich nur unter Androhung sofortiger Kastration setzen würden. Frauen finden den kleinen Asiaten »irgendwie niedlich«, sparen aber heimlich auf ein Peugeot Cabriolet (vgl. auch Schnittenporsche).

ben und damit das Gekreische endlich aufhört. Oder weil sie Angst vor dem Weichei-Image haben. Ein Mann mit Arachnophobie – also ausgeprägter Furcht vor Spinnen? Wo hat man denn das schon mal gehört? So was ist gesellschaftlich erst erlaubt, wenn die Tiere auf das Format einer Bowlingkugel zugehen. Eventuell.

Ist eine Frau doch einmal durch widrige Umstände gezwungen, sich des Viehs selbst zu entledigen, nähme sie dazu *selbstverständlich* kein Glas. Allein die Vorstellung, von der behaarten Bestie nur durch ein bisschen Pappe getrennt zu sein, sorgt für den Verlust der Nachtruhe in den nächsten Wochen und Herpes an der Lippe. Bei Spinnen hat die weibliche Tierliebe ein jähes Ende. Wenn überhaupt, benutzen auch friedliebende Frauen zur Entfernung von Spinnentieren einen Staubsauger mit Häckselvorrichtung oder hetzen ihre Katze auf das bedauernswerte Geschöpf. Es soll auch schon Damen gegeben haben, die sich wegen Spinnenbedrohung zu Hause vorübergehend im Hotel eingemietet haben. Aber selbst wenn der Partner die Kreatur entfernt hat, könnte eine Frau sich keinesfalls danach einfach so ins Bett legen, als sei nichts gewesen. Die in der weiblichen Vorstellung kontaminierte Bettwäsche muss gewechselt und der Raum desinfiziert werden. Davon hält Frauen auch kein freundliches »Du hast doch nicht mehr alle Tassen im Schrank« ihres jeweiligen Partners ab.

Nächster Punkt: Koffer schleppen. Dass eine Frau ihren eigenen Koffer trägt, wenn sie von einem Mann begleitet wird, ist schon selten genug. So etwas passiert eigentlich nur, wenn am begleitenden Herrn sowieso schon zahlreiche Lasten baumeln, als sei er ein Kran im Hamburger Hafen. Meistens findet sich dennoch irgendwo ein Finger, an dem noch etwas befestigt werden kann. Dass sie ihm außerdem seine eigenen Bürden abnimmt, wird so selten vorkommen wie eine selbstironische Bemerkung aus dem Munde von Ariane Sommer. Dabei müssen es nicht unbedingt Koffer sein, die die männlichen Packesel für die Damen von A nach B befördern sollen. Irgendetwas zum Schleppen findet sich immer. Ob jetzt Wasserkästen, Katzenstreubeutel, Säcke mit Blumenerde oder gleich der ganze Hausrat beim Umzug.

Überhaupt, der Umzug. Wenn umgezogen wird, sind die Rollen mal wieder klar verteilt, als hätte es so etwas wie »Gleichberechtigung« nie gegeben. Die Damen schmieren Mortadella- und Käse-Brötchen, füllen Tee in Thermoskannen und heben allenfalls mal einen Kasten Bier zur Verköstigung der Lastenträger. In der restlichen Zeit sitzen sie in der

Küche der Zielwohnung, süppeln Sekt oder Käffchen und nutzen die Gelegenheit zum Plausch. Zur selben Zeit schwitzen die Kerle beim Befördern von Waschmaschinen, klemmen sich die Finger an Klavierdeckeln, während sie knapp am Leistenbruch vorbeischrammen. Das alles verlangt das Weib vom Manne sogar dann, wenn er der Fliegengewicht-Klasse angehört und in seiner Krankengeschichte mehrere Bandscheiben-Vorfälle protokolliert sind. Klingt natürlich gemein. Aber weit gefehlt! Wir tun das ausschließlich, um das Selbstbewusstsein der Herren zu fördern. Sagen Sie selbst: Wäre es nicht niederschmetternd, nähme ihm die Frau den Bücherkarton aus der Hand mit dem besorgten Hinweis: »Komm, Lutz, gib mir das. Das ist doch viel zu schwer für dich.« Lutz schleppt also. Dabei sollte auch ihm bekannt sein, dass Frauen in unbeobachteten Momenten gleichzeitig mehrere Kleinkinder nebst Einkaufstüten und Kinderwagen U-Bahn-Treppen oder hochsauerländische 25-Prozent-Steigungen hinauftransportieren können. Verzeihung: müssen.

Zurück zu unseren Beispielen. Damit wir so fiese Sachen machen, wie in den Sedimenten stochern, die sanitäre Abflüsse nun mal im Allgemeinen aufweisen, muss man uns schon mit vorgehaltener Waffe bedrohen oder uns als Belohnung ein Date mit Robert de Niro versprechen. Siphons zu öffnen, Haare und Absonderungen unklaren Ursprungs aus Ausgüssen zu entfernen oder verstopfte Toiletten eigenhändig wieder startklar zu machen sind Tätigkeiten, die in den Augen der Frau ohne Wenn und Aber in den Aufgabenbereich des Mannes fallen. Wir sind doch so geruchsempfindlich! Das wurde sogar – Gott sei Dank, ein Argument! – in verschiedenen Studien nachgewiesen. Die US-amerikanische Forscherin Pamela Dalton hat festgestellt, dass geschlechtsreife Frauen selbst schwächste Geruchsreize noch wahrnehmen. Die Östrogene sollen dafür verantwortlich sein. Vielleicht erklärt das, dass Frauen so selten bei den städtischen Klärwerken oder der Müllabfuhr arbeiten. Unlogisch erscheint in diesem Zusammenhang nur, dass Frauen in aller Regel Toiletten zwar nicht auseinander nehmen, aber doch sauber machen – schließlich heißt es nicht umsonst »Klofrau«. Auch sind die Damen häufiger als die Herren für das Wechseln der nun auch nicht gerade geruchsfreien Windeln des Nachwuchses zuständig. Was diese Bereiche angeht, ist nämlich der Großteil der Herrenwelt davon überzeugt, dass so etwas eher zu den Aufgaben einer Frau gehört. Tja.

Irgendwie scheint es noch ein weiter Weg zu sein, bis Frauen und Männer *wirklich* gleichberechtigt sind – und wir meinen das in beiden Richtungen. Frauen mögen ihre Vorteile, die alte Rollen manchmal dann doch haben, ungern aufgeben. Umgekehrt geht es den Männern natürlich genauso. Logisch, wer verzichtet schon gerne auf Annehmlichkeiten?

Orgasmus, vorgetäuschter
Traditionelle Form der Schauspielerei

Darum gibt es noch ein paar unschöne Tätigkeiten, die Frauen nicht immer, dafür jedoch gern den Männern überlassen. Komischerweise – und das sollen uns jetzt bitte mal die Männer erklären – werden die fast immer ohne Gegenwehr ausgeführt. Von der grundsätzlichen Technikzuständigkeit des Mannes war ja schon ausführlich in einem anderen Kapitel dieses Buches die Rede. Außerdem ist da noch die Sache mit den Zwiebeln. Ist ein Mann in der Nähe, während eine Frau eine Mahlzeit bereitet, wird er zumindest verpflichtet, das tränentreibende Gemüse zu zerkleinern. Ausnahmsweise haben wir dafür sogar Rechtfertigungen: Bei ihm verwischen nämlich kein Kajal oder die Mascara, wenn die Tränen fließen. Außerdem: wenn sie schon kocht, kann er in einer Art Ablasshandel wenigstens diesen Part übernehmen.

Dafür sind wir den Männern dankbar. Ganz ehrlich!

Dankbar sind wir auch dafür, dass die Herren der Schöpfung immer noch das alte »Bierflasche-öffne-dich«-Spielchen mitmachen. Hat sich schon mal irgendwer ernsthaft gefragt, warum etliche Frauen sich beim Öffnen von Bierflaschen mittels Feuerzeug immer so dämlich anstellen? Es gibt nicht einen vernünftigen Grund, warum Leute mit Penis das besser können sollten als Leute ohne Penis. Die Angelegenheit ist lediglich Übungssache. Nicht mal Kraft ist dafür vonnöten, und cooler wäre es auch, selbst den Kronkorken vom Flaschenhals zu lösen. Dass weibliche Personen jeden Alters hilflos einem Mann ihre Flasche mit dem Brauereierzeugnis entgegenstrecken, bleibt trotzdem ein häufig zu beobachtendes Partyphänomen. Wo, zum Teufel, ist also der Vorteil?

Und? Kommen Sie drauf?

Falls nicht: Die »Ich bin zu blöd zum Flaschenöffnen«-Nummer ist ein hervorragender Trick, um unauffällig den süßen Typen anzuquatschen, der einem schon beim Reinkommen aufgefallen ist.

So einfach ist das.

Daddy Cool

Warum Frauen sich bei der Partnerwahl am Ende doch immer an Papi orientieren
Ein sehr persönlicher Erklärungsansatz von Gastautorin Simone Buchholz

Wenn man keinen guten Vater hat, so soll man sich einen anschaffen.
Friedrich Nietzsche

Getauft wurde mein Vater auf den Namen »Wilhelm«. Wilhelm, so hieß sein Vater, und so hieß auch der letzte deutsche Kaiser. Große, stattliche Männer. Für mich war mein Vater nie ein Wilhelm. Gut 25 Jahre lang war er mein Papa. Jetzt ist er mein Guelmo, seit mehr als sechs Jahren, und das wird er auch für immer bleiben: Mein guter alter Freund, dieser lustige Typ mit einem ordentlichen Hau, der einen ganz festen Platz in meinem Herzen hat. Aber ich muss ein wenig ausholen.

Mein Papa war nie diese klassische Vaterfigur. Dazu war er schon immer viel zu lieb und mit seinen 1,71 auch nie imposant genug. Die Liebe, die ich von ihm bekommen habe, war unglaublich. Kein Mann in meinem Leben hat mir so oft und so ehrlich zu verstehen gegeben, dass er mich liebt, auch in Momenten, in denen ich unausstehlich war und schreckliche Dinge getan habe, in Momenten, in denen es eigentlich keinem Menschen hätte möglich sein können, mich zu lieben – und ich hatte viele solcher Momente. Das friedlichste Bild, das es von mir gibt, ist ein Schwarzweiß-Foto von mir und meinem Papa. Meine Mutter hat mir erzählt, dass er mich eigentlich hätte füttern sollen, als das aufgenommen wurde. Was darauf zu sehen ist: Ein Mann Anfang 30, mit schon leicht lichtem, aber sehr schwarzem Haar und Monster-Koteletten. Er sitzt auf einem ziemlich abgerockten Sofa, wir hatten nie viel

Geld. Der Mann trägt eine Anzughose und ein weißes Feinrippunterhemd. Er hat einen Plastiklöffel in der Hand, und vor ihm auf dem Couchtisch steht ein Glas mit Brei. Auf der Brust des Mannes liegt ein ungefähr einjähriges Mädchen und schläft, den Kopf am Herzen des Mannes. Dem Mann ist der Kopf auf seine Schulter gerutscht, auch er schläft. Die beiden Menschen auf dem Bild haben im Schlaf ein Lächeln auf dem Gesicht, und das ist so schön, dass es wehtut. Dieses Lächeln ist auf allen Fotos zu sehen, auf denen ich gemeinsam mit meinem Papa bin. Die Bilder hat meistens meine Mutter gemacht, und so ist auch ihr Lächeln darauf, hinter der Kamera zwar, aber man kann es spüren. Diese Dreisamkeit, dieses Lächeln, das sind wir. Und die größte Angst meines Lebens ist, dass dieses Lächeln irgendwann mal weggeht. Doch darüber kann ich jetzt nicht nachdenken. Lassen Sie mich also lieber ein Loblieb auf den Guelmo singen. Der Guelmo war immer ein Kämpfer. Seine Eltern hatten nicht das Geld, ihn auf eine höhere Schule zu schicken. Da hat der Gulemo die Schule einfach später weitergemacht und sich selbst Englisch und Französisch und Italienisch beigebracht. Als er jung war, war er Radrennfahrer, das sind die ganz Harten. Als er älter wurde, ist er mit seinen Freunden auf Berge gestiegen, war wochenlang weg, kam dann unrasiert nach Hause und hat erst damit aufgehört, als meine Mutter meinte, sie würde diese Angst, dass er mal abstürzt, nicht mehr aushalten. Von da an hat er jeden Tag den Garten umgegraben. Eines Tages wurde ihm dann alles zu langweilig, und er änderte seinen Namen. Mein damaliger Freund und ich waren zum dritten Mal auf dem gleichen Bauernhof in Italien. Meine Eltern besuchten uns dort für ein paar Tage, und mein Papa bekam mit, dass die Besitzer des Bauernhofs meinen Freund und mich mit italienischen Namen versehen hatten, nur so, weil das allen Beteiligten Freude machte. Abends beim Nudelessen fragte er mich dann: »Sag mal, was heißt eigentlich Wilhelm auf Italienisch?« Und ich erwiderte: »Guglielmo.« Er dachte kurz nach und sagte dann: »Nee, ich glaub, das heißt Guelmo.« Ich versuchte, ihn von dieser komischen, kleinen Idee abzubringen, aber er war schon immer ein verdammter Dickkopf gewesen. Seitdem nennt er sich Guelmo. Besteht darauf, dass meine Mutter ihn so nennt, meine Freunde kennen ihn nur unter diesem Namen, und wenn er mich anruft, sagt er immer: »Hallo. Hier ist der Guelmo.« Wir telefonieren übrigens täglich, seit er in Rente ist, manchmal auch öfter, und im Augenblick planen wir, gemeinsam mit dem Rad um die Welt zu fahren.

Orgasmus, multipler
Hartnäckiger Mythos.
Es soll aber Frauen geben, die schon mal einen hatten (vgl. Yeti).

Meine Mutter nennt den Guelmo inzwischen »Schrullo«, wegen seiner überbordenden Schrulligkeit, die auch wirklich jede Woche schlimmer wird, alle jedoch bis ins Mark entzückt. Was das jetzt alles heißt? Keine Ahnung. Ich denke viel über unser Verhältnis nach, und ob das eigentlich normal ist. Dann wieder denke ich mir, dass ich auch nicht ganz normal bin, und dass das alles wahrscheinlich ziemlich schlüssig ist. Vor gar nicht allzu langer Zeit wurde mir auch klar, wo das alles hinführt: Die Männer, in die ich mich verliebe, sind meist sehr groß und kräftig, haben also rein äußerlich nichts mit dem Guelmo gemeinsam. Aber sie tragen alle Koteletten, so wie der Guelmo sie früher hatte, auf meinem liebsten Foto von uns. Und sie haben diese unfassbare Kauzigkeit, verbunden mit einer großen Fähigkeit zu kämpfen, die mir einfach das Herz wärmt. Frauen suchen sich dann also doch immer irgendwie wieder ihre Väter aus. *Quod erat demonstrandum.*

Nur unter uns Mädels

Was haben schwule Jungs, was Heteros nicht haben? Eine nur scheinbar unergründliche Freundschaft

> Schwule Männer und heterosexuelle Frauen haben so viel gemeinsam, dass die Gesprächsmöglichkeiten schier unerschöpflich sind. In jeder guten Frau steckt ein Mann mit Ironie und einer Schulter zum Ausweinen, der die Salatsoße anrührt.
>
> *John Ramster,* Ihr bester Freund

Männer und Frauen, heißt es ja oft, passen einfach nicht zusammen. Trotz dieser verbreiteten Grundannahme werden aus hormonellen Beweggründen immer wieder paarweise Versuchsreihen gestartet, in der Hoffnung, das Gegenteil beweisen zu können. Dass die Angelegenheit oft in einem Debakel endet, wird Ihnen der Scheidungsanwalt bestätigen. Beziehungen beginnen hoffnungsvoll mit tollen Essen beim Italiener, peinlichen Lebkuchenherzen, auf denen »Ich find dich süß« steht, und rosaroten Zukunftsträumen, um dann im Streit zu enden, wer den Müll runterträgt und das Sorgerecht für den Golden Retriever bekommt.

Männer und Frauen, der Ansicht sind auch wir, passen eigentlich nicht zusammen.

Mit einer Ausnahme: Schwule und Frauen sind wie füreinander geschaffen. Psychologen sagen, dass eine Beziehung dann besonders haltbar sei, wenn sich die Interessen der Parteien größtmöglich überschneiden. Der Sozialwissenschaftler Professor David Olson von der Universität Minnesota hat auf Basis dieser Grundannahme den berühmten »Prepare-Test« entwickelt, mit dem das Scheidungsrisiko von Paaren bereits vor der Hochzeit erstaunlich präzise eingeschätzt werden kann. Würden wir mit unseren homosexuellen Kumpels diesen Test machen, käme garantiert heraus, dass wir beste Chancen haben, bis an unser Lebensende in zuckriger Harmonie zusammenzuleben.

Die schwulen Jungs teilen nämlich unsere Leidenschaften. Zum Beispiel suchen sie wie wir ständig nach dem Mann fürs Leben. Das trifft natürlich auch auf unsere Freundinnen zu. Doch Schwule haben etwas, was die Freundinnen nicht haben und was Marketingfachleute als *Unique Selling Point* bezeichnen würden. Dieses Etwas befindet sich zwischen ihren Beinen und heißt Penis. In Kombination mit der Tatsache, dass man mit ihrem Träger auch noch reden kann, ist das ein geradezu unschlagbarer Vorteil. Warum, das werden Sie gleich verstehen.

Zunächst mal meinen wir mit »reden« natürlich *richtig* reden, nicht nur jenen nüchternen Informationsaustausch, wie wir ihn von unseren heterosexuellen Partnern kennen: Ob das Bad jetzt endlich frei sei, wo sich die Fernbedienung befinde oder ob wir vielleicht Lust auf Sex hätten. Nein, mit unseren schwulen Freunden sitzen wir stundenlang in plüschigen Bars rum, trinken Sekt auf Eis oder Strawberry Daiquiri, rauchen die extra langen *Davidoff Lights* und sprechen über das Wesentliche: über die Liebe.

Das haben auch Dan Anderson und Maggie Berman gemacht. Und dann ist gleich ein Buch daraus geworden: *Sex tips for straight women from a gay man*, in Deutschland unter dem Titel *Was Männer wirklich antörnt* erschienen. Herr Anderson ist schwul, außerdem der beste Freund von Frau Berman, und in dieser Funktion hat er ihr alle seine kleinen Geheimnisse verraten. Denn natürlich weiß ein Mann am besten, was sich untenrum so richtig gut anfühlt. Für einen heterosexuellen Mann ist die Artikulation seiner Wünsche manchmal ziemlich schwer, weil er immer – und nicht immer zu Unrecht – fürchtet, von seiner Freundin als ein perverses Glibber-Alien betrachtet zu werden. Ein schwuler Mann vergibt sich nichts, wenn er einer Freundin die tollsten Tricks verrät, denn er befindet sich auf neutralem Boden, es geht schließlich nicht um ihn. Er leistet lediglich einen Freundschaftsdienst.

Wo wir gerade beim Thema Sex sind: Sehr angenehm ist in einer Schwulen-Frauen-Freundschaft die völlige Abwesenheit eigener sexueller Interessen. Er muss nicht fürchten, dass seine Zuneigung womöglich falsch verstanden wird, was sowohl bei anderen homosexuellen als auch heterosexuellen Männern der Fall ist. Sie kann ausschließen, dass hier jemand nur nett zu ihr ist, weil er sie rumkriegen will. So lässt es sich frei sprechen. Die Psychologin Martina Braunschweiger erklärt das Besondere an der Kommunikation zwischen Frauen und homosexuellen Herren wie folgt: »Es zeigt sich für die Frau eine völlig neue männliche Sichtweise. Schließlich offenbaren viele Männer nur dann ihre wahren Beweggründe und Ansichten, wenn sie unter sich sind. Die meisten Homosexuellen jedoch sprechen viel lieber mit Frauen über ihre Gefühle, Sehnsüchte und Wünsche, die sich in einigen Dingen durchaus mit denen von heterosexuellen Männern überschneiden!«

Letztlich profitieren davon natürlich auch die Männer, mit denen wir unser Laken teilen. Allerdings ist ihnen das in den meisten Fällen nicht bewusst. Häufiger ist ihnen die Freundschaft ihrer Liebsten mit einem Barbra-Streisand-Fetischisten so unverständlich wie der Vorschlag, spazieren zu gehen, während ein Champions-League-Spiel im TV übertragen wird. Offenbar gibt es da eine geheime seelische Verbindung zwischen dem schwulen Mitbürger und ihrer Partnerin, von der die »echten Kerle« nur träumen können – und das provoziert Eifersucht. Hinzu kommt, dass sich ein Durchschnitts-Hetero neben einem Schwulen oft fühlen muss wie Karl Dall neben Marcus Schenkenberg, weil die Typen oft auch noch aussehen wie männliche Supermodels. Gemein!

Unsere Freundin Christine bringt die Vorteile der Freundschaft mit einem Mann, der Männer liebt, auf den Punkt: »Ich habe schwule Freunde, weil die beides bedienen, die weibliche und die männliche Komponente. Sie sind albern und quatschig wie Frauen, funktionieren aber wie Männer. Außerdem denken sie in Partnerschaftsdingen, Jobfragen, Stilsachen mit beiden Hirnhälften. Das ist sehr hilfreich, wenn man Informationen braucht. Etwa ›Warum ruft er nicht an?‹ oder ›Warum mag mein Chef keine Tränen?‹ oder ›Darf ich meine lila Hüfthose zum türkisfarbenen Tanktop tragen?‹. Und das alles aus einer Hand.«

Apropos Tanktop und Hüfthose. In Modeangelegenheiten sind die Herren selbstverständlich unübertroffen. Niemals würden ihnen optische Super-GAUs wie beigefarbene Sandalen mit Tennissocken zur Bundfaltenshorts unterlaufen, wie sie von einer bestimm-

PDS
a) vom Aussterben bedrohte Partei, b) neue Bezeichnung für ein altes Phänomen: Die »prämenstruelle dysphorische Störung« hieß früher PMS (vgl. dort)

ten heterosexuellen Bevölkerungsgruppe so gern im Wohnmobil oder beim Kegelabend getragen werden. Ebenso wenig würden Schwule ihr Sweatshirt in die Hose stopfen oder sich eine Comic-Krawatte umbinden. Sie wissen nun mal, dass das aussieht, als habe der betreffende Mann zuletzt etwas Vernünftiges angehabt, als noch seine Mama für seine Klamotten verantwortlich war. Diese Stil-Kompetenz teilen sie bereitwillig mit uns und stehen zudem als kostenloser und vor allem unermüdlicher Berater bei Marathon-Shopping-Touren zur Verfügung. Die Beratungsoption gilt natürlich auch für Gesichtspunkte der Inneneinrichtung und Probleme bei Haargestaltung und Kosmetikanwendung. Dass wir so gerne auf ihr Urteil hören, hat aber nicht nur mit der traumwandlerischen Geschmackssicherheit zu tun. Weil ein Schwuler erst gar nicht unter dem Verdacht steht, nur aus sexuellem Opportunismus Süßholz zu raspeln oder, wie die ein oder andere Frau, aus Konkurrenzgründen zu schwindeln, können wir seinem Urteil blind vertrauen. Er verschont uns nicht mit der Wahrheit und sagt frei heraus, dass das rote Mini-T-Shirt zwar an Gisèle Bündchen toll aussah, bei uns jedoch ein bisschen wirkt, als hätten wir versehentlich in der Kinderabteilung eingekauft. Er darf das, denn er will nur unser Bestes. Und dafür sind wir ihm dankbar.

Schwule Freunde haben aber noch mehr Vorteile. Sie eignen sich als unterhaltsame Begleitung zu langweiligen Familienfesten, bei denen wir sie als unseren Verlobten ausgeben. Sie sind begnadete und vor allem begeisterte Tanzpartner. Sie gucken nicht nur die gleichen Serien wie wir, sondern auch mit uns und finden nichts dabei, anschließend bei x Latte Macchiato zu analysieren, warum die aktuelle Beziehung von Carrie / Amanda / Marie / Dr. Frank zum Scheitern verurteilt ist. Sie bringen uns nach einer durchfeierten Nacht sicher nach Hause. Sie liegen mit uns einen ganzen verregneten Sonntag zusammen im Bett, essen Schokolade und schwelgen mit uns in Erinnerungen an vergangene Liebesabenteuer. Wie uns ist es ihnen ein Rätsel, was toll daran sein soll, wenn auf einem großen Rasenplatz 22 Hansel hinter einer schwarz-weißen Lederkugel herrennen. Und, das Beste, sie merken sofort, wenn wir beim Friseur waren.

Alles zum Weinen perfekt also. Bei den ganzen Vorteilen wäre der Reflex »sofort heiraten« ganz natürlich. Dummerweise muss ein schwuler Mann nun einmal schwul sein, um mit uns so unglaublich gut übereinzustimmen. Was kein Problem wäre, gäbe es da ja nicht noch diesen einen entscheidenden Punkt, der uns immer wieder zielstrebig in die Arme der straight gepolten und zu uns vollkommen unpassenden Männermeute treibt.

Sie haben sicher schon mal davon gehört. Das Phänomen nennt sich Liebe und eliminiert zuverlässig jeden Anflug von Vernunft.

Stop, in the name of love! (Teil II)

Sätze, die Frauen nie wieder von Männern hören wollen

1. »Ich ruf dich an.«
2. »Süß, wie sentimental du bist, doch ich erkläre es dir gern noch mal: Die Ehe ist eine staatliche Form der Versklavung.«
3. »Wie ich dein neues Kleid finde? Gar nicht, aber warum trägst du neuerdings das am Leib, was der Fischhändler zum Aale-Einwickeln benutzt?
4. »Ich geh mal eben Zigaretten holen.«
5. »Liebling, gleich kommen Karl und Rudi mit zehn nackten Russinnen und ordentlich was zum Wegsaufen und holen mich ab – du musst also nicht mit dem Abendbrot auf mich warten, okay?«
6. »Klitoris? Meinst du die griechische Insel?«
7. »Soll ich dir noch mal zeigen, wie man einparkt? Es macht mir wirklich nichts aus!«
8. »Du und dick? Also, über die zehn, zwölf Kilo zu viel an den Oberschenkeln würd ich mir nun wirklich keine Sorgen machen!«
9. »Stört es dich, wenn ich die Socken anlasse?«
10. »Darf ich dir ein Kompliment machen? Du bläst fast so gut wie meine Ex.«
11. »Natürlich ruf ich dich an!«
12. »Du bist die schönste Frau, die ich in den letzten zwei Tagen gesehen habe.«
13. »... dann bohrte sich das Küchenmesser regelrecht in meinen Bauch, überall spritzte das Blut, es sammelte sich zu einer großen Lache unter meinen Füßen ... oh, du isst ja noch ...«
14. »Ich finde, jeder sollte für seine Getränke aufkommen, denn ich möchte dir das Gefühl geben, dass du eine emanzipierte Frau bist.«
15. »Du solltest dringend etwas wissen: Du bist nicht die einzige Frau in meinem Leben ...«

16. »Was ich so besonders an dir finde – du erinnerst mich an meine Mutter.«
17. »Was hast *du* denn da zwischen den Beinen? Sieht ja ganz anders aus als bei mir!«
18. »Und für *den* Schlüpfer hast du 50 Euro bezahlt?«
19. »Ich mag dich wirklich gerne, ich könnt' mir glatt vorstellen, mit dir noch ein paar Monate zu verbringen!«
20. »Nein, eine feste Arbeit habe ich nicht. Ich verbringe sowieso die meiste Zeit im Keller. Ich baue nämlich ein U-Boot!«
21. »Würde es dich sehr stören, wenn meine Mutter mit in das Romantik-Hotel kommt? Sie ist so einsam.«
22. »Mensch, man sieht dir gar nicht an, dass du schon so alt bist.«
23. »Liebe? Was ist schon Liebe?«
24. »Bevor wir jetzt zu mir gehen: Stört dich Ungeziefer?«
25. »Ehrlich, ich wollte dich wirklich anrufen, aber ich habe deine Telefonnummer verloren ...«
26. »Liebe? Vielleicht können wir das erst mal definieren?«
27. »Was ich dich immer schon mal fragen wollte: Bist du eigentlich mit Angela Merkel verwandt?«
28. »Und – wie war ich?«
29. »Als ich dich sah, wusste ich sofort, du würdest mit mir ausgehen. Ich sagte zu mir selbst: ›He, Steffen, da ist jemand, der verzweifelt genug ausschaut!‹«
30. »Entspann dich, du willst es doch auch.«

Pinkeln, im Stehen
Würden Frauen auch gerne können, ohne sich komplett entkleiden zu müssen. Besonders nützlich bei Autobahn-Vollsperrungen und mehrtägigen Festivals.

Frauen und Sex

Bitte rubbeln Sie hier!

Gibt es so etwas wie den Anlasser der Frau?

Für uns Menschen muss überall der Punkt, bis zu dem wir vordringen können, anstatt der Wahrheit gelten.

Hebbel

Das ist der Verteiler, der verteilt das Benzin.

Joachim Król (als Rudi Kipp in »Wir können auch anders«)

Dies ist zwar ein Buch über Frauen, aber dieses Kapitel möchten wir mit ein paar Zeilen über die Männer als solche beginnen, um sodann über diesen kleinen Schlenker zum eigentlichen Thema zu kommen.

Es ist ja so: Männer möchten gern wissen, womit sie es zu tun haben. Männer wollen die Welt verstehen. Männer mögen darum immer gleiche, verlässliche Kausalzusammenhänge, am besten mit nicht zu vielen Komponenten. Darum lieben Männer vermutlich auch den Fußball. Das Grundprinzip des Spiels ist relativ einfach (»Das Runde muss ins Eckige«, wie Helmut Schulte es treffend formulierte), und auch Abseits, Ecke oder Elfmeter folgen stets den gleichen Regeln. Männer mögen neben Fußball meist auch Autos. Hier funktioniert ebenfalls alles schön nach dem Motto »Wenn A, dann B«. Springt die Karre nicht an, ist klar umrissen, welche Störfaktoren infrage kommen. Irgendetwas ist eben kaputt, leer oder auch nur locker, und das kann in aller Regel behoben werden. Zur Not muss man eben den *ADAC* rufen.

So mancher Mann wünschte sich wahrscheinlich, dass es einen vergleichbaren Dienst auch

PMS
Prämenstruelles Syndrom, weibliche Ausrede für Gefühlsausbrüche aller Art (vgl. PDS)

für den Verkehr mit Frauen gibt. Das würde dann möglicherweise wie folgt ablaufen:

»Äh, ja, guten Tag, ich liege hier mit meiner Frau ...?«

»Moment, bevor Sie weiterreden, wo liegen Sie genau?«

»Auf dem grünen Sofa im Wohnzimmer. Bei Meier, Brahmsstraße 7, dritter Stock.«

»Ist notiert. Was ist das Problem?«

»Sie springt nicht an.«

»So, so. Die Klitoris haben Sie schon versucht?«

»Na ja, ich glaube schon, ich hab auch schon mal probehalber an den Brüsten geschraubt, das hatte ich schon mal, auf einmal ging es dann. Es hätte ja sein können, dass es wieder daran liegt.«

»Und? Hat sie dabei zumindest irgendwie gestöhnt oder andere Geräusche gemacht?««

»Nein, sie geht einfach nicht.«

»Gut, wir kommen vorbei.«

»Wie lange dauert das?«

»Halbe Stunde. Schätzungsweise.«

»Ach, so lange? Ob ich bis dahin ... Na ja, wenn es nicht anders geht. Ich warte.«

Zwar hat vermutlich jeder Mann, der nicht die letzten 30 Jahre als Mönch im Himalaya verbracht hat, mittlerweile gelernt, dass es da im Schritt der Dame eine Art Mini-Joystick gibt, der offenbar nach einer griechischen Insel benannt ist, und dass auch die beiden Erhebungen in Brusthöhe meist recht sensibel sind. Wenigstens diese Punkte hat der Mann sich gemerkt, und erwartungsfroh drückt er sie, wenn ihn die Lust überkommt. Manchmal zeitigt das den gewünschten Erfolg, manchmal nicht. Beim Auto würde man da von »Montagsmodell« reden, bei Frauen ist das ganz normal.

Verständlich, dass Männer in aller Welt aufbrechen wie einst James Cook oder Columbus und in der weiblichen Anatomie nach einer Art Wunderpunkt suchen, der die Lust der Frauen anknipst. Immer mal wieder wird auch tatsächlich eine Entdeckung ausgerufen. Den meisten Leuten ist zumindest vom Hörensagen einer bekannt: der G-Punkt. Er wurde 1950 von dem in den USA lebenden deutschen Gynäkologen Ernest Gräfenberg entdeckt. Gräfenberg berichtete, es gebe ein Areal mit einem Durchmesser von etwa anderthalb Zentimetern im Inneren der Vagina, dessen Stimulation ganz erstaunliche Folgen habe. Später wurde jene Stelle dann nach ihrem glücklichen Finder benannt: »Gräfenberg-Punkt« – abgekürzt »G-Punkt«. Seitdem wird die Existenz des Punktes immer mal wieder angezweifelt. Neuere Forschungen scheinen jedoch zu bestätigen, dass es ihn gibt (für den interessierten Leser: Er liegt mutmaßlich wenige Zentimeter hinter dem Scheideneingang auf der dem Bauch zugewandten Seite und ist am besten zu lokalisieren, wenn ein Finger bei nach oben gerichteter Handfläche eingeführt und dann gekrümmt wird, als wolle man jemanden heranwinken).

Mitte der 90er entdeckte der malaysische Frauenarzt Dr. Chua Chee Ann den A-Punkt – abgekürzt für »Anterior Fornix Erogenous Zone«. Dieses Wunderding soll in der Nähe des Gebärmutterhalses auf der gleichen Seite wie der G-Punkt liegen und noch besser funktionieren. Herr Chua Chee Ann verspricht in vielen Fällen multiple Orgasmen! Der Doktor hat 270 Frauen untersucht, und alle (!) wurden angeblich scharf. Wir fragen uns: Wie genau hat er die Frauen untersucht? Überhaupt: Hat mal jemand ein Bild von dem Typen? Und die Telefonnummer?

So genannte »Superspots« gibt es sogar da, wo sie normalerweise niemand suchen würde, schon gar nicht Rüdiger oder Peter, wenn er am Sonntagnachmittag mit Mareike oder Brigitte ein bisschen gepflegt herumsauen will. Der amerikanische Chirurg Dr. Stuart Meloy hat Anfang 2001 zufällig einen Punkt am Rückgrat entdeckt, der weibliche Orgasmen auslösen soll. Er implantierte einer Schmerzpatientin gerade Elektroden am Rücken, als sie lustvoll aufstöhnte. Meloy ist jetzt dabei, einen elektronischen Stimulator zu entwickeln, eine Art Orgasmusmaschine, die allerdings mittels einer größeren OP implantiert werden muss. Zu früh gefreut: Mit einem einfachen Elektroschockgerät für den Hausgebrauch ist es also nicht getan! Wenn Mr. Meloys Erfindung funktioniert, gäbe es tatsächlich Orgasmus auf Knopfdruck. Allerdings soll die Methode Frauen mit schweren Orgasmusstörungen vorbehalten bleiben. Schade eigentlich!

Der Vollständigkeit halber sei hier noch eine Entdeckung erwähnt, die ausnahmsweise eine Frau gemacht hat: Dr. Helen O'Connell, ihres Zeichens forschende Urologin an der Uni Melbourne, hat 1998 herausgefunden, dass die Klitoris nicht nur aus ihrem sichtbaren Ende besteht, sondern jenes lediglich die Spitze des »Eisbergs« markiert. Der

Rest befinde sich wie ein inliegender Penis im Inneren der Scheide und bestehe aus einem etwa drei Zentimeter langen Schaft sowie zwei Ausläufern, die entlang der äußeren Schamlippen nach unten innen verlaufen. Diese sollen bis zu neun Zentimetern lang sein. Wir wagen an dieser Stelle mal eine Prognose: Entlang dieser Ausläufer werden in Zukunft sicher noch einige sensible Punkte entdeckt werden.

Was nützt all dieses Wissen nun den Jungs? Diesbezüglich gibt es eine gute und eine schlechte Nachricht. Die gute: Wenn die Matratzenpartnerin gerade auch nur ein klein wenig zu verschärften Aktionen aufgelegt ist, kann so eine G-Punkt-Massage außergewöhnliche Erfolge erzielen, und auch eine nähere Beschäftigung mit Dr. Anns A-Punkt wäre sicher einen Versuch wert. Zumal ja quasi überall die Klitoris versteckt ist und möglicherweise die Existenz der diversen sensiblen Punkte begründet. Die schlechte Nachricht: Wenn die Liebste partout keinen Bock auf Sex hat, wird selbst ein ausdauerndes Befingern ausgewiesener Lustareale null Komma gar nichts bringen. Denn die wichtigste erogene Zone ist und bleibt der Kopf. Da ist es von entscheidender Bedeutung, ob die Dame gedanklich noch mit der Organisation der Betriebsfeier beschäftigt ist. Ob sie soeben einen romantischen Film mit Brad Pitt gesehen hat. Ob sie sich Gedanken über den richtigen Sitz der Spirale macht und ob sie sich ein Kind wünscht oder eben keins. Ob der Mann, der da gerade Sex haben will, eher nach einem Dufterzeugnis aus dem Hause *Rochas* riecht oder nach einem Mettbrötchen mit Zwiebeln. Ob sie das ungute Gefühl hat, drei Pfund zugenommen zu haben, oder ob sie sich unwiderstehlich sexy fühlt, weil die alte Lieblingsjeans wieder passt.

Erschwerend (oder erleichternd) kommen hormonelle Faktoren hinzu: Nimmt sie die Pille? Das kann manchmal zu Unlust führen. Befindet sie sich gerade in der ersten Zyklushälfte? Das wäre gut, denn wenn es auf den Eisprung zugeht, ist der Hormonstatus relativ ausgeglichen, sie fühlt sich wohl, und in diesem Fall hat sie mehr Lust. Hat sie den eisprung schon hinter sich? Das wäre schlecht, denn PMS kann die Lust schon mal vergällen.

Und dergleichen mehr.

Es bleibt also kompliziert, trotz A-, G- und sonstigen Punkten. Mit einem herzhaften Druck an der richtigen Stelle ist es nun mal nicht getan. Da kann leider auch der *ADAC* nichts dran ändern.

Pferd, das
Großes Huftier, auf dem die ein oder andere Frau lieber reitet als auf ihrem Partner. Begriff wird manchmal auch als freundliche Bezeichnung für CDU-Politikerinnen verwendet.

Ah, oh, ja, das ist gut, guuuuut

Der vorgetäuschte Orgasmus, warum Frauen ihn fingieren und woran man ihn erkennt

Für eine Frau gibt es wichtigere Dinge als einen Orgasmus, zum Beispiel den Kauf von einem Paar auberginefarbenen Lackstiefelchen.

Esther Vilar

Sie, liebe Leserinnen und Leser, erwarten nun wahrscheinlich, dass an dieser Stelle ein ganz bestimmter Film zitiert wird. Um genau zu sein: ein sehr erfolgreicher Film mit dem Titel *Harry und Sally*. Da Sie die entscheidende Szene – den von Hauptdarstellerin Meg Ryan als Sally überzeugend vorgetäuschten Orgasmus mitten in einem voll besetzten Restaurant – sicher genauestens vor Augen haben, müssen wir das hier nicht mehr eigens erwähnen. Unbestritten ist spätestens seitdem jedenfalls Folgendes: Die meisten Frauen können glaubwürdig einen Orgasmus vortäuschen. So glaubwürdig, dass der Mann, mit dem sie schlafen, den Unterschied nicht feststellt.

Sie können es nicht nur theoretisch, sie tun es auch: Nach einer repräsentativen Umfrage des TNS Emnid-Instituts vom Oktober 2002 im Auftrag der Zeitschrift MARIE CLAIRE haben 80 Prozent aller deutschen Frauen beim Sex schon einmal einen Orgasmus vorgespielt.

Leider hat MARIE CLAIRE die entscheidende Frage nicht gestellt: Warum täuschen Frauen Orgasmen vor? Eine kurzerhand durchgeführte Erhebung im Freundinnenkreis brachte hier ein wenig Licht ins Dunkel. Der Hauptgrund ist für alle befragten Damen das Ergebnis einer nüchternen Kosten-Nutzen-Rechnung. Das Orgasmus-Schauspiel wird instrumentalisiert, um Geschehnisse zu beenden, die so unerquicklich sind wie eine ganze Sendung *Verstehen Sie Spaß?* mit Cherno Jobatey und die Gefahr laufen, auch tatsächlich so lange zu dauern, zumindest, was das subjektive Zeitempfinden betrifft. Sofern man nichts dagegen unternimmt.

Stellvertretend sei hier unsere Freundin Lara (29) zitiert: »Ich habe bei einigen One-Night-Stands was vorgetäuscht, als ich gemerkt habe, dass der scheinbar so wilde Hengst von der Tanzfläche ein Langweiler im Bett war. Da wollte ich es nur noch schnell beenden.« Oder Tina (33): »Ich habe nur noch gedacht ›Lieber Gott, lass es endlich aufhören.‹ Bei mir bestand eh keine Chance mehr, noch weiterzukommen, und ich hatte irgendwann keine Lust mehr. Bevor man dann einen sofortigen Komplettabbruch hat, kann man ihm wenigstens noch den Spaß gönnen.«

Im Grunde unterscheiden sich die Menschenweibchen in diesem Punkt wenig von den Weibchen der Bonobo-Affen. Die sind nicht nur eine der wenigen Spezies, die sich – neben dem Homo sapiens – auch außerhalb fruchtbarer Zeiten paaren. Die Bonobos nutzen Sex auch, um Konflikte zu lösen und gute Stimmung zu verbreiten. Gute Stimmung und Höflichkeit statt des Bekenntnisses: Tut mir Leid, *das* bringt es gerade überhaupt nicht.

Frauen sind eben gut erzogen. Und pragmatisch. Eine Frau, die bei einem One-Night-Stand in Aufklärungsarbeit investiert, zahlt höchstens auf das Lustkonto der nächsten Affäre ein.

Trotzdem, die Konsequenzen liegen auf der Hand: Wenn wir Mädels uns so verhalten, dürfen wir uns nicht wundern, dass der ein oder andere Kerl glaubt, er sei ein Lover mit Casanova-Qualitäten, obwohl er in Wirklichkeit mehr in Richtung schwach gewürzte Currywurst tendiert. Wer gelobt wird – und eine Frau zum Orgasmus zu bringen wird jeder Mann als Lob auffassen –, ändert nichts an seiner Performance. Da verwundert es nicht, was bei einer repräsentativen Umfrage des Instituts für Rationelle Psychologie zum so genannten GiB-Faktor (**G**ut **i**m **B**ett) im Auftrag der Zeitschrift PETRA vor ein paar Jahren herauskam. Ein Viertel der Jungs glaubt, im Bett so richtig dufte rüberzukommen. »Leidenschaftlich«, »sinnlich« und »potent« fanden sich die Herren. Immerhin 31 Prozent verorteten ihren GiB-Faktor im guten Mittelfeld. Bei den Damen hielten sich nur zwölf Prozent für Sexbomben und 27 Prozent für durchschnittlich.

In dieser Umfrage hat sich aber noch ein Grund versteckt, warum Frauen manchmal ihr eigenes Vergnügen so überzeugend vortäuschen wie die Darstellerinnen in *Feucht und fröhlich I-V*: Frauen wollen zu-

Pflaume
a) TV-Schwiegersohn,
b) unwürdige Bezeichnung für das weibliche Geschlechtsteil, c) ballaststoffhaltiges Obst

mindest wirken, als seien sie gut im Bett – wenn sie sich schon nicht für gut halten! Sie wollen ihren Lover um den Verstand bringen, wie Sharon Stone Michael »Hamsterbacke« Douglas in *Basic Instinct*, und es so verrucht treiben wie Beatrice Dalle in *Betty Blue*. Außerdem fühlen sie sich verantwortlich dafür, dass der Sex gut ist. Wenn nicht gestöhnt wird, dass die Wände wackeln, selbst wenn das erotische Beben in Wahrheit auf der Richterskala kaum mehr messbar ist, könnte man ja in den Ruf geraten, frigide zu sein. Und so daneben liegen wir mit dieser Befürchtung offenbar nicht. Unser Bekannter Wolfgang kam jedenfalls auf Basis seiner vielfältigen Erfahrungen zu dem knallharten Schluss: »Bei mindestens 20 bis 30 Prozent der Frauen ist sowieso Hopfen und Malz verloren. Da ist einfach nichts los und wird nie was los sein.« Vielleicht waren da ein paar Frauen eine Spur zu ehrlich!

Doch wir wollen hier nicht dem einen oder anderen Geschlecht Verantwortung in Schuhe schieben, die es sich nicht anziehen sollte. Denn ganz offensichtlich wird ein Orgasmus von den Damen fast nur dann vorgespielt, wenn für sie alle Anzeichen darauf hindeuten, dass das sexuelle Intermezzo mit dem betreffenden Herrn auch das einzige oder zumindest eines von wenigen bleiben wird. Will sagen: Beim One-Night-Stand mit Dieter aus Sachsenhausen, der Urlaubsaffäre mit Luigi aus Tirol oder dem Gelegenheits-Seitensprung mit dem Dachdecker, der eigentlich nur das Dach besteigen sollte. Also wenn sie schnell merkt, dass sie zwar nicht ihre Handynummer, aber wenigstens einen guten Eindruck hinterlassen möchte. Außerdem: Wer kann es sich heute noch leisten, einen Handwerker zu verprellen?

Der Umkehrschluss lautet: In festen Partnerschaften wird selten geflunkert. Hier darf der Partner gerne lernen. Oder wie es Lara ausdrückt: »In einer Beziehung würde ich nie einen Orgasmus vortäuschen. Der Partner soll sich schließlich auch ein bisschen Mühe geben.« Irgendwo ist nämlich Schluss mit der Höflichkeit.

Ach ja, die Frage, woran man(n) einen vorgetäuschten Orgasmus erkennen kann, ist ja noch immer offen. Laut des Wissenschafts-Fachblatts *New Scientist* beginnen die Damen beim Orgasmus heftig zu zittern. Das haben die schwedischen Forscher Erik Peterson und Torbjörn Järvi beobachtet. Järvi kam zu dem Schluss: »Die weiblichen Täuschungen scheinen wirklich so gut zu sein, dass die Männchen den Samen daraufhin ablassen.« Die Forscher lieferten aber auch endlich eine schlüssige wissenschaftliche Erklärung für den Fake-Orgasmus: Je mehr Orgasmen die Mädels vortäuschten, desto größer war das Interesse verschiedener – gleichsam »warm gehaltener« – potenzieller Partner. Dieses Verhalten führt also zu einer größeren Auswahl. Einige der Weibchen paarten sich später dann doch noch mit den vorzeitig ejakulierenden Männchen, andere wählten hingegen Männchen mit größeren Flossen.

Das mit den Flossen kommt Ihnen jetzt ein wenig merkwürdig vor? Zu Recht, die Rede ist auch von Forellen! Aber geben Sie es zu: Gewisse Parallelen sind nicht von der Hand zu weisen!

Was Frauen wollen

Doch, doch, es gibt so etwas wie guten Sex. Und selbstverständlich auch schlechten ...

Bin ich drin? Ich bin drin!
Boris Becker

Da bei diesem heiklen Thema sowieso keine(r) die Wahrheit sagt, haben wir beschlossen, einschlägigen Statistiken und Studien zu misstrauen, und eigene Feldforschung betrieben. Zutaten: Vier unserer besten Freundinnen, eine Kiste Prosecco und ein paar Behauptungen aus der vergleichenden Unterleibswissenschaft. Ziel: Natürlich nichts als die schmutzige Wahrheit ...

(Die Namen der Teilnehmerinnen sind den Autorinnen bekannt, werden aber selbst gegen hohe Bestechungsgelder nicht verraten. Sie werden Verständnis dafür haben, dass wir unsere Freundinnen noch ein wenig behalten möchten ...)

1. 37 Prozent aller Frauen träumen vom Sex mit dem Ex (Quelle: Durex Report International 2001).

»So ein Blödsinn!«

»Find' ich nicht, ich finde, da ist was dran.«

»*Bitte*? Korrigiere mich, wenn ich mich irre, aber hast nicht du immer erzählt, dass du beim Sex mit Kai nebenbei über deine Urlaubsplanung nachgedacht hast?«

»Am Ende schon, aber die ersten zwei Jahre waren wir betttechnisch ganz schön fies unterwegs.«

»Und du meinst wirklich, das würde wieder so sein, wenn du jetzt noch mal mit ihm ins Bett gehen würdest? Glaube ich nicht – nichts ist frustrierender als aufgewärmte Sexgeschichten.«

Pilcher, Rosamunde
Bestseller-Autorin. Schreibt Romane, in denen blaublütige Polohemdträger bürgerliche Schönheiten lieben. Frauen würden so einen Schund selbstverständlich nie lesen und können sich überhaupt nicht erklären wie die ganzen Bücher hinter dem zwölfbändigen Brockhaus gelandet sind.

»Das war ja keine Sexgeschichte, wir waren immerhin fast drei Jahre zusammen. Und wenn jemand genau weiß, was ich mag, dann er.«

»Aber ist das nicht todlangweilig, wenn jemand immer genau das tut, was man mag? Da schlafen einem doch die Füße ein! Ich will beim Sex überrascht werden, sonst kann ich gleich eine Kaffeefahrt mit anschließendem Heizdeckenverkauf machen.«

»Das halte ich für total überbewertet, diesen Überraschungseffekt. Nach spätestens zwei Monaten weiß man sowieso, was geht und was nicht geht, und wenn er das, was geht, gut macht, ist mir das lieber als irgend so ein Rumgekrampfe, nur damit ständig was Neues passiert. So nach dem Motto: ›Schatz, zieh doch mal die Latexmaske auf, ich möchte mich ein bisschen gruseln!‹«

»Genau, ich würde heute auch nicht mehr High Heels beim Sex anziehen, nur weil irgendein Typ dann noch schneller auf Touren kommt. Früher hätte ich das gemacht, aber mittlerweile möchte ich nicht mehr auf irgendeinen blöden Fetisch reduziert werden. Wenn mich noch mal einer darum bitten sollte, dann würde ich Nein sagen. Oder: klar, meine Pantoffeln! Jedenfalls nichts, was meine Federkernmatratze ruiniert, die war nämlich ganz schön teuer.«

»Um hier mal zum Ende zu kommen: Du denkst also wirklich ab und zu daran, noch mal mit Kai ins Bett zu gehen?«

»Ja, auch wenn ihr das total bescheuert findet. Im Nachhinein weiß ich nämlich, dass der Sex mit ihm ganz schön gut war. Jedenfalls besser als diese ganzen blöden One-Night-Stands, die ich seitdem hatte – das ist nichts als Krampf!«

»Und die anderen? Abstimmen! Wer hat Lust auf Sex mit dem Ex? Na, immerhin, zwei von sechs. Hätte ich jetzt nicht gedacht.«

2. Mit 35 Prozent ist die Missionarsstellung bei deutschen Frauen am zweitbeliebtesten (1. Platz mit 36 Prozent: die Reiterstellung), aber nur 16 Prozent der Männer mögen sie (Quelle: Durex Local Report 2003).

»Gott, sind wir langweilig! Sag mal schnell, und was mögen die Männer am liebsten? Lass mich raten: von hinten. Nee, bestimmt anal!«

»Wie kommst du denn jetzt darauf? Das lässt ja im besten Sinne des Wortes tief blicken ... Ist dein neuer Freund so'n Schlimmer?«

»Jetzt tut doch nicht so scheinheilig. Natürlich wollen fast alle Männer gern mal von hinten.«

»Jüngere schon, ältere finde ich nicht so. Die würden das jedenfalls nie sagen ...«

»... aber so ein bisschen klammheimlich in falschen Gewässern rumstochern, das probieren die schon mal. Und dann muss man sie freundlich, aber bestimmt manuell umleiten.«

»Genau, sonst tut's weh!«

»Also, ehrlich gesagt, ich finde das gar nicht so schlimm. Mit ein bisschen Gleitcreme und Zeit geht das schon, aber dass es mir direkt Spaß machen würde, kann ich nun auch nicht behaupten.«

»Warum machst du es dann?«

»Na, wenn er das so gern mal ausprobieren möchte ...«

»Du bist ja süß! Sex hat doch nichts mit der *Aktion Sorgenkind* zu tun, oder habe ich da was falsch verstanden?«

»Ach, ich finde auch, dass man dem anderen ruhig mal eine Freude machen kann, auch wenn man selbst vielleicht nicht sooo drauf steht. Vielleicht tut er im Gegenzug auch was für mich ...«

»Aber wenn er das nur tut, weil du das möchtest, und er gar keine Lust darauf hat, finde ich das höchst unerotisch. Der soll doch Lust auf mich haben, der soll stöhnen, schnaufen, mir Tiernamen geben!«

»Ähm, sorry, wenn ich unterbreche, aber ging es hier nicht eigentlich um die Missionarsstellung? Wie findet ihr die denn nun?«

»Öde.«

»Da muss man nun wirklich nichts mehr zu sagen.«

»Findet ihr? Ich mag die total gern, weil man dabei alles so schön sehen kann.«

»Was kann man denn da sehen, wenn er über einem hängt wie ein verendeter Wasserbüffel?«

»Na, die Augen zum Beispiel ... und ob er gerade geil ist auf mich. Außerdem ist das die Stellung, in der man am besten küssen kann, und das gehört für mich dazu.«

»Also, abstimmen: Wer mag die Missionarsstellung am liebsten? Drei Mädels ... Und der Rest?«

»Reiter.«

»Ich auch.«

»Und ich a tergo.«

»Was ist das nun wieder Perverses?«

»Das solltest du als alte Lateinerin doch wissen! Von hinten, natürlich ...«

»Du Sau! Quatsch, war nur Spaß. Ich mag das auch ganz gern, das hat so was Verdorbenes.«

3. Der größte Abtörner im Bett ist für 84 Prozent aller deutschen Frauen Mundgeruch. Und immerhin 35 Prozent stören sich an falscher Unterwäsche (Quelle: Durex Local Report 2003).

»Iiih, pfui! Über Mundgeruch müssen wir hier nun wirklich nicht reden, oder? Da vergeht mir echt der Appetit.«

»Aber wenn er vielleicht Magenprobleme hat? Dann kann er doch nichts dafür ...«

»Das ehrt dich, dass du Verständnis dafür aufbringen kannst, aber was bitte machst du, wenn er dir beim Sex ins Gesicht hechelt und es riecht wie verwesendes Kaninchen? Pfropfen in den Mund? Ihn bitten, dass er alle zwei Minuten mal kurz Zähneputzen geht?«

»Ich find jedenfalls Stinkfüße noch schlimmer. Da vergeht mir alles. Aber ein bisschen Schweißgeruch unterm Arm mag ich ganz gern. Es darf allerdings nicht zu doll werden. Und bloß nicht in Kombination mit einem billigen Deo, bäh ...«

»Und die Sache mit der Unterwäsche? Was genau soll denn falsche Unterwäsche sein?«

»Mit blöden Comicfiguren drauf! Garfield und so was.«

»Oder Weihnachtsmänner! So was tragen nur ganz Verklemmte.«

»Oder Unterhosen, die schon auseinander fallen. Oder so spießige Kaufhausslips mit Eingriff, die bestimmt Mutti für ihn gekauft hat. Im Sechserpack.«

»Ich hatte mal einen One-Night-Stand mit einem, der einen Stringtanga drunter hatte. Ich musste mich so zusammenreißen, das sah einfach nur albern aus!«

»Ganz allgemein: Nur knackige Shorts mit dezenten Mustern sind okay. Und bloß nichts Vergilbtes mit Bremsspuren!«

»Iiiiihhh! Nächster Punkt. Bitte!«

4. Deutsche Frauen treiben es am liebsten am Strand (Quelle: Cora Romance Report 2002).

»Hab ich noch nie. Ihr schon mal?«

»Klar. So was bringt man doch spätestens im Landschulheim hinter sich.«

»Nun hau mal nicht so auf die Kacke, ins Landschulheim fährt man doch mit 13 oder 14. Aber Sex am Strand hatte ich auch schon. In Spanien. In den Dünen.«

»Na, dass ihr es nicht am Hauptstrand von Ibiza gemacht habt, hätten wir uns vielleicht auch selbst denken können. Und: War es denn schön?«

»Ich fand es sehr schön. Die Sonne, das Meer und dann die Vorstellung, dass uns jemand dabei erwischen könnte ...«

»Das darf aber nur bei der Vorstellung bleiben, ich glaube, die Spanier sind da ganz schön streng.«

»Ich hab im Freien immer Angst, dass mir irgendwelche kleinen Viecher ins Innere krabbeln könnten. Und Sand im Getriebe finde ich auch nicht so wirklich angenehm.«

»Na, man kann doch eine Decke drunter legen!«

»Aber dann ist das schon wieder so inszeniert. So nach dem Motto: Komm, Baby, lass uns mal ganz was Wildes machen – ich pack schon mal die Mückensalbe und das Allernötigste zusammen! Ich finde, wenn, dann muss es einen spontan überkommen, Decke ist nur was für Warmduscher.«

»Aber allgemein finden wir Strand alle gut?«

»Jaaaa!«

»Ich hab zwar noch nie, aber ich würde schon ganz gern mal draußen. Obwohl ich diese Leute, die es in einer Tour überall und in allen Büschen treiben müssen, ein bisschen nervig finde. So schlimm ist es zu Hause nun auch wieder nicht!«

»Stimmt, am liebsten mag ich immer noch den Klassiker: im Bett. Aber im Sommer die Balkontür offen lassen, ist schon schön.«

5. »Fellatio ist eins der schönsten Geschenke, das du ihm machen kannst.« (Quelle: Sylvia de Béjar, *Warum noch darauf warten? Sextipps für Frauen*, dtv)

Pitt, Brad
Waschbrett
(vgl. dort)

»Wenn er auch ans Rückspiel denkt, okay.«

»Tut mir Leid, aber bei jedem Mann kann ich das nicht. Er muss schon einigermaßen gut riechen. Und Liebe muss auch im Spiel sein.«

»Also, ich finde das absolut geil, wenn ich ihn dabei angucken kann.«

»Ja, aber hast du schon mal dran gedacht, dass er dich auch dabei angucken kann? Und was glaubst du, wie blöd man aussieht, mit so einem Ding im Mund ...«

»So ein Quatsch! Ich wette, du findest nicht einen Mann auf der Welt, der das nicht total geil aussehend findet! Na, außer vielleicht Cherno Jobatay, aber der ist ja auch kein Mann.«

»Das glaube ich auch, dass Männer den Anblick sehr genießen können, aber wo wir gerade dabei sind, mal eine ganz andere Sache: Zieht ihr es bis zum Ende durch?«

»Manchmal ja, manchmal nein ...«

»Danke für diese aufschlussreiche und detaillierte Antwort. Jetzt sagt doch mal, was macht man denn mit dem Zeugs, wenn man es nicht runterschlucken will?«

»Na, die Pornomiezen lassen es einfach wieder aus dem Mund rauslaufen, da käme ich mir aber albern vor.«

»Wie so eine Dolly Buster für Kassenpatienten ...«

»Aber man kann das Zeug doch im Mund behalten ...«

»... und hinterher behauptet Boris Becker, es war Samenraub!«

»Nein, im Ernst, man kann es danach heimlich in ein Taschentuch entsorgen, oder nicht?«

»Ist vielleicht ein bisschen unsexy, aber auf jeden Fall eine reelle Möglichkeit. Apropos: Noch einen Schluck Prosecco, die Damen?«

Ausflug nach Lesbos

Träumen tatsächlich alle Heterofrauen ab und zu heimlich von Sex mit anderen Damen?

Heterosexualität ist nicht normal – nur allgegenwärtig!
Transparent beim Christopher Street Day

Es geschah nach der Übersetzungsklausur im Mittelhochdeutsch-Grundkurs an der Universität Essen. Ich saß mit meiner Kommilitonin Heike aus Dortmund in der Cafeteria, als sich draußen vor dem Fenster ein lesbisches Pärchen die Zunge in den Hals schob. Ich sagte daraufhin etwas, was mir heute vielleicht als Homosexuellenfeindlichkeit ausgelegt werden könnte, was jedoch beileibe nicht so gemeint war: »Also, mit einer Frau ins Bett zu gehen kann ich mir überhaupt nicht vorstellen. Du?« Ich erwartete, dass Heike, von der ich wusste, dass sie einen Freund hat, mir eifrig zustimmen würde. Stattdessen zeigte sich bei ihr so ein amüsiertes Zucken um die Lippen, das mir bereits mitteilte, ich sei eine in erotischer Hinsicht legasthenische Landpomeranze, bevor sie überhaupt den Mund aufmachte. Ich glaube, sie genoss meine Irritation, bis sie nach einer längeren Pause sagte: »Das ist schon toll mit einer Frau. So einen Busen zu fühlen, das hat was. Die Haut ist außerdem auch viel weicher als bei einem Mann.« Dann erzählte sie mir von ihrer verflossenen lesbischen Liebschaft.

Ich, damals gerade Anfang 20, war, nun ja, verblüfft. Und ich konnte nicht anders, als mir Heike nackt an einem monströsen Busen vorzustellen, den ich mir in etwa ausmalte wie die Brüste der Plastiken von Niki de Saint Phalle vor dem Pariser *Centre Pompidou* (also ungefähr von Ausmaß und Form zweier Ein-Mann-Zelte). Ich hatte noch nie eine Frau getroffen, die erotische Erfahrungen mit einer Frau gemacht hatte. Seit den ersten Berührungen mit dem Themenfeld im Rahmen der Dr.-Sommer-Aufklärung in der BRAVO waren alle Gespräche diesbezüglich ähnlich abgelaufen:

»Hihi, kannste dir vorstellen, mit, hihi, einem anderen Mädchen, hihi?«

»Näää, igitt.«

»Hihi.«

Dann kam meistens eine kurze Pause, in der man die Gedankenblasen blubbern hören konnte, wenn man nur ganz genau hinhörte. Irgendjemand warf dann jedes Mal abschließend in die Runde:

»Aber ihr wisst doch: Ein bisschen bi schadet nie.«

Und alle zusammen: »Hihi.«

So war das.

Immer.

Bis zu jenem Moment in der Cafeteria. Trotz der Heike-Fruchtbarkeitsgöttinnen-Assoziationen erschien es mir plötzlich als Zeichen der Reife, sich neben Männern auch für Frauen zu interessieren. Sexuell, meine ich. Heike war nämlich ein paar Jahre älter als ich und wusste offenbar Bescheid. Nach unserem Gespräch vertiefte ich mich jedenfalls in die bewusstseinserweiternde Aufgabe, Frauen mit anderen Augen zu sehen. Ich begann, nach sexuellen Reizen beim eigenen Geschlecht zu fahnden. Versuchte zu unterscheiden zwischen Frauen, mit denen ich auf gar keinen Fall ins Bett gehen würde – das war einfach, das waren nämlich die meisten, bei weitem nicht nur Margarethe Schreinemakers, Angela Merkel und Mutter Beimer –, und solchen, die ich *ganz eventuell* reizvoll finden *könnte*. Selbst das konnte ich mir jedoch irgendwie nur über einen bizarr konstruierten Umweg vorstellen: Wenn ich ein Mann wäre, wen fände ich dann interessant ...? Das waren wenige.

Die nächste Aufgabe meiner selbst auferlegten sexuellen Bewusstseinserweiterung war nun, sich Schweinereien mit den Kandidatinnen vorzustellen, die nicht durchs Raster gefallen waren. Zum Beispiel mit der damaligen Bedienung in meinem Lieblingscafé. Sie hatte lange Haare, ein hübsches Gesicht und eine Figur, die ein Mann wohl als sexy bezeichnet hätte. Trotzdem: Es ging nicht. Ich konnte beim besten Willen nicht fantasieren, dass ich es schön fand, im Intimbereich einer Frau schubbernd aktiv zu werden.

Pronuptia
Bekleidungskette mit überdurchschnittlich viel Weißtextil im Angebot, die auf Männer eine ähnliche Anziehung ausübt wie eine Prostata-OP.

Hätte man mich vor die Wahl gestellt, ich hätte sogar lieber stattdessen den schlimmsten Studentenjob noch einmal angenommen, zu dem mich mal ein finanzieller Komplett-Ausfall gezwungen hatte: Auf einer Camping-Messe musste ich vor skeptischen Hausfrauen aus Oer-Erckenschwick und Wohnmobil-Fetischisten in beigefarbenem Schottenkaro einen Grill vorführen. Den ganzen Tag blutige Steaks und triefende Koteletts. Ich weigere mich normalerweise nicht nur, zu grillen, ich bin obendrein Vegetarierin.

Zeit für ein paar Zahlen: Die Haus- und Hofzeitschrift für den Sport-Junkie FIT FOR FUN vermeldete im August 2001 im Rahmen einer – natürlich – repräsentativen Umfrage, dass fast ein Drittel der deutschen Frauen von lesbischem Sex träume – auf eine ähnliche Zahl kam auch der Global Sex Survey für das Jahr 2002 der Verhüterli-Firma *Durex*. Doch FIT FOR FUN fragte noch ein wenig präziser: 14 Prozent aller befragten Damen im Alter von 20 bis 39 Jahren schwelgen außerdem nicht nur in rosaroten Billitis-Fantasien, sondern würden die Angelegenheit auch gerne zwischenmenschlich umsetzen, die älteren zwischen 40 und 60 immerhin noch zu acht Prozent. Tatsächlich verwirklicht haben es bereits zwölf Prozent der Frauen von 20 bis 39 und – man höre und staune – ganze 15 Prozent in der Altersgruppe darüber, die sexuelle Revolution hat eben doch ihre Spuren hinterlassen. Bei den Jungs fallen die Zahlen wesentlich geringer aus. Von ihnen träumt nur jeder fünfte ab und zu von gleichgeschlechtlichem Sex.

Dafür stellen sich Männer umso lieber vor, wie es zwei Damen miteinander tun. Die Herren orientieren sich in ihrer Fantasie ja gerne an den gängigen Herrenmagazinen. Sie wissen schon, die Hefte, die die Jungs nur wegen der intelligenten Artikel kaufen. Natürlich sind die beiden Gina-Wild-Look-Alikes in dieser Fantasie nicht wirklich aneinander interessiert, sondern eher am beobachtenden Mann, der auch sehr bald zur Doppelbeglückung schreitet. Oder, wie es der Pädagoge Horst Heidtmann in einem wissenschaftlichen Aufsatz zum Thema *Sexualität in Film und Fernsehen. Heimlicher Lehrplan der Sexualerziehung* beschreibt: »Für den voyeuristischen männlichen Blick setzen Episodenfilme durchweg in einer Sequenz Sex zwischen zwei Frauen, gern zwischen weißer und schwarzer Frau, in Szene, die sich im Anschluss wiederum von den eigentlich überlegeneren Männern aufs Bett werfen lassen.« Hier gehen die Fantasien der Geschlechter wohl nicht mehr ganz zusammen.

Push Up
Mogelpackung.

Grundsätzlich haben die Mädels weniger mentale Probleme, sich ihresgleichen anzunähern als die Jungs. Sie sind es einfach gewöhnt. Frauen berühren sich schon von klein an häufiger. Fummeln sich gegenseitig an den Haaren rum (»Du, Susi, darf ich dir Zöpfe machen? Du hast ja sooooo schöööne Haare. Wie Emily Erdbeer!«), zuppeln an den Klamotten (»Du, Susi, das sieht aber an dir supersüß aus!«), als sei die andere eine lebendige Barbie, drücken sich Küsschen auf die Wangen und schlafen im gleichen Bett. Einfach so. Auch als Erwachsene werden Frauen, die auf Tuchfühlung gehen, nicht sofort in die Lesben-Schublade gesteckt. Wenn Frauen umschlungen wie ein gordischer Knoten herumlaufen, interessiert das niemanden. Das sind eben Freundinnen. Na und? Sieht man zwei Männer in gleicher Haltung ist allen ehrenamtlich investigativen Beobachtern klar: zwei Schwule! Bei der männlichen Bevölkerung greift – zumindest bei uns in Deutschland – ab einem gewissen Alter die gesellschaftliche »Ein richtiger Mann fasst keinen Mann an«-Regel. Bei der Begrüßung zeigt sich das besonders deutlich: Während die Frauen untereinander oft die Bussis um die Ohren schmatzen oder sich fest drücken, klopfen sich die Männer auf Rücken und Schulter, als hätte ihr Gegenüber eine Gräte verschluckt und drohe zu ersticken. Bloß nicht zu zärtlich!

Und ich? Der ein oder andere wartet jetzt vielleicht auf die Auflösung, dass mich endlich eine sinnliche Frau mit Fruchtbarkeitsbrüsten in die Geheimnisse der lesbischen Liebe eingeführt hat. Natürlich erwarten Sie das, denn ich wohne in Köln. Diese Stadt hat nicht nur bekanntermaßen einen hohen Homosexuellenanteil und mitten darunter Vorzeigelesbierinnen wie Hella von Sinnen oder Bettina Böttinger, in Köln gibt es verschiedene Privatsender, die gern interessante Machwerke ausstrahlen mit Titeln, die ähnlich lauten wie *Lesben-Sex auf Ibiza* oder *Nackt im Nonnenkloster*. Das schürt Erwartungen. Doch ich muss Sie enttäuschen. Ich habe immer noch keine Erfahrung mit gleichgeschlechtlichen Sauereien. Nein, ich träume nicht mal davon.

Womit die Eingangsfrage »Träumen tatsächlich ALLE Heterofrauen ab und zu heimlich von Sex mit ihresgleichen?« abschließend absolut der Wahrheit entsprechend wie folgt zu beantworten ist:

Nicht alle.

Aber viele.

So da unten

Warum die meisten Frauen sprachlos sind, wenn sie den Bereich zwischen ihren Beinen näher bezeichnen sollen

Je näher man ein Wort ansieht,
desto ferner sieht es zurück.
Karl Kraus

Wir Frauen haben ein Sprachproblem. Uns fehlt nämlich ein Wort. Ein ganz bestimmtes Wort: Es gibt keine griffige Bezeichnung für unser Geschlechtsteil, die gut klingt und *nicht* vielfältige Assoziationen zwischen Seziertisch und Straßenstrich heraufbeschwört. Männer haben es da besser: Die sagen zu ihrem Teil mit deutlichem Besitzerstolz »mein Schwanz« – und gut ist! »Schwanz« ist genau richtig: nicht zu steril, nicht zu abwertend, nicht zu niedlich, nicht zu blumig. »Schwanz«, das hört sich nach freundlichem Zupacken an und ein bisschen auch nach freudigem Wedeln. Der Schwanz, dein bester Freund im Schritt.

Toll! Und was haben wir? Einen Haufen Müll – ein Wort blöder als das andere. Nehmen wir zum Beispiel den Begriff »Scheide«, bekannt aus den aufregenden Formaten Biobuch und Anatomielexikon. Nihilistischer geht es kaum. Der Begriff deutet auf nichts anderes hin, als dass an dieser Stelle manchmal etwas herauskommt, *scheidet* eben, wie aus dem praktischen Klackverschluss am Tetrapack, an dem »Bitte hier öffnen« steht. Und sonst?

»Vagina« klingt im ersten Moment etwas freundlicher, ist aber im Prinzip das Gleiche auf Latein. Vagina zu sagen ist sogar beim Gynäkologen merkwürdig, wir reden ja auch nicht von unserer »Mama«, wenn wir unsere Brüste meinen.

Reden
Weiblich für »Beziehung«

Noch problematischer wird es, wenn wir uns gerade im intim-zwischenmenschlichen Bereich betätigen. Männer sagen bei der Gelegenheit gern Sachen wie: »Gabi, ich fänd's total toll, wenn du meinen Schwanz mal in den Mund nimmst.« Frauen versuchen sich mit ähnlichen Wünschen um den heißen Brei herumzudrücken: »Du, äh, Norbert, ich fänd's total gut, wenn du meine, äh, meine M..., äh, also, wenn du mich da so« – an dieser Stelle wird meist mit dem Finger zwischen die Schenkel gezeigt – »also so da unten vielleicht mit der Zunge ...« Gebärdensprache und Gestammel statt eines knackigen Begriffs. Wie unwürdig.

Aber was steht schon zur Auswahl? »Möse«? Was soll das sein? Wohlwollend könnte man vielleicht einen skandinavischen Frauennamen assoziieren: Møse Sønderbergh. Oder ist die M-Öse so etwas wie ein T-Träger? Noch schlimmer: »Muschi«, »Bär«, »Biber«, »Pussy« oder »Kätzchen«. Seit wann ist unser Genital ein Tierasyl? Oder ein Obstladen, wie »Pflaume« und »Feige« vermuten lassen? »Mumu«? Klingt nach Doktorspielen in der ersten Klasse. »Loch«? Da fällt uns gleich die Gegenfrage ein: Willst du mich dübeln? »Schoß«, »Allerheiligstes«, »Tempel«? Zu religiös, wir sind schließlich gerade beim Sex und nicht im Gottesdienst. »Scham«? Eigentlich schämen wir uns ja gar nicht, es gibt nur einfach kein gutes Wort. »Fut«? Hört sich an wie eine Vokabel aus dem Handbuch für Fliesenleger. »Schlitz«, »Ritze«, »Spalte«? Bitte momentan nur passend zahlen, der Automat kann nicht wechseln.

Wenden wir uns etwas ätherischeren Benennungsversuchen zu. Wie wäre es zum Beispiel mit der Bezeichnung »Yoni« aus dem Tantra? Im Prinzip ein guter Ansatz, aber nicht jede Frau hat die ESOTERA abonniert, und irgendwie gerät man schon allein durch Nennung eines solchen Begriffs in den Verdacht, täglich einige Metro-Großgebinde Räucherstäbchen abzufackeln und die kosmischen Schwingungen bereits über der Frühstücksstulle auszupendeln. »Blume«? Unser Freund heißt nur in seltenen Fällen Willi und ist eine Biene. »Lustgrotte«? Das könnte auch der Schriftzug an einem Swingerclub sein. »Delta der Venus«? Geht eventuell. Nämlich genau dann, wenn man im Rahmen einer pseudo-provokanten Inszenierung von *Hänsel und Gretel* öffentlich auf der Bühne eines Kreisstadt-Schauspielhauses beischläft, an dem der neu eingekaufte Manager »mit frischen Ideen« versucht, zumindest die Peepshow-Freunde ans Theater heranzuführen.

Kommen wir zur »Fotze« beziehungsweise »Votze«, wie es Literaten bevorzugen, die mal so richtig auf den Putz hauen wollen. Dieses Wort reimt sich nicht nur ausnahmslos auf Unappetitliches, sondern wird gern als Schimpfwort für die gesamte Besitzerin der ..., des ..., also, von dem so da unten benutzt. Auf jedem Schulklo des deutschsprachigen Raums findet sich deswegen fantasievolle Kurzprosa im Stil von: »Die Nadine isst ene voll krass beschäuherte Fotze«. Das muss ja nun wirklich nicht sein.

Sollen Frauen in ihrer Not ihrem Geschlecht Namen geben? Meine Lisa? Roswitha? Steffi? Lieber nicht, den sofern die Diagnose »multiple Persönlichkeit« noch nicht gestellt worden ist, soll das auch so bleiben.

Eins schlimmer als das andere also. Sie sehen: Es ist nicht etwa so, dass jede Frau verklemmt wäre und darum unter Wortfindungsstörungen litte, wenn sie die intimsten Details ihres Körpers wertfrei benennen möchte. Es ist wie beim Jeanskauf: scheinbar viel Auswahl, aber nichts passt so richtig.

Bleibt eine Bitte: Falls Sie, liebe Leserinnen und Leser wider Erwarten ein schönes Wort der »Schwanz«-Kategorie vorrätig haben, senden Sie es uns bitte unter der E-Mail-Adresse sprachproblem@gmx.net.

Wir danken Ihnen.

Jetzt wird's schmutzig!

Warum wir Damen nicht wirklich etwas gegen Pornos haben. Aber auch nicht wirklich etwas dafür …

Man kann erst wieder einen Film über Sexualität drehen, wenn ein neues Geschlechtsorgan erfunden worden ist.
Alfred Hitchcock

Hardcore braucht keine Handlung.
Michaela Schaffrath, ehemals Gina Wild

Meinen ersten Porno habe ich mit 16 in einem mäßig Vertrauen erweckend aussehenden Etablissement in einer Seitenstraße der Hamburger Reeperbahn gesehen. Ein Laden mit dunkel abgeklebten Scheiben, auf denen in neonbunten Schriftzügen und mit jeder Menge Ausrufungszeichen versehen Wörter wie »sexy!«, »intim!!« und »oh là là!!!« standen. Anscheinend zu viel verbale Verheißung für die offensiv pubertierenden Herren, die meine beste Freundin und mich im Schlepptau hatten: Sie drängten trotz Wuchereintrittspreises hinein. So landeten drei betont gelangweilt guckende Edwin-Jeans-Träger mit Hautproblemen und zwei hysterisch kichernde Mädchen mit Libellenhaarspangen in einer Vorstellung, die sich deutlich von *Billitis, Das turbogeile Gummiboot* und all den anderen harmlosen Fummelstreifen abhob, die wir bereits aus dem Kino kannten. (Sie erinnern sich, dieser billig produzierte 70er-Jahre-Teenie-Blödsinn, in dem meist Olivia Pascal oder *Traumschiff*-Schrat Sascha Hehn mitspielten.)

Robbie Williams
Gott

Ich weigere mich allerdings, mich näher an die fleckigen Sofas zu erinnern, auf denen wir Platz nahmen. Der Film selbst ist dagegen jede Gedächtnisreise wert. Er hieß *Super-Rod, der Helfer in der Not* und handelte in etwa davon, wie ein stark gebräunter mutmaßlicher Fitnessstudiobetreiber mit einem Supermandress und einem Gummiknüppel in der Hose aufgebrezelte Endfünfzigerinnen aus Notlagen retten musste. Eine Dame hatte sich zum Beispiel aus Versehen im Schlafzimmer eingeschlossen. Während sie voller unbegründeter Angst, dort elendig zugrunde gehen zu müssen, um Hilfe schrie, sah der Zuschauer schon Super-Rod durch die Lüfte toben: ein gezielter Landeanflug durchs geöffnete Fenster, ein kurzer Dialog mit der dankbaren Vollschlanken; schon befand sich der Gummiknüppel des Helden, der sich nach Abstreifen seiner Kleider als erigiertes Geschlechtsteil entpuppte, zwischen den Lippen der Dame, der dieser rüde Angriff auf ihre Mundflora augenscheinlich auch noch gefiel!

Ich war schockiert. Verwirrt. Angeekelt. Und, das war das wirklich Befremdliche, in gewisser Weise auch sehr, sehr neugierig darauf, wie es weitergehen würde. Das Kichern jedenfalls war mir im Hals stecken geblieben, und für die nächsten zehn Minuten hatte das billige Filmchen, dämliche Dialoge hin oder her, meine volle Aufmerksamkeit. Dann hatte ich wohl begriffen, dass außer dem Hineinmanövrieren von Rods beachtlicher Riesenwumme in sämtliche Körperöffnungen der juchzenden Dame nicht mehr viel passieren würde, und aus meiner kurzzeitigen Erregung wurde Überdruss. Warum seine Gespielin so erpicht darauf war, Rods Riesenrüssel mit ihren Jacketkronen zu verwöhnen, war mir ein echtes Rätsel. Und ist es mir bis heute. Oder kann mir jemand erklären, warum Frauen – also Lebewesen, die schon einen Nervenzusammenbruch erleiden, wenn ihnen Kaffee auf die Bluse kleckert – in Pornos so scharf darauf sind, sich mit Körperflüssigkeiten betropfen zu lassen? Vor allem, weil ihre Leinwand-Gespielen nur in äußerst seltenen Notfällen an ein Rückspiel denken. Überhaupt: Wenn dieses brutale Rumgezimmere etwas mit Sex zu tun haben sollte, wollte ich damit nie wieder etwas zu tun haben. Das schwor ich mir, packte meine erschütterte Freundin und zog sie aus der Dunkelkammer. Müßig zu erwähnen: Die Jungs blieben bis zum Abspann. Und Sex hatte ich danach schon noch ein paar Mal.

Knapp zwei Jahrzehnte später hat sich meine Einstellung zu Pornos nicht wirklich verändert. Mal ganz abgesehen davon, dass darin Frauen ungefähr so pfleglich behandelt werden wie ein Strang Schweinekoteletts vom Fleischer meines Vertrauens und die Machwerke, wohlwollend formuliert, in die Rubrik »ästhetischer Sondermüll« gehören, gibt es immer noch jenen kurzen Moment, in dem mich so ein Porno richtig packt. In dem ich möglicherweise sogar bereit wäre, dem Regisseur zu verzeihen, dass er seine Schauspieler nicht nach Begabung, sondern der Biegsamkeit ihrer Schamlippen oder der Vorliebe für grenzwertige Gesichtsausdrücke wegen gecastet hat. Jenen kurzen Moment, in dem ich tatsächlich zu glauben geneigt bin, dass das, was sich da auf dem Bildschirm abspielt, schweißtriefender, leidenschaftlicher, echter Sex sein könne. Das Spanner-Syndrom, wenn Sie so wollen, das uns ja auch immer gern hingucken lässt, wenn Familie Kappenroth aus der Wohnung gegenüber lustige Spielchen auf dem Küchentresen veranstaltet.

Dieser Moment ganz am Anfang des Films währt ungefähr so lange, wie der einleitende Dialog dauert (»Du bist allein zu Hause?« – »Ja!«). Zwei Sekunden später sehe ich irgendeinem 40-Zentimeter-Reinhard aus dem Badischen oder einer Silikon-Mandy aus Groß Gerau in die ekstatisch aufgerissenen Augen und ahne, dass das, was die beiden da simulieren, mit wilden Gefühlen ebenso wenig zu tun hat wie Warentermingeschäfte an der Frankfurter Börse. Das war es dann auch leider meist schon mit dem kleinen, hoffnungsfrohen Wirbel in meinem Hormonhaushalt – ein Umstand, der den Mann an meiner Seite übrigens immer wieder aufs Neue unfroh aufseufzen lässt.

Der ehemaligen Kinderkrankenschwester Michaela Schaffrath alias Gina Wild hat die Welt nicht nur eine Menge Actionszenen in horizontaler Lage zu verdanken. Von Frau Schaffrath stammt auch folgende, in ihrer Konsequenz fast philosophische Sentenz: »Pornos sind nur etwas für Wichser.« Damit hätte uns dann endlich mal eine Fachfrau bestätigt, was wir schon immer ahnten: definitiv nichts für uns Damen, die cineastischen Machwerke mit so viel versprechenden Titeln wie *Liebesgrüße aus der Lederhose, Titten aus Stahl* oder, oh là là, *Schneefötzchen und die sieben Zwerge.*

Muss uns das nun Leid tun? Ehrlich gesagt, wir haben da unsere Zweifel. Wer mag, kann ja immer noch auf Erotikfilme für Frauen zurückgreifen, da wird dann nicht ganz so mechanisch gerammelt – wobei deren angeblich intelligentere Storys meist auch nicht viel anspruchsvoller sind als die Abenteuer der Teletubbies. Oder bei Bedarf ein wenig in die *Sexy Clips* im Nachtprogramm der Privatsender reinzappen, wo sich ondulierte Buchhalterinnen auf Gymnastikbällen Spitzenstrings aus dem Schritt pulen.

Fragt man die Wissenschaft, so müsste dieses Fazit allerdings anders ausfallen. Auch Frauen mögen Pornos, behauptet zum Beispiel die Kulturwissenschaftlerin Corinna Rückert, die über das Thema Frauenporno promovierte, im Mai 2001 in der Zeitschrift ALLEGRA. Wenn es denn gute gäbe. Auszusehen hätte so ein Film ihrer Analyse nach folgendermaßen. Was die Hardware angeht, braucht es den Mann aus der *Bounty*-Werbung plus den Charme von Richard Gere plus Geld, Macht, Status, Hirn und einem Werkzeug in der Hose, das einem 30-Zentimeter-Lineal Angst einjagen könnte. Was die Software angeht: weiches Licht, wenig schnelle Schnitte, keine heftigen Close-ups, kein Sperma im Auge, dafür eine Handlung, die an so etwas wie *Basic Instinct* mit Realsex erinnert. Und noch etwas: »Man könnte sagen, dass der ideale Frauenporno auch gut riechen müsste, denn Frauen nehmen alles umfassender wahr«, weiß Frau Dr. Rückert. Dabei kommt ihr eigener, zur Illustrierung ihrer Thesen gedrehter Porno (*Das Geburtstagsgeschenk*) zwar durchaus bemüht und politisch – fast – korrekt daher. Doch ästhetisch ist er leider nicht minder zweifelhaft als ein Jeff-Koons-Bild. Statt Marmorprunk beeindruckt das Set-Design mit blau gewischten Wänden, statt Vokuhila und Nasenspoiler trägt der recht zurückhaltende Hauptdarsteller 80er-Jahre-Gruft-Gestrüpp auf dem Kopf.

Romantik
Für Frauen: Was man empfindet, wenn jemand aus dem europäischen Hochadel heiratet oder Steffi Graf und André Agassi zusammen in der D1-Werbung auftreten. Für Männer: Was man empfindet, wenn 40 000 Stadionbesucher »Boo-ru-sssia, Boo-ru-ssi-aaaaaa« grölen.

Angesichts solch löblicher, aber vergeblicher Bemühungen halten wir es dann doch lieber mit den wahren Frauenpornos. Die sind freigegeben ab zwölf und tragen Titel wie *Titanic, Dirty Dancing* und *Jenseits von Afrika*. Und wenn Sie sich mal etwas richtig Verschärftes auf den Bildschirm zaubern wollen – die Sexszenen aus *Wenn die Gondeln Trauer tragen* und *Der Name der Rose* gehören unserer unmaßgeblichen Meinung nach schleunigst auf den Index. Man gönnt sich ja sonst nichts.

Tiefer, tiefer, jaaaaa!

Warum Frauen Fußmassagen lieben

> Du sagst: Eine Fußmassage bedeutet nichts«, und ich sag: »Ich seh das anders«. Ich hab einer Million Ladys eine Million Fußmassagen verpasst, und die haben alle was bedeutet. Wir tun zwar so, als wäre das nicht der Fall, aber das ist so. Das ist ja gerade das Geile daran! Du hast eine sinnliche Sache am Kochen. Du, du – man redet nicht darüber, aber du weißt es, und sie weiß es.
>
> *John Travolta* (als Vincent Vega in »Pulp Fiction«)

Der ein oder andere Leser wird sich nun sicher fragen, warum dieses Kapitel unter »Frauen und Sex« steht. Füße, auch weibliche, fallen nämlich für viele Leute – Männer wie Frauen – unter die erotische Diaspora. Und wenn Männer einer Frau beiwohnen wollen, denken sie bestimmt nicht an die Endmoränen der weiblichen Anatomie.

Sollten sie aber.

Wir dürfen an dieser Stelle an jenes bedeutende Werk der neueren Kulturgeschichte erinnern, aus dem das obige Zitat stammt. *Pulp Fiction,* der Name sagt Ihnen vielleicht etwas. Eine der Eingangsszenen dieses Opus besteht darin, dass Samuel L. Jackson und John Travolta in den Rollen der Killer Jules und Vincent sich über die Frau des Chefs unterhalten. Genauer: Darüber, dass ihr Boss einen ihrer Kollegen kurzerhand vom Balkon geworfen hat, weil der es wagte, der Gattin des Chefs eine Fußmassage angedeihen zu lassen. Samuel L. Jackson vertritt in dem Dialog die These, das sei ordentlich übertrieben, eine Fußmassage sei nun mal nicht dasselbe wie Geschlechtsverkehr. Oder wörtlich: »Ne Pussy auszuschlecken und ner Pussy ne Fußmassage zu geben ist noch lange nicht dasselbe.« Mister Travolta behauptet – siehe oben – das Gegenteil.

Wir behaupten: Travolta hat Recht.

Wir möchten Ihnen das erklären. Ein Mann, der sich an die Füße einer Frau wagt, ist ein besonderer Mann: Er offenbart sich als Kenner. Wohlgemerkt, wir sprechen hier nicht von Fußfetischisten, sondern von jemandem, der Frauenfüße *neben* vielen anderen weiblichen Körperarealen liebt. So einer weiß auch Umwege zu schätzen, über die er das Ziel umso furioser erreicht. Ein fußmassierender Mann gibt der Frau zu verstehen, dass er sie im Ganzen anziehend findet. Lassen Sie uns diese These mit einer Metapher aus dem Gastronomiebereich illustrieren. Nicht umsonst schließen Frauen gern von den Essgewohnheiten eines Mannes auf seine horizontalen Qualitäten.

Nehmen wir einfach mal an, eine Frau wäre für den Mann eine Mahlzeit. Ein Tellergericht oder ein Menü. Das ist möglicherweise ein ungewohnter Gedanke für Sie, aber lassen Sie sich bitte kurz drauf ein.

Der Mann, für den Füße mit Sex nur in Ausnahmefällen etwas zu tun haben, ist in unserem Vergleich der Standardesser, der nicht genießt, sondern lediglich isst, um satt zu werden. Es gibt ein Bedürfnis, und das soll befriedigt werden. Ebenso flott wie ein solcher Mann zuweilen zwischenmenschliche Angelegenheiten im Bett erledigt, wird er ein Fleischstück zum Flaschenbier im Rekordtempo herunterschlingen. Eventuell noch begleitet von ein paar nährwertfreien Pommes. Vielleicht sogar im Stehen an einem neonbeleuchteten Tisch mit Plastikblumen und Resopalauflage. So ein Mann isst nicht nur schnell, er ist auch in null Komma nichts fertig. Dem Mann entgeht es bei der Schlingerei natürlich vollkommen, dass außerdem eine liebevoll arrangierte Salatbeilage mit raffinierter Vinaigrette um seine Aufmerksamkeit buhlt.

Der Fußmasseur ist dagegen ein Gourmet, der sich keine noch so kleine Sinnenfreude entgehen lassen möchte. Erst mal nimmt er sich Zeit. Viel Zeit. Zum Essen gibt es möglicherweise gute Musik und einen ausgesuchten Wein. Das Umfeld stimmt, Plastikblumen kommen ihm natürlich nicht in die Nähe seines Mahls. Er will alles in vollen Zügen auskosten. Zunächst wird er das Kunstwerk auf dem Teller mit Blicken und Komplimenten würdigen. Er wird den Duft einatmen und genießerisch seufzen. Dann nimmt er den ersten Bissen, langsam und nicht ohne verzückte Lustgeräusche. Er isst alles mit, natürlich auch

Sahneschnittchen
Hat nichts mit Konditoreierzeugnissen zu tun, sondern bezeichnet einen Mann der Brad-Pitt-Kategorie im paarungsfähigen Alter (vgl. Lust auf was Süßes).

die Salatbeilage, außerdem hat er sowieso statt Pommes köstliche Kräuterkartoffeln bestellt.

Es freut eine jede Frau, wenn man mit so viel Stil und Aufmerksamkeit goutiert wird, lassen Sie sich das von zwei besonders wohlschmeckenden Menüs gesagt sein!

Ein fußmassierender Mann vermittelt des Weiteren ernste Absichten – selbst wenn er die gar nicht hat. Die Logik dabei ist folgende: Hätte er keine ernsten Absichten, würde er sich nicht die Mühe machen, mit den Zehen zu wackeln, einfühlsam die Sohle auszustreichen und mit wechselndem Druck die Reflexzonen zu bearbeiten, bis die behandelte Dame wohlig aufschnurrt. Weil, so die Unterstellung, ein Mann eigentlich lieber sofort zum Zuge kommen würde. Intim zum Zuge. Ein nur am – Verzeihung – Ficken interessierter Mann würde auch niemals das Risiko eingehen, mit dem eine Fußmassage behaftet ist. Manche Frauen widmen nämlich der Enthaarung ihrer Bikinizone, der farblichen Gestaltung ihrer Gesichtspartie und der Regeneration ihres Haupthaares wesentlich mehr kosmetische Aufmerksamkeit als ausgerechnet ihren unteren Enden. Unschöne Details wie Hornhaut, Kantnagel und noch ein paar unappetitlichere Sachen, die wir hier lieber nicht ausbreiten möchten, können da ans Tageslicht gelangen. Wenn die betreffenden Körperteile auch noch Turnschuhen alles andere als frisch entstiegen sind, gelüstet es den ein oder anderen Herrn vielleicht eher nach einer Gasmaske als nach sexuellen Handlungen. Und zu denen zählt, wie gesagt, eine Fußmassage durchaus. Dass sich manche Frauen so wenig ausführlich um ihre Füße kümmern, hat übrigens nur einen Grund: weil sich erfahrungsgemäß so wenige Männer ausführlich für die Füße interessieren. Das alte Dilemma von Ursache und Wirkung also.

Wer sich von diesen lauernden Gefahren nicht im Vorfeld abschrecken lässt, qualifiziert sich bereits aus psychologischen Gründen als Lover der Extraklasse. Darüber hinaus fühlt sich eine Fußmassage auch grandios an. Natürlich nur, wenn sie richtig gemacht wird und der Masseur über keinen Gitarristendaumen mit extrem langem Fingernagel verfügt oder zudrückt, als habe er statt eines Fußes ein Brett vor sich, in das er mit bloßer Hand einen Nagel einbringen möchte. Die fachgerechte Behandlung der Reflexzonen entspannt hingegen Körper und Seele. Für Frauen ist das eine hervorragende Voraussetzung für

Sex, ist ihre Lust doch bekanntermaßen störanfälliger als die männliche. Und, nicht zu vergessen, natürlich befinden sich auch für das Sexleben wichtige Punkte unter der Fußsohle, auf dem Rist und um den Knöchel herum. Das behauptet zumindest die Lehre der Traditionellen Chinesischen Medizin (TCM). Für den Leser mit Experimentiergeist sei hier erwähnt: Einer dieser Punkte befindet sich unter der Fußsohle an der Wurzel des zweiten Zehs von außen. Außerdem sind die Bereiche jeweils eineinhalb Finger breit unterhalb des Knöchels den Geschlechtsdrüsen zugeordnet – innen wie außen. Das komplette Drüsensystem soll zudem mit der Fußoberseite in Verbindung stehen.

Doch halt! Bevor die Herren unter unserer Leserschaft sich jetzt ans Pressen machen: Das bedeutet nicht, dass sich eine an diesen Stellen bearbeitete Frau augenblicklich die Klamotten vom Körper reißt und liebesbereit in die Kissen sinkt. Garantierte Lust auf Fingerdruck gibt es nämlich nicht – wie wir bereits im Kapitel »Bitte rubbeln Sie hier« ausführlich erörtert haben.

Zu vergessen ist auch nicht, dass eine Behandlung der Füße nicht jedes Mal das geeignete Mittel der Wahl ist, wenn ein Beischlaf angestrebt wird. Wie wir das nun wieder meinen, möchten Sie wissen, es hieß doch gerade, Füße massieren sei supertoll? Das stimmt auch grundsätzlich. Jedenfalls solange es nicht Teil eines gelangweilt abgespulten und immer gleichen Wir-kommen-zur-Sache-Programms ist. Ab und an »ins Liebesspiel integriert«, wie es immer so nett in den Anleitungen zur Kondomanwendung heißt, ist die Fußmassage eine wirkliche Bereicherung.

Nur eben nicht immer. Denn zuweilen haben auch Frauen Heißhunger auf Fast Food und Lust, es gleich und ohne Umschweife zu tun. Wenn es sich gerade so ergibt, sogar auf Resopalauflagen und zwischen Plastikblumen.

Wir müssen leider draußen bleiben

Warum Frauen Männer, die nicht gut küssen können, erst gar nicht in ihr Bett lassen

> Küssen ist der Champagner des ganzen Sexgetues. Man fragt quasi oben nach, ob unten frei ist.
>
> *Polly Adler*

Es gibt vier eiserne Gesetze für die Zweisamkeit. 1. Heirate nie Jennifer Lopez, wenn du möchtest, dass deine Ehe länger dauert als dein Jahresurlaub. 2. Glaube nicht an die ewige Liebe, bloß weil Johnny Depp sich deinen Namen auf den Arm tätowieren lässt. 3. Lege nie einen Ring auf einen Nachttisch, wenn dein Bettnachbar Carsten Spengemann heißt. 4. Lasse keinen Mann in dein Bett oder Herz, bevor du ihn nicht geküsst hast.

Wobei wir uns hier der Einfachheit wegen ausschließlich These vier widmen wollen, das Ausloten der Untiefen von Punkt eins bis drei überlassen wir lieber Anwaltskanzleien und Laserchirurgen. Also, besonders für männliche Leser, die vielleicht noch etwas dazulernen wollen (auch wenn sie das natürlich nie zugeben würden), hier noch einmal zum Mitschreiben: Ein guter Kuss ist für Frauen die Basis der Liebe. Auch oder gerade der körperlichen, gewiss, gewiss. Es mag Sex ohne Liebe geben, Liebe ohne Sex, aber Liebe ohne Küsse ist wie Starsky ohne Hutch: Geht gar nicht. Das behaupten wir jetzt jedenfalls einfach mal so und ignorieren dabei das Hohnlachen all der sexuell umtriebigen Mitbürger aus den Einspielfilmchen von *Wahre Liebe* oder *Liebe Sünde,* die sich vor laufender Kamera in exotischen Körperöffnungsspielchen ergehen und das Wort »küssen« vermutlich erst mal im Duden nachschlagen müssten.

Warum wir uns da so sicher sind? Ehrlich gesagt: Wenn wir einmal zurückblicken, wissen wir das selbst nicht mehr so genau ...

Küssen, die Erste – ein Exkurs in die späten 70er Jahre:

Meinen ersten Kuss bekam ich auf einer dieser berüchtigten Klassenfeten, bei denen es hauptsächlich darum ging, sich mithilfe von Sangria und anderen preisgünstigen alkoholischen Getränken derart schmerzfrei zu trinken, dass man später dann am eigenen Leib erleben konnte, wovor Doktor Sommer immer in der BRAVO warnte. Um das Ganze nach ein bisschen Engtanzgeschlurfe zu *Kuschelrock*-Klängen zu forcieren, gab es immer irgendeinen, der eine leere Flasche (gern genommen: *Asbach Uralt* oder *Springer Urvater*, die hatten so etwas Seriöses) organisierte und zum Flaschendrehen aufrief. Auch nicht zu verachten: die Variante »Tat oder Wahrheit« – je nach regionaler Zugehörigkeit auch als »Wahrheit oder Pflicht« geläufig. Denn essenziell ging es, da gibt es nichts zu beschönigen, bei derlei sozialen Zusammenrottungen natürlich nur um eines: Wem gelingt es, in der kleinstmöglichen Zeitspanne einer größtmöglichen Anzahl Anwesender die Zunge möglichst weit in den Rachen zu schieben? Mit Sex, Liebe oder gar Leidenschaft hatte das alles herzlich wenig zu tun, schon eher mit Helge Schneiders musikalischem Traktat »Mädchen wollen küssen, Mädchen wollen küssen, Mädchen wollen küssen – und die Jungen auch«. Doch das ist auch gar nicht der Punkt. Schließlich gehört das Küssen zu den wenigen Wissenschaften, die man sich nicht aus Büchern aneignet, sondern ausschließlich durch Learning by doing. Insofern waren wir bestimmt kindisch und dumm, aber irgendwie auch schon fast auf dem richtigen Weg.

Küssen, die Zweite – Anfang und Mitte der 80er Jahre (oder, frei nach den Toten Hosen: »Und die Jahre ziehen ins Land, und wir küssen immer noch ohne Verstand«).

In der Folgezeit machte ich Fortschritte. Ich lernte, dass eine Zunge nicht eine Zunge nicht eine Zunge ist. Mal waberte dieses seltsame Organ mit der Konsistenz eines zwei Tage alten Pfannkuchens zwischen meinen Kiefern herum, mal wurde es mit der Zielstrebigkeit eines Präzisionsbohrers zwischen selbige getrieben. Oder es prokelte wie ein Trüffelschwein ums Amalgam. Ich lernte Mitmenschen mit Vollbart und

Salat
Symbol weiblichen Selbstbetrugs. Macht schlank, wenn nur Grünzeug drin ist. Wird aus Geschmacksgründen aber meist mit viel Käse, Olivenöl, Putenbrust, Speckwürfeln, Croutons und dergleichen mehr serviert. Macht in diesem Fall eher dick.

Vollrausch zu meiden und solche mit eigener Zahnbürste zu schätzen. Irgendwann entdeckte ich dann eine interessante Parallele zwischen den Bewohnern der Urzeit und Mickey Rourke. Letzteren soll sich Kim Basinger nämlich bei den Dreharbeiten zu *9 1/2 Wochen* geweigert haben zu küssen – mit der legendären Begründung: »Dem klebt ja noch ein halber Hotdog zwischen den Kiemen!« Von wegen sexuelle Hörigkeit, von wegen Schmuddelimage – so war das also! Genauso wie die Mütter der Urzeit ihrem Nachwuchs in Ermangelung von Pürierstäben die Nahrung vorgekaut kredenzten – hieraus soll nämlich der Urkuss entstanden sein, behauptet zumindest Anthropologe Eibl-Eibesfeldt –, wollte auch Mickey der anorektischen Kim lediglich etwas Nahrhaftes zukommen lassen. Ich war gerührt. Und schickte mich an, noch weniger Hemmschwellen hinsichtlich meiner angewandten Kussrecherchen zu haben. Konnte ich denn ahnen, aus welchen altruistischen Motiven die Jungs es an Mundhygiene oder sonstiger Gewandtheit mangeln ließen? Eben.

Was ich im Verlauf meiner Forschung leider ebenfalls zur Kenntnis nehmen musste: Ein Kuss wird nur in den seltensten Fällen als das verstanden, was er ist – ein Austausch von Körperflüssigkeit im unteren Gesichtsdrittel. Eine sehr angenehme Form desselben, keine Frage. Zudem der Kuss durch mysteriöse biochemische Zusammenhänge auch in untere Körperregionen ausstrahlt. Und genau hier liegt das Problem: Denn fern davon, sich mit ein bisschen Geschnäbel und schönen Gefühlen zu bescheiden, betrachteten ungefähr 99,9 Prozent aller männlichen Probanden den Kuss lediglich als unabdingbares Vorspiel zum Geschlechtsverkehr!

Im Ernst, sollte ich meine Kusspartner, wie Andie MacDowell in *Vier Hochzeiten und ein Todesfall* ihre Sexpartner, Revue passieren lassen, würde das in etwa so aussehen: Nummer eins war eher nichts sagend – und wollte ran. Nummer zwei? Schon besser. Aber auch er wollte ran. Nummer drei? Seeehr süß. Wollte und durfte ran. Nummer 63? Na, raten Sie mal. Sie verstehen, worauf ich hinauswill? Eher wird ein Mann Mireille Matthieu als Trainerin von Borussia Dortmund akzeptieren, bevor er sich mit einem intensiven Kuss begnügt. Vor diesem Hintergrund wird auch verständlich, warum Frauen eine mittelschwere Naturkatastrophe provozieren können, wenn sie erfahren, der Mann an ihrer Seite habe »bloß ein bisschen rumgeknutscht – aber ich schwöre, nichts Ernstes, Süße!« Ein Mann, den es regelmäßig nach Fremdspeichel gelüstet, ist kein guter Mann. Zumindest nicht für eine ernst zu nehmende Beziehung. Weil durch erwähnte biologische Reaktionen alles Weitere nach dem ersten Lippendate zum Selbstläufer wird. Und das ist, wie Discoluder-Knutscher und WM-Recke Kahn unlängst erfahren durfte, leider nur allzu oft das Ende der Liebe.

Andersherum gefragt – geht Sex ohne Küssen? Sagen wir mal so: Bei akutem Herpesbefall oder Husten mit Auswurf kann das schon mal seine Berechtigung haben. Ebenso frühmorgens vor dem Zähneputzen. Aber wer ansonsten konsequent seine Lippen verweigert, hat ein Problem (es sei denn, er nennt sich »Natascha, 90-60-90«, inseriert im Kleinanzeigenteil und vermietet seine Weichteile gegen Bares).

Bei den amourversierten Franzosen gibt es treffenderweise nur ein Wort für beides, küssen und koitieren: *baiser*. So sehe ich das mittlerweile auch. Sex ohne Küssen ist wie Sauna ohne Schwitzen. Eine Trockenübung, eine traurige, mechanische, leidenschaftslose Angelegenheit.

Küssen, die Dritte – das Ende der 80er. Gut, dass sie vorbei sind.

Den schwärzesten Tag meines spätpubertären Lebens möchte ich Ihnen natürlich auch nicht vorenthalten. Immerhin hatte ich für IHN drei Jahre, fünf Monate und 16 Tage bis zur Komplettverblödung geschwärmt. Hatte mich in merkwürdige schwarze Kittel gehüllt, Christian Death gehört und mein Weltbild auf die *Blumen des Bösen* reduziert. Der Grund für so viel depressiven Schwachsinn? Na, seine Lippen. Die waren einfach unwahrscheinlich – nicht zu üppig und schön geschwungen. Der Wahnsinn. Tatsächlich kam irgendwann der Abend, an dem er mich nach dem Konzert einer hochgradig suizidgefährdeten Band küsste. Sagen wir vielleicht eher: oder das tat, was er dafür hielt. Die Einzelheiten möchte ich Ihnen gern ersparen, aber wenn Sie diesen geschmacklosen Hasenschartenwitz (»Lass uns küssen!« – »Okay, hak dich ein«) kennen, haben Sie wohl in etwa ein Bild.

Zwar musste ich mir später eingestehen, dass ich die vergangenen drei Jahre, fünf Monate und 16 Tage möglicherweise hätte sinnvoller gestalten können, aber immerhin war ich nun wieder etwas weiser geworden (Pessimisten sprechen von »desillusionierter«). Ich hatte gelernt, dass sich das Äußere eines Menschen zu seiner Kussbegabung durchaus antiproportional verhalten kann. Will heißen, ein göttlicher Lippenkünstler kann aussehen wie eine Mischung aus Udo Linden-

Sasha
vgl. Sahneschnittchen

berg und dem Tier aus der *Muppet Show*, während ein Klassemann ... nun ja, siehe oben. Eine deprimierende Einsicht, denn wer außer ein paar zugekoksten Groupies will schon Udo Lindenberg küssen? Dass sich diese Dissonanz zwischen gutem Aussehen und Begabung auch oft aufs Vögeln ausdehnt, ist übrigens ein Missstand, den die Evolution über kurz oder lang ruhig mal abschaffen könnte. Und kommen Sie mir jetzt bitte nicht mit den inneren Werten, die doch angeblich zählen!

Noch ein paar Zahlen und Fakten zum Abschluss gefällig? Vielküsser leben länger, haben bessere Abwehrkräfte und seltener Karies. Wohingegen – da müssen Sie jetzt durch, die Herren – Vielvögler zu Dauermüdigkeit neigen, Geschlechtskrankheiten riskieren und viel zu häufig duschen. Immerhin jeder zehnte Mann kommt beim Koitus ohne Küsse aus, fand die Bremer Kultur- und Sexualwissenschaftlerin Ingelore Eberfeld für den *Cora Romance Report 2003* heraus. Bei Frauen gehört der Kuss dagegen unbedingt zum Sex. Trotzdem glauben nur 7 Prozent aller befragten Frauen an die eigene Kussfertigkeit, während 20 Prozent der Männer denken, sie hätten es perfekt drauf. Einzige halbwegs überraschende Erkenntnis: Nur 8 Prozent Männer stehen angeblich auf knallrot geschminkte Lippen, wohingegen 37 Prozent »nichts erotischer finden als natürliche, ungeschminkte Lippen« (kann das mal jemand an Dolly Buster weitergeben?). Einen Grund, warum es keine amtlichen Untersuchungen zur Bedeutung des Kusses in der Sexualwissenschaft gibt, sieht die forschende Dame übrigens darin, dass diese Disziplin fast ausschließlich von Männern betrieben wird: »Und die sind aufs Genital fokussiert.« Ist dem wirklich noch etwas hinzuzufügen?

In bed with …

Was fantasieren Frauen eigentlich beim Sex?

> In der Lampendämmerung sogleich behauptete die innre Neigung, behauptete die Einbildungskraft ihre Rechte über das Wirkliche. (…) Charlotten schwebte der Hauptmann näher oder ferner vor der Seele, und so verwebten, wundersam genug, sich Abwesendes und Gegenwärtiges reizend und wonnevoll durcheinander.
>
> *Johann Wolfgang von Goethe,*
> Die Wahlverwandtschaften

»Sag mal, was sind so deine geheimsten Sexfantasien?«

»Wenn ich dir das sagen würde, wären sie ja nicht geheim.«

»Ich bin dein Mann!«

»Das ist mir bekannt.«

»Wir sollten keine Geheimnisse voreinander haben.«

»In diesem Punkt schon.«

»Komm, mir kannst du es doch erzählen. Ausgelebte Fantasien können unser Sexleben bereichern.«

»Meine Fantasien will ich gar nicht ausleben. Und mir gefällt unser Sexleben, wie es ist.«

»Vielleicht wäre es dann ja noch besser.«

»Nicht, wenn wir meine Fantasien umsetzen würden …«

»Das beunruhigt mich jetzt aber.»

Kommt Ihnen das bekannt vor? Keinen geistig gesunden Mann wird ein solcher Dialog davon abhalten, sich darüber Gedanken zu machen, was wohl im Schädel seiner Freundin vor sich geht, während pikante Dinge mit ihr geschehen. Etwa, was sie so richtig anfeuert, während sie sich selbst genügt. Oder was der aufregende Gegenstand des erotischen Traums kurz vor dem Aufwachen gewesen sein mag, so dass sie sich gleich über den Mann neben ihr und seine praktische Morgenlatte hermachen musste. Denkt sie wirklich nur an ihn, ihren Herzbuben, während sie fleischlich mit ihm eins ist? Und warum, zum Teufel noch mal, will sie nicht darüber reden?

Zumindest auf die letzte Frage gibt es einige einigermaßen plausible Antworten: Frauen reden nicht gerne über ihre Sexfantasien, weil sie (zu Recht) fürchten, dass der flotte Sechser mit der örtlichen Basketballmannschaft, in der der offizielle Mann an ihrer Seite nicht mal auf der Ersatzbank sitzt, ebendiesen offiziellen Mann verletzen könnte. Vor allem, weil er im Moment der Einzige ist, der sich abrackert, während die Zwei-Meter-Kerle von ihrem Glück als Pin-up nicht mal ahnen. Vielleicht macht sich die ein oder andere Dame auch (ebenfalls zu Recht) Sorgen, für nicht ganz dicht gehalten zu werden, wenn sie gesteht, dass sie in einer an Sado-Maso grenzenden Vorstellung immer von Ernst Mosch zu unanständigen Handlungen mit den Wildecker Herzbuben gezwungen wird.

Apropos Wildecker Herzbuben: Dass Frauen von Sex mit Prominenten träumen ist wahrscheinlicher als alle andere. Laut der jüngsten vom Kondomhersteller *Durex* initiierten Studie zum weltweiten Sexualverhalten fantasieren 65 Prozent der Weltbevölkerung – leider wurde hier nicht zwischen Männlein und Weiblein unterschieden – von Versautem mit Stars und Sternchen. In Deutschland sind es immerhin 56 Prozent. Vom wem da so geträumt wird? Hier hilft das Magazin für den modebewussten Herrn, die GQ, weiter. Die Münchner haben eine Befragung unter Frauen durchführen lassen, nach der der »ideale Mann« für die deutsche Frau aussieht wie Brad Pitt (36 Prozent), gefolgt von Kai Pflaume mit 32 Prozent.

Kombiniere Umfrage eins mit Umfrage zwei, heraus kommen mit einiger Wahrscheinlichkeit Marianne aus Köln-Mülheim oder Tina aus Herzogenaurach im Clinch mit Jennifer Anistons Waschbrett-Ehemann oder dem Schwiegersohn-Prototyp Pflaume aus den Neuen Ländern. Rein gedanklich zumindest. Sollen die Damen diese Vorstellung wirklich ihrem Klaus-Dieter unterbreiten, der ein Six-Pack nur aus dem Getränkemarkt kennt und das Ergebnis des Konsums desselben stolz vor sich herträgt wie eine Schwangere ihren Bauch im achten Monat? Wie taktlos. Er würde ja wahrscheinlich auch nicht erzählen, dass er beim Losrubbeln im Lendenbereich an Jennifer Lopez denkt – laut zahlreicher Umfragen momentan die erotischste Frau der Welt –, die mit seiner Angetrauten in etwa so viel Ähnlichkeit hat wie ein Königstiger mit einem sibirischen Grottenolm.

Schuhschrank
Wichtigstes weibliches Möbelstück. Vergleichbar dem Premiere-Decoder oder den Zeitschriften auf dem Klo in Männerwohnungen.

Gut möglich, dass die Frau (die Sau) auch ans Poppen mit dem Freund ihrer besten Freundin denkt. Ganze 25 Prozent gaben zu, schon einmal ausführlich in diese Richtung gedacht zu haben. Eine mindestens so pikante Variante davon ist: Sex mit dem Freund des Partners. Dieses Motiv benutzte schon Goethe in seinen *Wahlverwandtschaften*, als er seine Hauptfiguren Charlotte und Eduard miteinander schlafen ließ, während beide an jemand anderen dachten (siehe Zitat oben). Herauszuposaunen, dass derart Verbotenes gerade im eigenen Kopfkino läuft, würde den häuslichen Frieden wahrscheinlich potenziell noch mehr gefährden als Gruppensexfantasien mit den Herren Pitt und Pflaume zusammen. Etwa ein Drittel der Damen stellt sich übrigens gern »Lustiges« mit anderen Damen vor – aber das hatten wir ja schon an anderer Stelle dieses Buches.

Eine weitere Fantasie, die Frauen ungefähr genauso gerne gestehen wie die Tatsache, dass ihre Faltenfreiheit mit den feinmotorischen Fähigkeiten eines plastischen Chirurgen zu tun hat, ist die Vorstellung, zum Sex gezwungen zu werden. Das könnte ja als Aufforderung missverstanden werden. So etwas in der Realität zu erleben, wünscht sich vermutlich keine Frau auf diesem Globus. Psychologen sagen, es geht bei diesen Fantasien darum, die Verantwortung abzugeben für die imaginär praktizierten Schweinereien. Sie kann ja nichts dafür, wenn sie (zufällig im Zustand höchster Wollust) von diesen (zufällig wahnsinnig gut aussehenden) gemeinen Grobianen von allen Seiten (zufällig genau so, wie sie gerade möchte) traktiert wird, bis sie schließlich höchste Wonnen erlebt (und all die gut aussehenden Grobiane zufällig in genau diesem Moment von ihr ablassen). Vorsichtshalber – damit es wirklich zu keinen Fehlschlüssen kommt – zitieren wir nun Sexualwissenschaftler Gunter Schmidt, der sich vor einiger Zeit zu diesem Thema in einem Interview mit DAS MAGAZIN, der Samstagsbeilage des Züricher TAGES-ANZEIGERS, äußerte: »Gewalttätige Akte, die in der Fantasie gewünscht oder auch begangen werden, stellen in der Realität oft den reinsten Horror für die Betroffenen dar. Nur ein Beispiel dafür sind Vergewaltigungsfantasien von Frauen. Es wäre Irrsinn zu glauben, diese Frauen wünschten sich eine Vergewaltigung. Nein – indem sie den Schrecken eines solchen Gewaltaktes in ihre Fantasie und damit in die eigene Hand nehmen, bannen sie ihn gleichzeitig.«

Kai Pflaume, Lesbenspiele, Basketballteams und Gewalt – will man so etwas als Partner wirklich wissen? Wir können uns das, ehrlich gesagt, nicht vorstellen. Doch was vielleicht am schlimmsten ist: Manchmal denken Frauen beim Sex nicht mal an Sex. Sondern daran, dass die Fenster mal dringend wieder geputzt gehörten. Oder daran, dass der *Twingo* zum TÜV muss. Vielleicht fragen sie sich auch, ob sie es nach der Matratzengymnastik noch schaffen, pünktlich zum Step-Aerobic-Kurs zu kommen. Oder sie überschlagen im Kopf die Angaben für die Umsatzsteuervoranmeldung. Dies sind dann auch Gelegenheiten, bei denen gerne mal ein Orgasmus vorgetäuscht wird (Näheres dazu durften Sie in einem anderen Kapitel lesen).

Ein kleiner Trost für die Männerwelt zum Schluss: Tatsächlich ist auch etwas denkbar, das kaum jemand jetzt noch für möglich halten mag. Es gibt Frauen, die denken beim Beischlaf sogar an den Mann, bei dem für sie nur die Liebe zählt. Und das ist nicht unbedingt Kai Pflaume.

Nur kuscheln?

Die Zweimal-pro-Woche-Lüge und andere Lustlosigkeiten – eine nicht ganz unsentimentale Reise in lehrreiche Zeiten

Ich habe irgendwo gelesen, wenn du ein ganzes Jahr lang keinen Sex hattest, kannst du tatsächlich revirginisiert werden.

Charlotte (in »Sex and the City«)

O still! Ich spüre kleines Rammeln.

Gottfried Benn

Der Tag, an dem mir die Erde auf den Kopf fiel, war ein Dienstag. Ich saß vorm Fernseher, als mein damaliger Freund (nennen wir ihn mal Jan, er stand noch nie besonders auf Öffentlichkeit) nach Hause kam, abwesend irgendwas in meinem Nacken anstellte und sich neben mich aufs Sofa fläzte. Für die nächsten 45 Minuten hingen wir gebannt an den Lippen einer mitteldeutschen Hausfrau, die sich in Ulrich Meiers *Akte Irgendwas* ausführlich über Schimmelpilzbefall im Eigenheim ausließ. Der Moderator leitete gerade mit größtmöglicher Sensibilität in die Werbepause über (»Der Tod im Wohnzimmer – bleiben Sie dran, ich zähle auf Sie!«), als mir drei Dinge auffielen: 1. Dass mal jemand Ulrich Meier diesen betroffenen Blick aus dem Gesicht sprengen sollte; 2. dass ich in den letzten zwei Monaten eine erstaunliche Menge Wissen über Mehrlingsgeburten, Marathonkegeln und ärztliche Kunstfehler zusammengetragen hatte; 3. dass das, was sich da an telegenem Schwachsinn direkt vor meinen Augen abspielte, mich mehr interessierte als der Mann neben mir.

Schmierlappen
Süßholzraspler oder Verwender von Brisk-Pomade oder beides auf einmal

Besonders Punkt drei frustrierte ungemein, schließlich waren wir zu diesem Zeitpunkt gerade mal zweieinhalb Jahre zusammen. Doch wenn Sie mich an diesem Abend gefragt hätten, wann wir das letzte Mal so richtig leidenschaftlich – wie sagt man so schön? – »intim« gewesen waren, ich hätte passen müssen. Pfingsten? Ostern? Oder doch eher Totensonntag? Ulrich Meier hätte sicher einen brisanten Beitrag aus unserer Misere geschustert. »Der Tod im Schlafzimmer«, oder so was in der Art.

Wir hatten offensichtlich ein »Problem«. Problem in Anführungsstrichen, denn zumindest in Jans Gegenwart durfte ich unsere sieche Leidenschaft nicht so nennen. Er hatte nämlich Folgendes zu diesem Thema zu sagen: »Warum müsst ihr Frauen bloß immer so dramatisieren? Ist doch normal, dass man nach fast drei Jahren nicht mehr so häufig Spaß hat wie Lothar Matthäus und sein neuestes Groupie!« Womit er mich beinahe überzeugt hätte. Wenn mir nicht eine von diesen Statistiken in die Hand gefallen wäre, die einem aber auch so was von den Tag vermiesen können: 40 Prozent aller Deutschen zwischen 20 und 30 haben mindestens ein- bis zweimal die Woche Geschlechtsverkehr. 28 Prozent drei- bis viermal. Und erschlagende 8 Prozent treiben es sogar täglich! Sicher, es gab auch ein paar, die mit mageren ein bis zwei Pflichtakten durchs monatliche GV-Raster rasselten. Aber für unsere mickrige Frequenz – einmal im Quartal? Halbjahr? Jahr? – gab es noch nicht einmal eine Kategorie! So überhaupt nicht dem Durchschnitt zu entsprechen, und das in einer derart idiotensicheren Disziplin wie dem Beischlaf, ehrlich, das schmerzt.

In der Folgezeit wälzte ich sämtliche Fachzeitschriften, Ratgeber und was sonst nur im Entferntesten mit dem Gebiet zu tun hatte. Ich hätte mit meinem gesammelten neuen Wissen in jeder Gameshow mindestens die Endrunde erreicht: »Kandidatin drei, wie lange dauert der durchschnittliche Geschlechtsakt in einer fünfeinhalb Jahre alten Beziehung zweier 37 Jahre alter Partner?« – »Genau 2,7 Minuten« – »Bingo, dafür einen Dampfkochtopf.« Wirklich weiter brachte mich das alles nicht. Bis auf das Resultat, dass wir nun noch weniger Liebe machten, weil ich meine Nächte zunehmend der Forschungsliteratur widmete, konnte ich meiner aufopferungsvollen Lektüre im Namen der Liebe nur

Schöneberger, Barbara
Dank der kompromisslosen TV-Blondine wissen Männer jetzt also, dass Frauen sehr wohl zu oralen und analen Gaseruptionen fähig sind. Na danke, Barbara!

folgende Essentials entnehmen: a) Sexuelle Probleme in längeren Partnerschaften sind normal; b) hat man sexuelle Probleme in einer längeren Partnerschaft, helfen todsicher Sekt, Duftöle, Strapse oder ein originellerer Betätigungsort (Küchentisch? Badewannenvorleger?); c) hat man trotz des ganzen Firlefanz immer noch ein Problem, ist das Buch zu Ende.

So konnte es nicht weitergehen. Mittlerweile blickten wir schon betreten zu Boden, wenn sich Freunde in unserer Gegenwart nur *umarmten*. Und das, wo wir uns allabendlich um die Fernbedienung stritten – nur weil keiner dem anderen zutraute, den Geschwindigkeitsrekord in Sachen Wer-zappt-schneller-weg-wenn-uns-noch-so-ein-Erotik-Magazin-kompromittiert zu brechen.

Ach, glücklich kopulierende Menschen gab es allerorten! Die Magazinmacher, Kinofilmer und Programmplaner dieser Welt hatten sich eindeutig gegen uns verschworen. »Ihr habt keinen guten Sex?«, höhnten sie. »Nehmt dies, und zwar in Großaufnahme, und fühlt euch schlecht dabei!« Selbst die Hyperaktivtrulla aus der *Krönung-light*-Werbung besitzt nach einem aufreibenden Was-bin-ich-bloß-toll-Tag noch den Anstand, ein wenig Getätschel auf der Dachterrasse zu absolvieren. Von Jürgen Drews und der Luderliga ganz zu schweigen. In unserem Bekanntenkreis erwarteten drei Paare Nachwuchs – hey, irgendwas müssen die schließlich gemacht haben, um zu dieser phänomenalen Trefferquote zu gelangen!

Es kam der Tag der Wende. Um es kurz zu machen: Der Mann an meiner Seite hatte Sex. Guten Sex. Viermal in einer Nacht. Was die einschlägigen Statistiken mal wieder unnötigerweise in die Höhe treibt, musste ich kurz denken, aber wirklich nur kurz. In meinem Kopf bohrte vorrangig die Tatsache, dass dieser Sex ohne meine Mitwirkung zustande gekommen war. Eine biedere Blondine aus dem Weser-Bergland hatte sich meinen Freund gekrallt, die Schnepfe, und ihm den Glauben an die Fortpflanzung wiedergegeben. Ich war Jan los. (Nicht wegen Sexmangels, sondern wegen »meines ausgeprägten Hangs zum Drama«, wie er später sagte.) Ich war unser »Problem« los. Ich war traurig. Aber irgendwie auch ein bisschen erleichtert. Ganz ehrlich.

Mittlerweile bin ich sogar etwas schlauer. Was einem klugen Menschen zu verdanken ist, der in der NEUEN ZÜRCHER ZEITUNG beschloss, sich mal über das Sujet »Sexmüdigkeit« auszulassen. Tja, sagt er, ist doch kein Wunder. Wo früher Paargemeinschaften sich mit dem

Sekt auf Eis
Wird von Männern gern als »Untergang des Abendlandes« bezeichnet. Nummer eins im Ranking der Tussi-Getränke, dicht gefolgt von Piña Colada, Wellnesstee und Cola Light.

Überlebenskampf ums Geldverdienen, Haushaltsführen, um Kinderaufzucht und -pflege abrackerten, herrscht im modernen Zweierteam oft existenzielle Leere. Ein Loch, das nur durch jede Menge hochstilisierten Gefühlspopanz gestopft werden kann. Was der weise Schreiberling im Übrigen auf die Dauer für ein bisschen viel verlangt hält. Ebenso, wie dem erotischen Reizoverkill an jeder Straßenecke noch ein brachiales Triebverhalten entgegensetzen zu müssen. Bleib gelassen. Schätze, was du hast. Don't believe the hype. So die frohe Botschaft, die auch der Autor und Paartherapeut Michael Mary in *Fünf Lügen, die Liebe betreffend* beruhigend entspannt ausbreitet. Dann las ich noch einen Satz, einen sehr schönen, den ich Jan mal in einem Anfall von Rioja-Sentimentalität gefaxt habe: »Als seien dreimal die Woche fünf Minuten lang irgendwie vergleichbar mit aufwühlenden oder heiteren Nächten einmal im Quartal.« »Stimmt«, hat er zurückgefaxt. Und dass er sich noch gut an ein paar durchaus schöne Nächte erinnern könne. Bleibt nur, mit Ulrich Meier zu sagen: Dranbleiben, die Liebe zählt auf Sie!

Mündliche Mitarbeit: Mangelhaft

Warum Frauen manchmal Probleme mit der Mundart haben

> Die beste Verwahrung gegen Leidenschaft aller Art ist nahe, gründliche Bekanntschaft mit dem Gegenstand.
>
> *Johann Gottfried Seume*

Linda Lovelace kennt wahrscheinlich fast jeder Mann. Frau Lovelace – oder Linda Boreman, so ihr richtiger Name – war die Hauptaktrice im berühmtesten Fellatio-Porno der Welt: *Deep Throat* aus dem Jahre 1972. Der abstruse Plot: Eine Frau hat ihre Klitoris nicht dort, wo die Natur sie vorgesehen hat, sondern tief in der Kehle. Also kann sie nur Befriedigung erlangen, wenn sie ständig Geräte von den Dimensionen genmanipulierter Gemüsegurken in ihrem Hals versenkt. Es leuchtet (hoffentlich) ohne größere gedankliche Verrenkungen ein, dass sich so etwas nur ein Mann ausgedacht haben kann.

Die durchschnittliche Frau muss nicht mal grundsätzlich etwas gegen orale Liebe haben, aber Würgereiz und Erstickungsanfälle sind doch recht seltene sexuelle Präferenzen. Nun kommt es ebenfalls eher selten vor, dass der deutsche Liebhaber einen Schniedel trägt, der so überdimensioniert ist wie der von John Holmes, Frau Lovelace´ Co-Star in *Deep Throat*. Holmes' Organ ist nämlich lang. *Sehr* lang. Wie lang genau, wird sich wohl nur durch persönliches Nachmessen feststellen lassen, denn die Angaben reichen, je nach Quelle, von 28 bis hin zu 34 Zentimetern. Vielleicht sollte man sich einfach an die vorgeblich naturgetreue Dildo-Nachbildung des berühmten Teils halten, den *John Holmes Ultra Realistic Cock* (mit praktischem Saugnapf zum Festkleben an jeder glatten Oberfläche). Der misst nämlich exakt 30 Zentimeter.

Wie dem auch sei: Die handlichen 14,48 Zentimeter, auf die es, nach einer Untersuchung der Uni Essen und *Pro Familia* ein erigierter bundesdeutscher Durchschnittspenis an der Messlatte bringt, erscheinen im Vergleich eher niedlich. Trotzdem können sich – sehr zum Missvergnügen der betroffenen Herren – viele Frauen Erbaulicheres vorstellen, als am Gemächt ihres Mannes herumzulutschen wie an einer wohlschmeckenden Stange Wassereis.

Und das hat Gründe.

Erster Grund: Es mundet nicht wie eine wohlschmeckende Stange Wassereis. Ein Großteil der Männer mag ja heute Seife und Dusche für sich entdeckt haben und im Achselbereich ein 24-Stunden-Deo-Erzeugnis benutzen, dennoch ist es offenbar für manchen Herrn so ungewohnt wie Händewaschen nach dem WC-Besuch, täglich die Vorhaut zurückzuschieben, um mit klarem Wasser für einigermaßen geruchsneutrale Verhältnisse im Schritt zu sorgen. Als Waschanlage mag nun mal nicht jede Dame fungieren.

Zweiter Grund: Der Spaß ist etwas einseitig verteilt. Während er in Gefilde höchster Wonnen entschwebt, rackert sie sich ab, als müsse sie bei *Wetten dass?* mit einer Saug-Pump-Maschine konkurrieren, wie sie zur Behebung von Hochwasserfolgen eingesetzt wird. Während aber bei den meisten Wetten von Thomas Gottschalk die Zeit recht knapp bemessen ist, können selbst Jungs, die sonst wahre Ejakulations-Sprints hinlegen, bei der Fellatio meist unendlich lang. Die im Hüftbereich beschäftigte Frau fühlt derweil bereits die Kiefergelenksperre bedrohlich herannahen. Und sonst gar nichts, denn – wir erinnern uns – die durchschnittliche Frau hat ihre Lustzentren wirklich ganz woanders.

Dritter Grund: Das Ergebnis lässt zu wünschen übrig. Es ist ja nicht nur der Geschmack. Natürlich bleiben da oft kulinarische Wünsche offen, vor allem, wenn zuvor Knoblauch, Kaffee oder Cuba Libre konsumiert wurde. Leider ernähren sich die wenigsten Männer von der angeblich geschmacksverbessernden Ananas. Aber auch die Konsistenz des Spermas erinnert in erster Linie an das aus Kindertagen in Erinnerung gebliebene fiese *Slime*, das man schon damals nicht mal in die Hand nehmen wollte. Interessant scheint in diesem Zusammenhang Folgendes: Einige Jungs möchten zwar, dass ihre Partnerin das Zeug schluckt oder es sich dekorativ im Gesicht verteilt. Sie selbst weigern sich derweil rigoros, auch nur eine Fingerspitze zu probieren, und entfernen Reste auf dem eigenen Körper mit abgespreiztem kleinen Finger, und Klopapier.

Shoppingmeile, die
So etwas wie der natürliche Lebensraum der Frau

Vierter Grund: Die zuweilen grobe Behandlung. Je erregter der Blow-Job-Nutznießer wird, umso eher kommt es vor, dass er unsanft nach Kopf oder Haaren der Dienstleisterin greift, um »ihn« noch tiefer in sie zu manövrieren. Das sorgt mitunter für Unmut, denn nicht jede Frau ist latent masochistisch veranlagt. Kluge Bläserinnen haben darum stets eine Hand am »Ruder«, um die Tiefe des Eindringens steuern zu können.

Wenn wir recht überlegen, ist es eigentlich kaum verwunderlich, dass Frauen es nicht so häufig machen, wie ihre Herzblätter es gerne hätten. Vielmehr stellt sich bei den ganzen Nachteilen die Frage: Warum blasen Frauen überhaupt? Auch hier gibt es verschiedene Antworten. Einige Damen tun es ausschließlich gegen Bezahlung. Andere aus Pflichtgefühl. Manche Frauen nutzen die mündliche (Vor-)Behandlung lediglich, um bestimmte Gerätschaften in betriebsbereiten Zustand zu versetzen. Wieder andere tun es aus uneigennütziger Liebe oder vielleicht aus dem möglicherweise prickelnden Gefühl heraus, nicht mit irgendeinem Schwanz mündlich übereinzukommen, sondern mit dem, sagen wir mal, eines US-Präsidenten.

Natürlich, so negativ soll diese Aufzählung nicht enden, gibt es auch eine Menge Mädels, die Mundart im Lendenbereich lieben. So wie unsere Freundin Solveig, bekennender Fellatio-Fan. Sie erzählt: »Ich finde es wirklich großartig, was ich mit meinem Mund für eine Macht über den Mann habe.« Auch sieht sie es als persönlichen Erfolg an, wenn der Typ aufgrund ihrer Zungenfertigkeit zeitweilig den Verstand verliert – und wird davon selbst angetörnt. Manchmal macht sie sich auch am kleinen Freund ihres Kerls zu schaffen, weil sie möchte, dass er sich mit zungenfertigen Dienstleistungen revanchiert.

Unser Vorschlag: Warum nicht gleich synchron? Wenn Gleiches mit Gleichem im 69er-Stil vergolten wird, fällt geschmacklich eventuell Zweifelhaftes weniger ins Gewicht. Und selbst wenn er ausnahmsweise länger braucht, empfindet sie das kaum als Problem, weil sie weiß: Dieser Mann sucht meine Klitoris nicht im Hals!

Schön im Schritt

Der ideale Penis – was Frauen darunter genau verstehen. Und: Kommt es wirklich nicht auf die Größe an?

> Auch der vier Zentimeter lange Penis der Orang-Utans ermöglicht eine Vielzahl von Stellungen, die den unseren gleichkommt, und im Gegensatz zu uns nehmen sie alle diese Positionen sogar ein, während sie an einem Ast hängen.
>
> *Jared Diamond,* Warum macht Sex Spaß?

Zunächst einmal vorab: Ja, es gibt ein Penisideal. Also Schwänze, die Frauen besser finden als andere Schwänze. Und, nein, der Idealpenis hat weder die Ausmaße eines Taschenknirps, noch den einer Boa Constrictor. Das hat sich der ein oder andere fortschrittliche Zeitgenosse sicher schon so gedacht, schließlich kann man in den bunten am Kiosk erhältlichen Gazetten häufig Dinge lesen wie »Es kommt Frauen nicht auf die Größe an«. Das ist korrekt. Zumindest fast.

Jungs, das ist bekannt, hätten lieber einen langen. Die Männer einer bestimmten Gegend in Neuguinea verstecken ihr bestes Stück darum unter einer hübschen verzierten Röhre, die bis zu 60 (!) Zentimeter lang, farbenfroh bemalt oder mit Fell oder anderem Firlefanz verziert ist. Jeder Mann dort verfügt über mehrere Exemplare, und je nach Laune wird täglich eines davon ausgewählt. In etwa so, wie fast jeder Anzugträger in unseren Breiten morgens vor dem Kleiderschrank steht und eine Krawatte herausnimmt. (Apropos: Haben Sie schon einmal über den Sinn eines Schlipses nachgedacht?) Wie die Schlipsträger fühlen sich die Neuguinea-Jungs ohne Penisköcher schlecht angezogen. Dabei tut es nichts zur Sache, dass das Röhrchen das Einzige ist, was die Herren tragen.

Silikon
a) Dichtungsmaterial,
b) Hauptbestandteil von Pamela Anderson

Sicher ist nur: An die Adresse der holden Weiblichkeit geht das Mogelhütchen-Ritual nicht. Auch der Evolutionsbiologe Jared Diamond stellt fest, dass die Damenwelt den Anblick eines zur Schau gestellten Penis »eher unattraktiv« findet. Er schreibt in seinem Buch *Warum macht Sex Spaß?* zur Signalfunktion des Penis: »Wirklich fasziniert vom Penis und seinen Ausmaßen sind die Männer. In Umkleide- und Duschräumen schätzen sie gegenseitig ständig ab, wie der andere bestückt ist.« Es steht zu vermuten, dass es auch bei den Männern aus Papua-Neuguinea darum geht, mit besonders langen, bunten und fantasievoll gestalteten Röhrchen Eindruck bei den anderen Röhrchenträgern zu schinden. Hierzulande ist es zu kalt, um nur mit Penisköchern bekleidet rumzulaufen, dafür gibt es bei uns zum Beispiel *D&W*, das Kaufhaus für Spoiler, Rallyestreifen und Sportsitze, die selbst in einen *Corsa* passen. Frauen legen, da hat Mr. Diamond Recht, auf ganz andere Sachen wert.

Trotzdem, genauso wie einige Männer glauben, Frauen tatsächlich mit ihren blöden Sportsitzen in Verzückung versetzen zu können, hält sich unter den Jungs hartnäckig das Gerücht, dass es Mädels ja irgendwie doch auf die Größe ankommt und sie es nur nicht öffentlich zugeben, um die Herren nicht zu verunsichern. Nicht doch! Keine Sorge, so sozial sind wir nun auch wieder nicht, selbst wenn wir natürlich wissen, dass männliche Seelen zart besaitet sind. Es ist uns *wirklich* nicht so wichtig.

Aber wir wollen uns hier nicht auf simple Behauptungen beschränken, wir können das auch erklären. Wenn sich ein beliebiger Mann und eine beliebige Frau zum ersten Mal in Privaträumen ohne textile Umhüllung zusammenfinden, werden die beiden Kandidaten davon in den seltensten Fällen überrumpelt. Davor sind eine ganze Reihe Dinge passiert. Man ist sich irgendwo erst mal komplett angezogen über den Weg gelaufen. Oft sogar mehrmals, wenn nicht täglich. Möglicherweise, weil man zufällig in derselben Firma arbeitet. Die FKK-Kandidaten waren zusammen in der Kantine, haben sich gegenseitig in die Augen geguckt, fanden sich sympathisch. Dann gab es eine Verabredung zum Tanzen, davor noch ein schickes Gambas-Essen beim tollen neuen Spanier, anschließend wurde wild mit Zunge geknutscht, vielleicht noch ein Kaffee zusammen getrunken (bei ihm oder bei ihr) und dann, erst dann, passiert es. Vielleicht aber auch erst später.

Strapse
Unpraktische Damenunterbekleidung, mit deutlichen textilen Defiziten im Nieren- und Blasenbereich

Wenn wir Frauen so weit sind, dass wir aufgeregt an unserem eigenen BH-Verschluss nesteln und unseren Baumwollslip gar nicht schnell genug abstreifen können, sind alle wichtigen Punkte bereits abgecheckt. Der Typ ist so toll, da ist es uns (zumindest für den Moment) sogar egal, dass er diese albern tiefer gelegte Schüssel mit den Sportsitzen und Subwoofern statt Kofferraum fährt. Er riecht gut, er hat sich die Zähne geputzt, er kann göttlich küssen, und seine Bettwäsche kommt sogar ohne Schumi-Konterfei aus. Es wird doch niemand allen Ernstes glauben, dass wir in einem derartigen Moment noch auf so etwas Unwichtiges wie die Größe des Schwanzes achten. Klar, es wäre gelogen, wenn wir jetzt behaupteten, dass wir sofort die Augen zukneifen, sobald wir sein Gemächt zu Gesicht bekommen. Es wäre ebenfalls unwahr, dass es uns nicht auffällt, ob ein Schwanz gerade oder eher bumerangförmig ist. Und natürlich entgeht uns nicht, ob er ein niedliches Stummelschwänzchen ist oder ein solides 20-Zentimeter-Teil. Vielleicht erinnert uns der Penis auch auf den ersten Blick an eine Kiwi oder an ein Knackwürstchen. Aber wir wollen nicht gucken, wir wollen den Kerl spüren, das ist alles ...

Halt! Hier war sie versteckt, die ganz wichtige Einschränkung. Spürbar sollte er sein, der Idealschwanz. Doch spürbar ist eigentlich fast alles. Hauptsächlich das, was im Normalbereich liegt, und der fängt etwa bei erigierten neun bis zehn Zentimetern an und hört bei etwa 20 auf. Alles, was darüber hinausgeht, ist nicht mehr einfach spürbar, sondern schmerzhaft.

Aber macht vermutlich Eindruck unter der Dusche.

Frauen und der schöne Schein

Absolut ! nichts ! zum Anziehen!

Eine Tragödie in einem Akt (mit Kommentarteil)

> Sonderbar, sowie das Weib zum denkenden Selbstbewusstsein kommt, ist ihr erster Gedanke ein neues Kleid!
>
> *Heinrich Heine*

Ein durchschnittliches deutsches Schlafzimmer, das von einem sechs Meter breiten, 2,20 Meter hohen und ein Meter tiefen Eichenkoloss von Schrank beherrscht wird. Der Schrank ist offen. Unsere Heldin ringt davor mit den Tränen. Auftritt: Ein schneidiger Jüngling.

Heldin (*wirft sich ihm verzweifelt an die Brust*): »Frank, du musst allein auf die Party gehen, ich habe nichts anzuziehen.«

Jüngling (*betrachtet fassungslos den Schrank*): Wenn das alles nichts ist (*er deutet mit einer ausholenden Bewegung auf den geöffneten Kleiderschrank, in dem sich die Textilien drängen wie im Kostümfundus eines stark subventionierten Opernhauses*), kann der Kram ja wohl in die Altkleidersammlung. Die Mädels in Kasachstan werden sich freuen! Und ich auch, dann habe ich endlich mal Platz im Schrank.

Heldin (*wendet sich empört ab*): Du verstehst das nicht, du hast ja deine Anzüge, die passen immer. Oder du ziehst die Jeans an, dazu ein Hemd und fertig.

Jüngling: Heißt das, du kannst dich nur nicht entscheiden?

Heldin: Ja. Das heißt: Nein. Nein, ich habe einfach nichts.

Tage, ich hab meine
In der Pubertät gern benutzte Ausrede, um nicht am Schwimmunterricht oder an den Bundesjugendspielen teilnehmen zu müssen. Später vor allem verwendet, um unerwünschten Intimverkehr zu unterbinden oder Verständnis für gelegentliche unschöne Ausbrüche weiblicher Launenhaftigkeit zu erheischen.

J ü n g l i n g: Das stimmt doch gar nicht. Was ist zum Beispiel mit dem tollen schwarzen Kleid? Das ich so sexy fand?

H e l d i n *(misstrauisch)*: Welches schwarze Kleid meinst du genau? Ich habe mehrere.

J ü n g l i n g *(zeichnet sich mit dem Finger einen tiefen Ausschnitt auf seine Brust):* Na das, das oben so ist.

H e l d i n: Du meinst das ganz alte von *H&M*? Das ich auf Sizilien immer anhatte? 1997?

J ü n g l i n g: Ja, kann sein. Ich glaube.

H e l d i n *(zieht zielsicher das Kleid aus der linken hinteren Ecke des Schrankes):* Also, wenn du das hier meinst...

J ü n g l i n g *(nickt)*: Genau, das meine ich.

H e l d in *(bestimmt)*: Das kann ich unmöglich anziehen!

J ü n g l i n g: Warum nicht?

H e l d i n *(deutet auf die Naht)*: Das ist hier schon ganz kaputt.

J ü n g l i n g: Wieso wirfst du es dann nicht weg?

H e l d i n *(entgeistert):* Das kann ich doch nicht einfach wegwerfen!

J ü n g l i n g: Aber du ziehst es doch nicht an.

H e l d i n: Ich ziehe es ja an.

J ü n g l i n g *(verwirrt)*: Ja, was denn nun?

H e l d i n *(entnervt)*: Ich ziehe es *zu Hause* an. Aber doch nicht auf einer Party. Wie sieht das denn aus?

J ü n g l i n g: Was ist mit den anderen Kleidern?

H e l d i n: Mit welchen?

J ü n g l i n g: Du hast eben gesagt, du hast mehrere. Mehrere schwarze.

H e l d i n: Also, das von *Kookai* ist viel zu schick, für das von *Cinque* muss ich erst noch abnehmen, und das tolle aus dem kleinen Laden in Berlin ist in der Wäsche. Außerdem ist schwarz eh viel zu düster, da sehe ich ja noch blasser aus.

J ü n g l i n g *(zupft an einem Kleid, das ihm gerade aufgefallen ist)*: Dann nimm doch das hier.

H e l d i n *(kreischend)*: In Rot?

J ü n g l i n g *(ratlos)*: Dann das?

H e l d i n: Auf keinen Fall. Da habe ich keine Schuhe zu.

J ü n g l i n g *(ärgerlich)*: Wie bitte, du hast keine Schuhe? *Er wirft einen demonstrativen Blick auf die drei Schuhschränke linkerhand.*

H e l d i n *(entschuldigend)*: Na ja, ich habe schon Schuhe, aber nicht bei dem Wetter. Es regnet gleich.

J ü n g l i n g: Was hat das denn damit zu tun?

H e l d i n *(belehrend)*: Da kann ich keine offenen Schuhe tragen. Zu dem Kleid passen nur Sandalen.

J ü n g l i n g: Warum bleibst du nicht, wie du bist?

H e l d i n *(jetzt völlig entrüstet)*: So???? In Jeans? Du spinnst!

Tage, hast du deine? Männlicher Sprachduktus, selten nett gemeint. Falls doch, lässt sich vielleicht eine Fußmassage rausschlagen. Wie gesagt: vielleicht.

J ü n g l i n g *(kopfschüttelnd)*: Mensch, Martina, wir gehen zu Susi und Stefan, nicht zum Empfang des Bundespräsidenten.

H e l d i n: Das ist ja das Problem. Für einen Empfang beim Bundespräsidenten hätte ich was.

J ü n g l i n g *(seufzt resigniert):* Mach, was du willst, wenn wir jetzt nicht gleich gehen, kommen wir zu spät.

Abgang Jüngling.

H e l d i n *(leise zu sich selbst):* In Jeans? *Sie bleibt noch kurz unschlüssig vor dem Schrank stehen.* Aber wenigstens ein anderes T-Shirt! *Sie nimmt ein T-Shirt vom Stapel, hält es sich vor, betrachtet sich im Spiegel.*

J ü n g l i n g *(ruft aus dem Off):* Ich gehe jetzt!

H e l d i n *(wechselt hastig das T-Shirt und ruft zurück):* Frank! Warte doch! Ich komm ja! *(Etwas leiser)* Männer!

Kommentarteil

Diese Szene illustriert das Dilemma einer durchschnittlichen westlich sozialisierten Frau bei der Auswahl ihrer Garderobe für einen bestimmten Anlass. Vordergründig scheint die im Überfluss vorhandene Kleidung eine große Selektionsmöglichkeit bereitzustellen, doch die Gegebenheiten der Situation lassen keine Auswahl zu. Die Heldin wird gleichsam zur Antiheldin, sie will agieren, aber kann es nicht.

In der Formel »Ich habe nichts anzuziehen!« vereinen sich verschiedene konstante Problemstellungen:

1. Das ursprünglich begehrte Kleidungsstück ist nicht verfügbar, weil es in der Wäsche, verliehen, kaputt, viel zu schade oder einfach unauffindbar ist. Möglich ist auch, dass sich etwa einen Millimeter über dem sensationellen Ausschnitt urplötzlich ein hinterhältiger Pickel befindet, der das Tragen des Textils unmöglich macht.

2. Das alternativ ins Auge gefasste Kleidungsstück ermöglicht keinen Ausweg, weil es nicht kombinierbar ist. Die passenden Schuhe fehlen, es ist zu kalt oder zu warm, um den passenden Mantel anzuziehen, die Heldin benötigt dazu eine farbige Strumpfhose, die sie nicht (mehr) besitzt, das Kleidungsstück passt nicht mehr (oder noch nicht), weil das angestrebte Fitnesstraining noch nicht begonnen wurde, und so fort.
3. Die Möglichkeit, noch schnell etwas Vernünftiges einzukaufen, fällt weg, weil das Ladenschlussgesetz noch nicht ausreichend modifiziert wurde. Abgesehen davon hat die Heldin ohnehin stets nur noch fünf Minuten Zeit.
4. Die noch verfügbare Kleidung ist zu schlicht, zu schick, zu sexy, zu rot, zu grün, zu alt, zu kratzend, zu unvorteilhaft (nur im Moment, nach der demnächst begonnenen Ananas-Diät nicht mehr), zu einfallslos, zu altbacken, zu warm, zu kalt, zu durchsichtig und so fort.
5. Der Sozialpartner zeigt keinerlei Verständnis, wedelt zuweilen sogar höhnisch mit weißen Plastiksäcken, auf die rote Kreuze aufgedruckt sind, und tut das Problem gar als nicht vorhanden ab. Die in diesem Verhalten implizite Demütigung stürzt die Heldin in noch tiefere Verzweiflung.

Die vermeintlich vielfältigen Möglichkeiten machen die Auswahl der Kleidung somit zu einer Art Lottospiel mit kaum vorhandener Aussicht auf Gewinn. Der Heldin bleibt am Ende nichts, als der Bedrohung zu entgehen, indem sie die Kleidung wählt, die sie bereits auf dem Leib trägt und die sie als einfallslose Jeans-und-T-Shirt-Frau erscheinen lassen. Diese brandmarkende Verzweiflungstat verdeutlicht in perfekter Weise das tragische Element des Stückes.

Alles Natur!

Warum geben Frauen nie zu, dass sie Karosse und Lack tunen?

> Sind nicht – streng genommen – auch Silikon, Wasserstoffperoxyd und die Bauchmaschine im Fitnessclub ein Teil von Gottes Schöpfung?
>
> *anonym*

»Ich mag natürliche Frauen«, das sagen Männer gern. Männer wie Thomas. Thomas ist mit Lisa zusammen. Wir kennen beide und aus zuverlässiger Quelle wissen wir: Lisas Einzelteile sehen vielleicht natürlich aus, doch sie sind es nicht, wenigstens nicht alle. Lisa färbt sich die Haare. Lisa hat ein Abo bei der Kosmetikerin. Lisa hat ebenso jedes halbe Jahr (in etwa, wenn die Wirkung der Botox-Spritze nachlässt) einen Termin beim Hautarzt, von dem sie immer auf (für Thomas) unerklärliche Weise verjüngt wiederkehrt, Lisa lässt sich die Zähne bleichen, und – ja – Lisa trägt Silikon vor dem Herzen. Zugegebenermaßen war hier ein Könner am Werk, der ihr zwei schöne, runde Männerträume verpasst hat. Groß, aber nicht überdimensional. Irgendwo zwischen Grapefruit und halben Honigmelonen. Wenn es nicht ungefähr so selten wäre wie – wir bleiben beim Obst – Walderdbeeren in Pfirsichformat, dass Mädels mit einer extrem schmalhüftigen Hochspringerinnen-Figur Salma-Hayek-Dinger haben, könnte man fast meinen: alles Natur!

Das heißt, so ganz stimmt das nicht, *Männer* könnten meinen: alles Natur! Darauf kommt es nämlich aus einer bestimmten Perspektive an. Dass die Herren sich nicht betrogen fühlen, weil ihre atemberaubende Gefährtin in Wirklichkeit ein unscheinbares Hascherl mit Körbchengröße A, aschfahlen Haaren und angehenden Krähenfüßen ist. Frauen wissen, alle Männer wollen schöne Frauen, und wir vermuten:

Am liebsten hätten die Jungs solche wie die halb entkleideten (und digital bearbeiteten) Mädels vorn auf der Fernsehzeitung. Ja, Männer wollen schöne Frauen und die bitte möglichst »natürlich«. Aber wir wissen auch: Im Grunde genommen haben Männer keine Ahnung, was das Wort »natürlich« eigentlich bedeutet – anders sind die großen männlichen Fangemeinden von Damen wie Pamela Anderson, Christina Aguilera oder Demi Moore kaum erklärbar. Überhaupt, Natur, was heißt das schon? Wenn die Menschheit der Natur ihren Lauf lassen würde, wie sie wollte, lebten wir heute noch im Yeti-Look in Höhlen ohne Zentralheizung, würden ohne Unterlass Kinder in die Welt setzen, für die leider nicht mal Pampers zur Verfügung stünden, und Leute wie Udo Walz hätten nie Prominenten-Status erlangt. Überall wird begradigt, erfunden, beschnitten, verschönert, kurz: nachgeholfen.

Dass Frauen dabei so weit gehen wie Lisa oder, um ein etwas prominenteres Beispiel zu bemühen, Cher, die im Prinzip nur noch eine Ansammlung von High-Tech-Komponenten ist, so dass sie sich vermutlich auf ihren eigenen Jugendfotos nicht mehr erkennt, kommt zwar vor. Dennoch handelt es sich eher um die Ausnahme. Beim Gros der Damen werden Details ganz subtil verändert – oder es wird zumindest versucht. Oft ist das ziemlich anstrengend. Da wird der Body am Power-Stepper gestylt und die fade Trennkostdiät wochenlang erlitten, obwohl man später auf neugierige Fragen wie »Hast du abgenommen?« sowieso gemäß des weiblichen Ehrenkodex entgegnen muss: »Nö, wieso? Meinst du wirklich?« Noch schlimmer wäre allerdings, wenn keiner was merkte.

In den etwas weniger ermüdenden Varianten der »natürlich« wirkenden Zum-Vorteil-Veränderung werden mittlerweile sogar Po-Backen in Lift-Push-Mogel-Strumpfhosen gequetscht, wie es für das Holz vor der Hütte seit bald 20 Jahren gang und gäbe ist, oder der Friseur bastelt sündhaft teure »Echthaar-Extensions« in zu dünne Fusseln auf dem Kopf.

Auch die Haarfarbe einer Frau ist ein einziges Experimentierfeld. Ich bin zum Beispiel blond. Naturblond. Das kann man ganz genau auf meinen Kinderfotos sehen, die ich gerne als Beweis heranziehe.

Tampon
Stöpsel

Im Prinzip beweisen die Kinderfotos zwar gar nichts, denn helläugige Kinder sind eigentlich immer erst mal blond, selbst wenn sie hinterher schwarze Haare bekommen. Die Pigmentbildung des Körpers funktioniert im Kleinkindalter einfach noch nicht so richtig. Bis ich fünf war, hatte ich also weizenblonde Locken, dann wurden sie peu a peu dunkler und glatter, bis sie irgendwo zwischen dunkelblond und brünett changierten. Das blieb so bis zu meinem 15ten Lebensjahr. Dann überschlugen sich die Ereignisse. In den Herbstferien besuchte ich eine Urlaubsfreundin in Berlin. Es war in den 80ern, der Mauerfall war nicht mehr allzu fern, doch es bahnten sich im Schatten der politischen Umwälzungen noch andere historische Ereignisse an. Katharina war ein Jahr älter als ich, gefühlt waren es aber mindestens drei. Sie war so eine Art frühreife Charlottenburger Marilyn: wasserstoffblond, dramatisch geschminkt und mit Riesenmöpsen, die sie mit Hilfe von in den BH gequetschten Schulterpolstern erzeugt hatte. Katharina brachte sämtliche männlichen Wesen im Alter zwischen ersten feuchten Träumen und beginnender Prostatavergrößerung um den Verstand. Ich, das Landei, fand Katharina großartig! Und die Männer mordende Katharina beschloss, mich, das Landei, zu verschönen. Katharina steckte mich in ihre eigenen Klamotten (Leopardenröcke, Pumps, enge T-Shirts – so was trug man nun mal damals), erwarb eine Tönung (den Wasserstoff hatte ich ihr im Hinblick auf meine Rückkehr ins elterliche Hoheitsgebiet ausgeredet), verpackte mich unter Alufolientürmen und werkelte anschließend mit ihrem Malkasten an mir herum. Hinterher war ich, nun ja, blonder und, nun ja, ein bisschen bunt im Gesicht. Es war wie in der BRIGITTE, bei den Leserinnen-Vorher-Nachher-Aktionen. Oder wie in einem dieser Hollywood-Machwerke, in denen die graue bebrillte Maus mit der Zahnspange, den unsaglichen Spitzenblüschen und den Kleinmädchenzöpfen eine wundersame Verwandlung zur aufgerüschten Prinzessin durchmacht, auf die alles, was seinen Schwanz vorn trägt, scharf ist. Die Botschaft solcher Filme ist unmissverständlich: Schönheit ist machbar, unter jeder tristen Oberfläche funkelt ein Diamant, wenn er nur vernünftig poliert wird! Womit ist dabei unerheblich – bei einem glänzenden Porsche fragt doch auch niemand nach dem Pflegeprodukt.

Bei mir war die Wirkung der Verwandlung enorm. Besonders verblüffte mich damals, dass Hollywood die grundlegenden Wahrheiten des Lebens doch treffend auf den Punkt bringt. Katharinas schnuckeliger Cousin wollte plötzlich mit mir knutschen, als hätte er vergessen, dass er mir tags zuvor noch ungefragt erklärt hatte, ich solle erst mal ein paar Jahre älter werden, bevor er sich für mich interessiere. Sein bester Freund kaufte mir jetzt ebenso ungefragt mehrere Getränke, und – das Beste – der Türsteher ließ mich in die Disco sogar rein.

Katharina antwortete übrigens auf die ihr häufiger gestellte Frage: »Naturblond?«, stets mit: »Sicher!« Dabei hatte ihr eigenes Haar mit Natur ungefähr so viel zu tun wie der Rasen in der Schalker Arena mit einer Wildblumenwiese. Schon irgendwie natürlich gewachsen, aber ansonsten ... Doch die Herren schluckten die Antwort, als hätten sie Tomaten auf den Augen und Ketchup im Hirn. In etwa wohl vergleichbar mit der Situation, wenn vor lauter Geilheit gerade noch die Notdurchblutung zur Aufrechterhaltung banalster Lebensfunktionen klappt und sich darum Aussagen wie: »Ach, es kann nichts passieren, wir brauchen kein Kondom. Außerdem habe ich einen Aids-Test gemacht« plötzlich so glaubwürdig anhören wie ein TÜV-Ergebnis.

Fortan war ich also blond. Naturblond – ich meinte (und meine), das mit Fug und Recht behaupten zu dürfen, weil ich zumindest als Kind ... Sie wissen schon.

Ich hätte gern die Hälfte, ich zahle auch das Doppelte!

Warum glauben Frauen nicht an Schlankmacher-Produkte und kaufen sie trotzdem?

Abnehmen ist ganz einfach: Man darf nur Appetit auf Dinge bekommen, die man nicht mag.

Jane Russel

Wir beobachten zwei Mädchen in einer Mädchen-Wohnung, die aussieht wie sich offenbar die Werbeagenturmenschen von Ogilvy & Mather Mädchen-Wohnungen vorstellen (also in etwa so wie einen Ausstellungsraum der Firma *Ligne Roset*). Die beiden sind hübsch, passen farblich zur Einrichtung und lutschen an fettreduzierten Salamischeiben, als seien Letztere ein Körperteil des Herrn namens Paul, über den sie gerade sprechen. Die Mädchen sagen, dass sie sich gut finden, so wie sie sind. Plötzlich setzt die Melodie ein! Nicht im Spot, nur in unserem Kopf. Durch jahrzehntelange penetrante Werbung ist sie so unauslöschlich in unsere Gehirnwindungen eingebrannt, dass die Werbeleute es sich erlauben konnten, sie in den Spots wegzurationalisieren (an dieser Stelle möchten wir recht herzlich Herrn Pawlow und seinen Hund grüßen). Diese nervige Xylophon-Melodie, die die Synapsen unaufgefordert abspielen, sobald der Name des Kaloriensparprodukte-Marktführers auch nur erwähnt wird. Die Melodie, geklaut vom 1983er One-Hit des One-Hit-Wonders Ryan Paris, nämlich *Dolce Vita* – ausgerechnet süßes Leben! Dazu singt in unserem Kopf eine Frauenstimme: »Ich will so bleiben, wie ich bin.« Und wir fragen uns: Wie wollen die Damen aus dem Werbespot denn bleiben? Gehirnreduziert?

Telefon
Gerät, mit dem zwischenmenschliche Kommunikation doppelt so viel Spaß macht

Es ist ja so: Wer Light-Krempel kauft, egal welcher Marke, muss blöde sein. Schließlich weiß mittlerweile jeder und jede, dass – zum Beispiel – Light-Getränke nicht nur merkwürdig schmecken, sondern erst recht Lust auf Süßes machen. Studien weisen nach, dass kein Mensch von diesem Zeug abnimmt. Noch dazu: Gesund ist es manchmal auch nicht. Oft werden statt Zucker die Süßstoffe Cyclamat oder Saccharin verwendet, die sich wenigstens im Tierversuch als krebsfördernd herausgestellt haben. Auch der anfangs gepriesene Zuckerersatzstoff Aspartam hat es in sich: Es besteht Verdacht auf neurotoxische Effekte, die Kopfschmerzen und Stimmungsveränderungen auslösen können.

Oder nehmen wir den Klassiker: die Halbfett-Margarine. Schon 1973 lancierte Unilever mit dem ersten Dünnbleib-Aufstrich die Marke *du darfst*, für die auch die oben erwähnten Salami-Damen tätig sind. In Halbfett-Margarine ist etwa die Hälfte des Fettes durch Wasser ersetzt. Das muss man sich mal vorstellen: Wasser! Man zahlt ergo ungefähr das Doppelte für die Hälfte Margarine. So dumm kann eigentlich keiner sein, nicht wahr? Am simpelsten wäre es vermutlich, ganz normale Margarine besonders dünn aufs Brot zu schmieren. Doch da gibt es einen Haken: Wer schon die *Lätta* so hauchzart aufs Brötchen aufbringt, dass sie kaum zu ahnen (geschweige denn zu schmecken) ist, kriegt es kaum hin, die *Rama* noch mal dünner zu applizieren – zumindest ohne feinchirurgisches Instrumentarium. Also doch wider besseres Wissen die Verdummungs-Variante? Muss wohl.

Dabei ist das nicht der einzige Grund, weshalb Frauen von heute dennoch immer wieder verschämt die kalorien- und geschmacksreduzierten Wurst- und Käsescheiben auf das Band an der Supermarktkasse legen (vorsorglich vergraben unter der Trauben-Nuss-Schokolade). Warum etliche Damen den Kasten Cola light unter den Einkaufsbeuteln verstecken, die sie nur für Sekundenbruchteile wegziehen, um der Supermarkt-Angestellten an der Kasse die heiße Ware zu zeigen. Ja, uns ist das unangenehm! Schlankheitsprodukte sind so was von uncool im Zeitalter des neuen Hedonismus! »Light«, das klingt nach Zicken mit hageren Jane-Fonda-Gesichtern und frustrierten Egozentrikerinnen. Da kann die Werbung noch so verlockend sein, uns Sex mit mehreren gut aussehenden Herren oder gar knackigsten Fahrradkurierbesuch in der Mittagspause versprechen.

Nein, wir wollen wirklich keine Diätprodukte kaufen. Diätprodukte sind unverschämt teuer und schmecken nie so gut wie das Nahrungsmittel, das sie imitieren sollen. Wir tun es trotzdem – und essen das fade Zeug dann heimlich, allein, zu Hause. Das Ganze ist uns ungefähr so peinlich wie den Jungs ihre Hochglanz-Wichsvorlagen. Die Kerle verstecken die Titten-Hefte unterm Bett, wir die halbierten Lebensmittel ganz hinten im Kühlschrank. Schließlich haben wir selbst gehört, dass man damit nicht dünner wird. Wir hegen allerdings die Hoffnung, dass man mit »Light« wenigstens nicht so schnell zunimmt. Irgendwo muss man ja Kalorien sparen, nicht wahr? Denn es gibt Bereiche des Lebens, da kann man es sich einfach nicht erlauben, auf die Kalorie zu gucken. Zieht man etwa nicht gern her über uns, wenn wir beim Essen nicht reinhauen wie eine Zehnkämpferin, sondern nur einen Salat mit Sojasprossen bestellen und dazu am Kräutertee nippen? Und das *nur* der Figur zuliebe? Pah, das habt ihr euch so gedacht! *Wir* sind nicht solche genussfeindlichen Ziegen! Wir sind Gourmets! Wir sind maßlos beim Essen und maßlos beim Sex. So wie Gérard Depardieu, der diesen Vergleich ja gerne bemüht – nur sind wir nicht so fett. Wenn wir mit unserem neuen Aufriss Marco, Peter oder Lothar zu *Santa Maria* gehen, wird gespachtelt, dass die Schwarte kracht: Erst mal füttern wir uns gegenseitig mit Antipasti, die vor Olivenöl triefen, dazu gibt es frische Brötchen mit fingerdick Kräuterbutter. Anschließend Lasagne mit ölbeträufelter Käsekruste und – natürlich – Tomatensahnesauce. Klar kriegen wir das auf! Dazu ein Viertel DOC-Chianti oder gar gemeinsam ein Fläschchen Barolo. Himmlisch! Wir können es uns erlauben! Ach – und das Tiramisu passt auch noch, kein Problem! Einen Sambuca aufs Haus? Nehmen wir! Dann machen Marco oder Peter oder Lothar das Kompliment der Komplimente: »Ich mag Frauen, die *richtig* essen. Nicht so zimperlich, nur ein Salatblatt. Aber du hast ja nun auch wirklich keine Probleme mit der Figur.« Hach, das geht runter wie ...

Der nächste Tag. Mit verkatertem Schädel überschlagen wir kurz den Kalorienwert der gestrigen Speisen und kommen in etwa auf die Menge, die ein schwer schuftender Bauarbeiter bei energiezehrenden Außentemperaturen weit unter Null in zwei Tagen essen darf, ohne ein *dicker* schwer schuftender Bauarbeiter zu werden. Sogleich wird eine Fettverbrennungseinheit geplant, für die nächsten 18 bis 24 Stunden ist die Nahrungsaufnahme gestrichen. Wir schnüren die Sportschuhe und walken durch den Stadtwald. Beim Duschen danach fühlen wir ihn kommen, den Appetit. Wenn wir uns angezogen haben, handelt es

Tupperparty
Verkauf von überteuerten Plastikschüsseln im heimischen Wohnzimmer. Anlass für einen Mädelsabend (vgl. dort).

sich bereits um ausgewachsenen Kohldampf. Aber, nein, wir bleiben hart. Ein Glas Wasser, ein Apfel, mehr ist nicht drin. Während wir auf dem Obst rumkauen, haben wir das Nutella-Glas vor Augen, das in der Küche steht, falls er mal zum Frühstück kommt. Dann rufen wir zur Ablenkung Marco, Peter oder Lothar an. Der ist gerade dabei, etwas zu sich zu nehmen. Vielleicht so leckere Dinge wie Bratkartoffeln mit Speck oder eine Tiefkühlpizza oder auch nur einen Müsliriegel. Er erinnert uns schwärmend an das gestrige Essen, die Lasagne schwebt vor unserem inneren Auge. Unser Magen knurrt. Wir sagen, dass wir noch was erledigen müssen, und legen auf, greifen zur Jacke und verlassen die Wohnung. Wir müssen etwas essen. Aber etwas Leichtes, eine Kleinigkeit. Mal sehen, was der Supermarkt zu bieten hat. Aber es sollte schon herzhaft sein. Ein Salamibrot vielleicht oder ein Käsebrot oder ein Salami-Käse-Brot oder ein Käse-Salami-Brot. Was da an Fett drin ist ... Das dürfen wir nicht! Oder vielleicht doch?

Und plötzlich ist sie da, diese bescheuerte Melodie aus dem Jahre ’83, wir passieren ein Schaufenster, betrachten uns, drehen uns ein bisschen dämlich grinsend und denken: »Ich will so bleiben wie ich bin.«

Verdammt!

Unsere kleine Farm

Wenn Frauen sich zum kosmetischen Pflegefall erklären, gibt es vielleicht noch eine Rettung: das Beauty-Wochenende!

> Wann weiß man, dass man stark übergewichtig ist? Wenn Greenpeace einen aufs offene Meer hinausschleppt.
>
> *anonym*

> Eine Frau, die nicht hässlich sein kann, ist nicht schön.
>
> *Karl Krauss*

Es gibt Tage, an denen kann ich recht gut damit leben, dass ich nicht Heidi Klum heiße. Wenn ich zum Beispiel zufällig bei *Vera am Mittag* reinzappe und dort das Thema »Ich wiege so viel wie mein Auto – muss ich KFZ-Steuern bezahlen?« behandelt sehe. Auch wenn ich meine Nachbarin im Flur treffe, die mit der penetrant guten Laune und den Leoparden-Leggins, die sich unschön um ihr Problembecken dehnen, geht es mir richtig gut. Leider gibt es aber auch die anderen Tage. Tage, an denen mich Menschen, Orte oder auch nur Daten in die grausame Realität zurückholen, der ich mich ganz gern mal entziehe. So ein Mensch ist mein leider etwas simpler Kollege Harald, der mich gern launig mit »Na, Knubbelknie« begrüßt. So ein Ort die *H&M*-Umkleidekabine, in der selbst Kate Moss aussehen würde wie ein Flugzeugträger. So ein Datum, klar, der 21. Juni. Sie ahnen es? Sommeranfang. Genau, Bikini-Zeit.

Was machen immer mehr Geschlechtsgenossinnen, wenn sie den Glauben an BRIGITTE-Diät und *Slim Fast* verloren, aber an die Segnungen der maschinellen Fettabsaugung noch nicht gewonnen haben? Bingo, sie buchen ein Wochenende auf der Beauty Farm! Im Jahr 2001 haben das übrigens 3,5 Prozent der bundesdeutschen Allgemeinheit getan, wie die Frauenfachzeitschrift AMICA im Januar 2003 vermeldete. Das hört sich einfach und folgerichtig an, ist es aber zunächst nicht. Bevor man buchen kann, muss man sich nämlich durch mindestens 89 Katalogwerke im Dienste der Schönheit quälen – denn genauso wie es gute Musik und Musik von Pur gibt, gibt es gute Beautyfarmen und, nun ja, Problemzonentreffs. »Ein Refugium nur für Damen« verspricht einem zum Beispiel eins der schwatzhaften Infoblättchen und empfiehlt »Haus Isolde« oder die »Schönheitsfarm Katharina«. Diese so genannten »Kuschelfarmen« sollen zwar spielend mit schwächelndem Bindegewebe fertig werden, es gibt jedoch nur ein Problem: Will man da hin? Auf den Abbildungen sitzen brave Bürgerinnen in pastellfarbenen Bademänteln auf altertümlichen Trimmdichrädern. Oder stoßen verschmitzt lächelnd mit bunten Bleikristallgläsern in holzvertäfelten Weinstuben an.

Des Weiteren gibt es Fitnesstempel, die damit protzen, dass sie den besten, effektivsten, modernsten Gerätepark des Universums besitzen.

Nur 41 Prozent aller deutschen Frauen sind mit ihrem Aussehen zufrieden, ergab eine Umfrage der Zeitschrift BRIGITTE. Immerhin 57 Prozent glauben angeblich, dass gut aussehende Menschen mehr Erfolg im Berufsleben haben. Was ist gegen solche überzeugenden Werte schon ein bisschen Folter in einem Fitness-Camp? Die Damen, die hier den Geist des Hauses illustrieren sollen, haben ausgeprägtere Oberschenkelmuskeln als Herr Stallone in *Rocky* und sehen irgendwie, wie soll ich es ausdrücken? – irgendwie unentspannt aus. Der Mann an meiner Seite blättert schon mal für mich weiter und schaut versonnen auf ein paar Kreisklasse-Models in knappen Einteilern, die sich auf Liegestühlen aus Plantagenteak am Rande einer weitläufigen Poollandschaft aalen. »Wir bringen Ihre innere Schönheit zum Leuchten«, lautet das Motto des dazugehörigen Etablissements, das sich »ganz der sanften Wellness« verschrieben haben will. Ohne Zweifel, der Mann an meiner Seite hat Geschmack. Das Ding ist gebucht!

Haben Sie eine Ahnung, was eine Caracalla-Brandungswanne ist? Nein? Das ist schön für Sie, Sie werden schon sehen. Eine Caracalla-Brandungswanne ist ein mit 128 Düsen ausgestatteter High-Tech-Zuber, der mit einer herkömmlichen Badewanne ungefähr so viel zu tun hat wie ein Formel-1-Bolide mit einem VW Jetta. Nimmt man in dem ergonomisch geformten Becken Platz, fühlt man sich unwillkürlich wie ein Fertiggericht, das samt Plastikverpackung im Wasserbad dümpelt. Beginnen nun die 128 Hochleistungs-Düsen auf strategisch ausgewählte Punkte zu zielen, so fühlt sich das zugegebenermaßen erst mal ganz nett an – zumindest an ausgesuchten Stellen wie Oberschenkel, Pobacken und Hornhaut. An anderen dagegen eindeutig nicht, und dazu gehört an vorderster Stelle: der Magen. So ein Magen ist schließlich ein empfindsames Ding, das einem immer gern und sehr entschlossen klar macht, wenn man mal wieder ein paar Frozen Margeritas zu viel hineingeschüttet oder sich auf der Kirmes in den *Twister* hat locken lassen. Haben nun 36 der insgesamt 128 Brandungsdüsen dieses sensible Organ im Visier, benimmt es sich im Grunde nicht anders, als wenn Sie die beiden eben genannten Situationen kombinieren: Es will rauslassen, was da nicht reingehört. Das sollten Sie, sofern Sie keinen gesteigerten Wert darauf legen, Erbrochenes im dezent parfümierten Badewasser zu hinterlassen, auf jeden Fall unterbinden! Also sofort raus aus dem Wunderteil (was aufgrund der ausgeklügelten Ergonomie gar nicht so einfach ist) – dann erst mal auf dem kühlen Marmorboden kollabieren und langsam wieder zu Kräften kommen.

Vibrator
Männerersatz für einsame Stunden. Nachteil: Kann nicht küssen. Vorteil: Das, was er kann, kann er ganz lange.

Der nächste Programmpunkt? Ja, das ist nun nicht einfach. Will man sich lieber einen ayurvedischen Stirnguss verpassen oder eine hawaiianische Lomi-Lomi-Nui-Massage über sich ergehen lassen, will man im Rasulbad schmoren oder der Shi-Tsubo-Magnetopunktur frönen? Natürlich sind auch Anwendungen erlaubt, die man ohne Fremdsprachenkursus in der Volkshochschule aussprechen kann. So etwas wie ein Salzpeeling zum Beispiel, eine Honigpackung oder ein Heilkräuterbad. Aber generell kann man sagen: je exotischer der Name, desto größer die Hoffnung in die Wunderwirkung der Anwendung. Das ist nicht zuletzt auch der Grund dafür, warum junge Damen in einschlägigen Rotlicht-Etablissements nie Gerda oder Dietlinde heißen, sondern mindestens Jacqueline oder Ramona.

Gern genommen wird auch immer wieder die klassische Gesichtsbehandlung, die ich persönlich ähnlich intim finde wie einen Besuch beim Frauenarzt. »Dann will ich Sie mal ausreinigen«, kündigt die bisher eigentlich recht umgängliche Kosmetikerin unheilvoll an. Das hört sich beängstigend nach Fische-Ausnehmen an, und ganz so verkehrt liegen wir da gar nicht. Zwar bleiben mir im Gegensatz zur Makrele meine inneren Organe erhalten, dafür macht sich die Fachkraft entschlossen und mit spitzen Fingern daran, meine Mitesser auszudrücken. Dass sie die lästigen Talgpfropfen euphemistisch »Condemonen« nennt, macht die Sache nicht unbedingt besser. Gedemütigt, dafür aber bis aufs Blut ausgereinigt, schleiche ich mich in den Thermenbereich, um weitere unliebsame Körperflüssigkeiten loszuwerden.

Wie überall in diesem Tempel der Körperpflege ertönen auch hier synthetische Vogelstimmen vom Band oder perlende Harfenklänge von Andreas Vollenweider und Konsorten. Das soll natürlich ebenso beruhigen wie die zwar freudlose, aber sehr erdverbundene Farbauswahl von Steingrau bis Amorphgrün, schafft jedoch auf die Dauer eher das, was Ron L. Hubbard mit den Hirnen seiner Anhänger bewerkstelligt. Im Thermenbereich haben Wellness-Jünger (Wellness ist übrigens ein Kombiwort aus den Begriffen »Wellbeing« und »Fitness«) die Auswahl zwischen Balnearium, Saunarium, Dampfbad, Heu-und-Kräuter-Sauna, Aufguss- und chinesischer Sauna. Wobei nur Warmduscher ins mit gerade mal 45 Grad temperierte Saunarium gehen, während wahre Beauty-Recken auf die gute alte Aufgusssauna schwören. Also hocke ich mit den acht anderen Härtesten bei 97 Grad in einem zwei mal vier Meter großen Holzverschlag und überlege, ob die Veranstaltung hier ein Fall für die Genfer Menschenrechtskonvention ist. Während meine Nachbarinnen heftig atmen und mit großer Geste Erschwitztes auf entlegenere Körperteile und leider auch die Umsitzenden verteilen, zelebriert ein guter Geist im weißen Kittel mit martialischem Handtuchpeitschen das Aufgussritual. Sagen wir mal so – das Beste, was man über diese Tortur, bei der übrigens die Brustwarzen furchtbar zu brennen beginnen, sagen kann, ist: Ich habe sie überlebt …

»Na«, sage ich und drehe mich, ganz Heidi-Klum-Lookalike, vor dem Schlafzimmerspiegel. »Wie sehe ich aus?« »Hmmm«, sagt der Mann an meiner Seite, »anders?« Ich weiß nicht, wie es Ihnen geht, aber ich für meinen Teil erkenne ein Lob, wenn ich es höre.

So kann ich doch nicht auf die Straße gehen!

Warum die meisten Frauen ungeschminkt nicht mal Brötchen holen würden

> Abschminken ist wichtig. Denn wenn man das nicht macht, sieht man mit 92 aus wie 102.
>
> *Brigitte Mira*

Eine sehr geschätzte Kollegin und Freundin hat die Angewohnheit, jedes Mal, wenn sie auch nur für drei Minuten vor die Tür zu treten gedenkt, etwa, um am Kiosk eine Packung *American Spirit* zu kaufen, im Supermarkt einen Liter Milch zu besorgen oder auch nur den Papiermüll zum zehn Meter von ihrem Haus entfernten Container zu bringen, einen eleganten kleinen Taschenspiegel auszuklappen und sich die Lippen akkurat nachzuziehen. Bei dieser Gelegenheit kontrolliert sie gleich, ob ein wenig mattierender Puder vonnöten ist, ob nicht noch ein paar Mohnkörnchen vom Frühstücksbrötchen ihr Lächeln irgendwie kariös wirken lassen und ob die Haare unbefugterweise aussehen wie ein Teller Krautsalat. Ein Kollege, der im Büro einmal zufällig Zeuge dieses Rituals wurde, erkundigte sich mit unvergleichlich männlicher Naivität, warum sie das mache, und sie antwortete: »Stell dir mal vor, ich begegne in den nächsten fünf Minuten dem Mann meines Lebens. Da will ich doch gut aussehen.«

Der Kollege zuckte verständnislos mit den Schultern. Rätselhaft erscheint Männern, sofern sie sich nicht für Männer interessieren, das von ihnen als zwanghaft empfundene Auftragen von Make-up. Vor allem bei Frauen, die aussehen wie die Freundin, von der hier die Rede ist. Die Dame wäre selbst ohne jegliche Hilfsmaßnahmen ansehnlich. Und zwar so,

Waage
a) Sternzeichen (23.9 – 22.10.),
b) mal Freundin, mal Feindin der Frau. Hat in den meisten Badezimmern einen festen Platz.

dass schätzungsweise 85 Prozent aller ihr gegenübergestellten Gentlemen auch *ohne* vorherige Drogenverabreichung arg ins Grübeln gerieten, fragte man sie, ob sie lieber ein tabuloses Liebeswochenende mit Laetitia Casta oder meiner Freundin verbringen wollten. Letztere könnte sich indes gar nicht vorstellen (vermutlich ebenso wie auch Mademoiselle Casta), dass man sie ungeschminkt überhaupt wahrnähme. Wie die meisten Frauen ist sie so sehr an die künstliche Farbgebung gewöhnt, dass ihr ihr ungeschminktes Gesicht vorkommt wie ein fader Abklatsch ihrer selbst, hingegen das dezente Ergebnis der morgendlichen Spiegelsession wie ein Teil ihres Ich. Wohlgemerkt, wir reden hier keineswegs von satter Festtagsbemalung im Saturday Night Fever oder kosmetischen Meisterleistungen wie in der Maske am Star-Wars-Set, Abteilung außerirdische Lebensformen. Es geht vielmehr um die Fingerspitze Make-up, den Lippenstift fast in natürlicher Lippenfarbe, ein bisschen Wimperntusche und Ähnliches mehr. Alles eben, was, so wird das ja gerne formuliert, »den Typ betont«, ohne aufgetakelt zu wirken und darum täglich angewendet wird. Männer denken oft, dass Frauen sich schminken würden, weil sie es irgendwie nötig haben. Das stimmt (meistens) nicht. Ein paar Ausbesserungen am Lack machen schließlich auch aus einem Moped keine Harley, und ein Rolls Royce mit ein paar Kratzern bleibt noch immer ein Rolls Royce. Das so genannte »kleine« Make-up, wie es im Kosmetikerinnen-Fachjargon so schön heißt, fällt meistens nicht mal auf.

Die Geschichte der weiblichen Schminksucht beginnt fast ausschließlich mit Mamas Lippenstift. Auf den sind kleine Mädchen immer scharf. Nein, liebe Freudianer, nicht wegen seiner phallischen Form. Als Mädchen dürfen wir das Objekt unserer Begierde zunächst lange (also sehr, sehr lange!) nicht benutzen, mit dem Argument: »Dafür bist du noch viel zu klein.« Genau darum ist der Lippenstift so reizvoll, sozusagen ein Symbol der Initiation. Wenn man sich endlich offiziell im Gesicht bemalen darf, fühlt man sich erwachsen. Ganz unabhängig davon, dass man eigentlich erst 13 ist. Im Grunde genommen ist Schminke das weibliche Äquivalent für die ersten Haare auf der Brust (oder an tieferer Stelle) bei den Klassenkameraden.

Die jugendlichen Malkasten-Anfängerinnen experimentieren dann gerne mit dramatischen Effekten nach Schminktipps aus der BRAVO GIRL oder den Frauenzeitschriften ihrer Mutter und stellen fasziniert fest, wie sie ihre Ausstrahlung mit – beispielsweise – einem gezielt aufgetragenen Strich am Lid, monströsen Farbbalken unter den Brauen und einem lila umrandeten Mund verändern können. In welche Richtung, ist ihnen offensichtlich nicht immer klar. Das Ergebnis ist immerhin ein farbenfroher Blickfang – wenn auch nicht in jedem Fall ein positiver – an der *Burger-King*- oder Eiscafé-Theke, hinter der sich das Mädchen sein Taschengeld aufzubessern sucht. Schließlich haben die Kosten für Kajal, Glimmer-Glitzer-Gel und eine von einem LSD-Rausch inspirierte Lidschatten-Farbpalette die Ausgaben in unerwartete Höhen getrieben.

Mit steigendem Lebensalter nimmt auch die Übung zu, und das Schminkergebnis erinnert immer seltener an die Clownfraktion auf einer Kölschen Karnevalsitzung. In einer repräsentativen Studie im Namen der Zeitschrift BRIGITTE vor wenigen Jahren gaben in Deutschland mehr als die Hälfte der Frauen an – 53 Prozent, um genau zu sein –, dass es ihnen Spaß mache, sich zu schminken. Und was Spaß macht, tut man häufig. Irgendwann ist dann der Griff zu getönter Tagescreme, Eye-Liner und Gloss solch eine Routine wie das Zähneputzen. Eigentlich logisch, dass eine Frau sich nackt vorkommt, selbst wenn sie nur naturbelassen zwei Rosinenbrötchen und eine Marzipanschnecke beim Vollkornbäcker nebenan kaufen will. Mit der Zeit wird die tägliche Schönfärberei eben so etwas wie ein unentbehrliches Kleidungsstück. Darauf zu verzichten fällt schwer, zumal jede Frau weiß, dass sich im Prinzip auch jede andere Frau schminkt, und als einzige Ungeschminkte unter Geschminkten könnte man möglicherweise tatsächlich etwas fad aussehen. Einzig mögliche Handlungsoption: schminken!

Tja.

Aus dieser Perspektive wird klar: Dass man die von einer Mojito-Überdosis am Vorabend verursachten Augenringe übertünchen, den prämenstruellen Hormonpickel abdecken und das blasse Bürogesicht eine Spur rosiger pudern kann, ist wirklich nur ein angenehmer Nebeneffekt. Wir schwören!

With Or Without You oder Deine Blauen Augen Machen Mich So Sentimental

Warum Frauen ständig Komplimente hören wollen

Man muss der Frau sagen, dass sie schön ist,
auch wenn sie aussieht wie ein Lastwagen.

Patrick (9) (auf die Frage »Was muss man tun, damit eine Partnerschaft ein Erfolg ist?«)

S i e: »Du wirst dich bestimmt bald von mir trennen.«

E r: »Wie kommst du denn darauf? Ich denke nicht daran!«

S i e: »Aber du findest mich hässlich.«

E r: »Wie bitte? Das ist ja wohl totaler Schwachsinn.«

S i e: »Wenn das Schwachsinn ist, warum sagst du mir dann nicht mal, dass du mich schön findest?«

E r: »Ich sage es dir doch: Natürlich bist du schön!«

S i e: »Super, du sagst es, wenn ich nachfrage. Was soll das überhaupt heißen: *Natürlich* bin ich schön? Du meinst: So, wie alle anderen auch? Nichts Besonderes?«

E r: »Herrgott! So war das nicht gemeint.«

S i e: »Und dann so allgemein. Was genau findest du denn schön an mir?«

E r: »Na, alles.«

S i e: »*Das* soll ich dir glauben? Meine O-Beine findest du schön? Meinen dicken Hintern? Meinen kleinen Busen?«

E r: »Na und? Das stört mich nicht.«

S i e: »Ha! Du gibst es also zu! Es *stört* dich nicht! Das ist ja wohl der Beweis!«

Warten
urweibliche Verhaltensweise. Frauen warten zum Beispiel:
- auf den Mann des Lebens,
- auf den Anruf des süßen Typen von der letzten Party,
- darauf, dass der Bikini wieder passt,
- darauf, dass sie Robbie Williams endlich begegnen.

E r: »Wofür jetzt genau?«

S i e: »Dafür, dass du mich hässlich findest. Du gibst zu, dass ich einen dicken Hintern habe und dass dir meine Titten zu klein sind. Es *stört* dich nur nicht. Wie großzügig!«

E r: »So ein Quatsch. Du siehst toll aus.«

S i e: »Merkst du nicht, dass du dir widersprichst? Du willst mir nur nicht ins Gesicht sagen, was du wirklich von mir hältst. Dein Pseudo-Feingefühl kannst du dir sparen.«

E r: »...«

Der junge Mann in unserem Beispiel hätte sich diese unerfreuliche Szene vielleicht sparen können, indem er sein Weib beizeiten mit einem gezielten Kompliment bei Laune gehalten hätte. Frauen sind so abhängig von Schmeicheleien wie mancher Tour-de-France-Teilnehmer von seiner täglichen Dosis Amphetamin. Zugegeben, das klingt narzisstisch, aber wir haben es schließlich auch nicht leicht.

Der geneigte Leser begebe sich nur einmal zu einem beliebigen Kiosk und werfe einen Blick auf die dort drapierten Zeitschriften. Selbst der STERN nimmt eine seriöse Medizinartikelserie zum Anlass, ein nacktes, durchtrainiertes, flachbäuchiges Model auf den Titel zu nehmen. Damit das Ganze dann nicht nur schön, sondern auch schön medizinisch aussieht, hat man der Dame schnell noch ein paar Kringel auf Brust und Bauch gemalt: Hier lauern Gesundheitsrisiken! Der Kopf ist allerdings nicht umkringelt, dabei wird der psychologisch gesehen am meisten gefährdet, wenn überall perfekt geformte Superwesen von Titelbildern und Plakatwänden zu höhnen scheinen: »Wie siehst du denn aus? *So* müssen Frauen aussehen. Dann klappt's auch mit dem Nachbarn.« Das Gemeinste bei der ganzen Sache: Selbst Frauen, die mit etwas anderem als ihrer Superfigur protzen könnten, tun es trotzdem. Anke Engelke zum Beispiel. Die Frau ist nicht nur intelligent, witzig, mehrfache Grimme-Preisträgerin und durfte einige Jahre Niels Ruf beiwohnen. Als Gipfel der Demütigung presst sie auch noch halb nackt auf dem Titel der TV SPIELFILM per Push-up zwei – Verzeihung! – tolle Titten in Richtung Kamera. So ein Bild liegt dann perfide ständig auf dem Wohnzimmertisch herum. Super-Anke sieht auch noch super aus. Wenn Veronica Ferres für Konzerne, die unter anderem Atomstrom im Angebot haben, ihr prächtiges Dekolleté präsentiert, kann sich die ein oder andere Betrachterin noch damit trösten, dass sie das eben für einen Atomstromkonzern tut und darum ja irgendwas mit ihr nicht so ganz stimmen kann. Aber wir müssen die »Vroni« in Schutz nehmen: Wahrscheinlich war sie nur so bewusstlos vor Glück, dass man ihr anbot, sich formvollendet fotografieren zu lassen – für eine Frau das Kompliment schlechthin –, da hat sie dann den Kopf direkt ganz ausgelassen.

Wo wir gerade bei Schauspielerinnen sind: Die meisten Miminnen sind ja nicht nur bis höchstens 38 in Film und TV zu sehen, sondern haben auch höchstens Größe 38, damit sie immer schön die teuren Kleider von den Designern für Filmpreisverleihungen geliehen bekommen. In größeren Ausführungen gibt es nichts, denn – so Designerin Sonja Kiefer in einem Interview mit der ALLEGRA: »Meine Sachen haben eine schmale Silhouette. Ab Größe 40 kommt das nicht mehr optimal rüber.« Selbst im *Möbel Müller*-Katalog räkelt sich in der Eiche-Nachbildung-Küche ein Model, und zur Eröffnung des *Autosalons* werden wie eh und je soeben volljährig gewordene Wunderweiber auf der Motorhaube drapiert, während irgendwelche Anzugheinis mit grauen Haaren, Wampe und feistem Grinsen zwischendrin herumlaufen. In Hip-Hop-Clips wackeln perfekte Kehrseiten, und das durchschnittliche Lenny-Kravitz-Video sieht aus wie die Betriebsfeier von *Elite Models*. Kurz: In den Medien wimmelt es von äußerlich perfekten Frauen. In der allerersten Ausgabe des Männermagazins MAXIM forderte ein von diesem Schönheitsoverkill offenbar wahnsinnig gewordener Autor sogar, dass es nur noch »Oh là là«-Frauen mit »ästhetischen« Körpern erlaubt sein solle, am Strand einen Bikini zu tragen. Der Herr – leider gab es kein Foto von ihm – fühlte sich von Cellulite und Speckröllchen optisch belästigt.

Da soll man dann keine Komplexe bekommen. Die Botschaft, die bei uns hängen bleibt, ist eindeutig: Nur eine attraktive Frau ist eine gute Frau. Nach einer repräsentativen Umfrage des Meinungsforschungsinstitut Forsa im Sommer 2002 sind lediglich ein Viertel aller bundesdeutschen Frauen mit ihrem Körper zufrieden. Ganze 82 Prozent (in Worten: zweiundachtzig!) der Damen unter 30 würden sich der gleichen Studie zufolge für die Schönheit auch unters Messer begeben. Professor Martin Schuster vom Institut für Psychologie der Universität zu Köln spricht angesichts des medialen Schönheitsideals in einem dpa-Interview von »völlig unrealistischen Vorstellungen«. Schuster weiter: »Man kann sich nicht mit Models vergleichen, die streng Diät halten und etliche Schönheitsoperationen hinter sich haben.«

Waschbrett
a) Gerät zur Reinigung stark verschmutzter Wäsche, wurde glücklicherweise von der Waschmaschine abgelöst,
b) Brad Pitt (vgl. dort)

Wir wissen: Kann man doch! Schließlich tun wir es dauernd! Und wollen von unserem Partner hören, dass wir aussehen wie Miss Germany. Mindestens. Dabei steht außer Frage, dass wir ihm kein Wort glauben und unterstellen, er leide an einer schrecklichen Augenkrankheit oder einer Wahrnehmungsstörung. Was nicht bedeuten soll, dass ein Mann, der sein »Muckelchen« *trotz* ihrer Gurkenbeine und Tränensäcke liebt und ihr dies auch genau so sagt (»Deine Beine sind krumm, na und?«), die bessere Komplimente-Strategie fährt. Der Kerl kann gleich seine Sachen packen. Muckelchen wird nämlich in seiner Gegenwart nur noch an ihre Gurken und Säcke denken. Körperliche Makel sollten am besten überhaupt nicht erwähnt werden, die kennt die Dame schließlich schon selbst zur Genüge. Sogar wenn ein Mann es tatsächlich schafft, seiner Liebsten zu vermitteln, dass er sie umwerfend findet, wie sie ist – zum Beispiel, weil er gar nicht mehr aufhören mag, seine »Schöne« zu fotografieren –, wird sie sich irgendwann insgeheim dennoch fragen, ob mit ihm noch alles in Ordnung ist. Wer kann schon so ein Mängelwesen lieben? Das Thema kommt spätestens dann auf, wenn sie die Fotos gesehen hat. Egal, was der bedauernswerte Tropf also macht, er macht es falsch.

Daraus jetzt aber den Schluss zu ziehen, er könne auf Komplimente komplett verzichten, ist ein Fehler, den sich nur ein Mann erlauben sollte, der demnächst ins Kloster gehen will oder soeben festgestellt hat, dass er schwul ist. Einer Frau, die keine wortreiche Bestätigung bekommt, schwindet nämlich der Boden unter den Füßen, weil sie annehmen muss, unattraktiv zu sein. Und eine unattraktive Frau ist in dieser Gesellschaft gleichbedeutend mit nicht existent – siehe oben! Einen Mann an der Seite zu haben, der diesen Zusammenhang ignoriert, vielleicht sogar aus dem ehrenwerten Grund, dass es ihm nicht so sehr auf den Körbchen-, sondern eher auf den Kopfinhalt ankommt, setzt dem weiblichen Selbstwertgefühl so arg zu, dass er im Extremfall zugunsten eines Süßholz raspelnden Dünnbrettbohrers verlassen werden muss. Selbst *irgendein* 08/15-Kompliment (»Du hast schöne Augen«) ist immer noch besser als gar keins.

Dauerhafte Abhilfe bei der, gelinde gesagt, etwas verzerrten weiblichen Selbstwahrnehmung könnte lediglich – eventuell – der völlige

Verzicht auf die Hochglanz-Superschönheiten schaffen. Doch das wird wohl in absehbarer Zeit kaum passieren. Es sei denn, es wird eine Art neue gesamtdeutsche DDR ausgerufen – und das will nun auch wieder niemand. Ein Trost und ein Zeichen praktizierter Gleichberechtigung wären als psychologischer Ausgleich wenigstens mal Johannes B. Kerner oder Götz Alsmann in Badehose oder Bunny-Kostüm auf der Fernsehzeitung. Da aber der Grundsatz »Sex sells« immer noch ziemlich aktuell ist, bleibt das wohl ein unerfüllter Wunsch.

Also hängen wir eben an der Komplimente-Nadel. Keine Frage, wie bei allen Drogen wäre es gesünder, wir kämen ohne das Gift aus, um uns gut zu fühlen. Allein, wie das funktionieren soll, ist unklar. Also, Jungs, worauf wartet ihr? Gebt uns Stoff.

Schlüpfer statt Strapse

Warum Mädels die teuersten Dessous zwar in der Schublade, aber immer nur Baumwolle vom Wühltisch am Körper haben, wenn es zur Sache geht

> Jede Bedingung, die unseren aufkeimenden Leidenschaften in den Weg tritt, schärft sie, anstatt sie zu dämpfen.
>
> *Johann Wolfgang von Goethe,* Wilhelm Meisters Wanderjahre

Auch ich mag hauchdünne Spitze in Schwarz, Dunkelrot oder Nachtblau. Strümpfe, die nur mit zarten Klammern am Schenkel gehalten werden, Sündiges aus feinstem Zwirn. Das hat was. Ich mag auch die Vorstellung, dass ich solche Sachen trage, wenn ein sinnlicher Mann mit Schlafzimmerblick und schönen Händen meinen, sagen wir, schwarzen Seidenrock nach oben schiebt ...

Also: theoretisch.

Praktisch trage ich nur selten das, was gemeinhin als »Dessous« bezeichnet wird. Damit stehe ich nicht allein. Gerade mal ein Drittel aller deutschen Frauen hüllt sich nach einer repräsentativen Umfrage der Zeitschrift TEXTILWIRTSCHAFT regelmäßig in heiße Spitzenunterwäsche. Ich finde das vollkommen nachvollziehbar, und ich weiß, wovon ich spreche, denn ich habe es ausprobiert. Mit allem Drum und Dran: aufwändig gearbeitetes Seidenbustier, schickes Spitzenhöschen und dazu das schärfste Untendrunter schlechthin – die Strapse. Diese Gewissheit, ein heißes Geheimnis unter dem Rock zu tragen, war toll. Zumindest in der wenigen Zeit, in der ich nicht gerade auf irgendeinem öffentlichen WC versucht habe, die Haken und Ösen wieder stabil zu befestigen, damit sich nicht plötzlich dicke Wülste auf den High Heels

Zone
a) Mit dem Präfix »Problem« fast alle Körperbereiche, die eine Frau vom Mann unterscheiden, b) mit dem Präfix »Bikini« ein zum Kahlschlag freigegebenes Areal, c) ehemalige Bezeichnung für die Neuen Bundesländer

formten. Ansonsten fühlte ich mich untenrum natürlich irre sexy. Vorausgesetzt, ich fröstelte nicht gerade, weil zumindest vom Wetter her (April) eine durchgehende Strumpfhose angebrachter gewesen wäre. Ist ja auch eine ziemlich blöde Idee, ausgerechnet da, wo die Kälteabwehr am relevantesten wäre – an Blase und Nieren –, am Textil zu sparen. Aber was tut man nicht alles! Wer schön sein will, muss leiden, das hat mir meine Mutter früher immer gepredigt. Schön. Und gut. Die Frage ist: Wer sieht, dass ich drunter schön bin, während ich leide? Ich kann ja schlecht dauernd wie Jenny Elvers in *Männerpension* den Rock lüpfen, damit meine männliche Umgebung den Verstand verliert, oder hier und da, vielleicht vor der Tomatencremesuppe im Supermarkt, einen erotischen Table-Dance à la *Showgirls* aufführen, nur damit sich der Kauf von Spitzenwaren im Gegenwert eines DVD-Heimkinos auch wirklich lohnt.

Das heißt, ich könnte schon, doch ich will nicht. Ich möchte nämlich keinesfalls von Herren in speckigen braunen Lederjacken und beutelartig am Hintern herunterhängenden Jeanshosen mittels der allzeit bereiten Digitalkamera gefilmt werden, während aus dem offenen Mund langsam der Sabber perlt. So habe ich das auf der Automesse *Motorshow* in Essen beobachtet, die zu besuchen ich einmal gezwungen wurde. Am Stand des Spoiler- und Rallyestreifen-Giganten *D&W* wurden nicht etwa Produkte ausgestellt, sondern plastikbrüstige Damen, die sich mit Hilfe der Lederjacken-Typen (»Wanna help me?«) aus den scharfen Stöffchen schälten.

Zwei Drittel aller Männer fänden es gut, wenn ihre Frauen täglich ein reizendes Untendrunter trügen. Ich finde es gut, wenn der Mann in meinem Bett nicht wegen meiner Klamotten in erotischer Hinsicht den Verstand verliert, sondern meinetwegen. Um das festzustellen, habe ich ein erstklassiges Prüfverfahren entwickelt, denn meine Alltagsunterhosen sind selbstverständlich aus Baumwolle, mit einer geringen Beimengung aus Elasthan. Letzteres ist wichtig, damit nichts verrutscht. »Sport« oder »Active« steht meistens auf den Bündchen. Damit gehe ich nicht so weit wie 40 Prozent der Damen, die Miederhöschen zum BH bevorzugen. Diese beliebte Kombination haben Marktforscher »Erika« genannt. Hübsch, nicht wahr?

String-Tangas heißen dagegen »Meike«. Meikes trage ich auch ab und zu. Allein aus praktischen Erwägungen, versteht sich. Weil sich dann keine Ränder unter Hose oder Rock abzeichnen. Ursprünglich stand ich den Pobackenteilern sehr skeptisch gegenüber, weil ich nicht aussehen wollte wie ein aufgemotzter Gaul während des Almauftriebs oder eine Sydney-Rome-Jüngerin aus dem Jahre 1981. Meine ersten Stringtangas habe ich aus Versehen gekauft. Bei *H&M* lagen auf einem Wühltisch sowohl herkömmliche Slips als auch Strings für sensationelle 1,99 pro Stück (damals noch in Mark). Bei dem Preis habe ich eben nicht so genau hingesehen. Ein Fehlgriff also. Weil man Unterbekleidung ja nicht umtauschen darf, wurden die Minitextilien auch getragen, und ich stellte mit Erstaunen die erwähnten Vorteile fest. Seit es sogar Slipeinlagen für die String-Dinger gibt, habe ich noch einen Grund mehr, sie zu benutzen. BHs trage ich nur zum Sport, ansonsten fast nie, weil sie unbequem sind, den Lymphfluss unterbrechen und sowieso nicht zwingend notwendig sind bei Körbchengröße B.

Nur wenn ich mich mal tatsächlich fürs Tragen von Dessous entscheide, gehört natürlich ein schönes Oberteil dazu. Das geschieht jedoch, wie gesagt, selten. Hauptproblem bei den Spitzenfummeln für drunter ist: Man muss sie mit der Hand waschen. Und dazu bin ich definitiv zu faul. Darum warten meine Dessous immer ziemlich lange auf ihren nächsten Einsatz. Nicht dass wir uns missverstehen: Ich mag sie schon, die schwarzen, bordeauxroten oder nachtblauen Teile. Ich bewahre sie in einer Schachtel auf, die ich in einem postpubertären Romantikanfall mit Rosenpapier beklebt und mit Seidenpapier ausgelegt habe und die in meiner Schublade steht. Manchmal sehe ich sie mir an, ziehe einzelne Sachen heraus und fahre über den Stoff. Dann denke ich an einen Mann mit dem Schlafzimmerblick und daran, wie seine muskulösen Hände ...

Halt! Stopp! Klappe! Bevor dieser Text nun inhaltlich und stilistisch gefährlich in die Nähe eines handelsüblichen *Baccara*-Romans gerät, breche ich diese Szene besser ab. Nur noch so viel: Ab und zu, an besonderen Tagen, ziehe ich sie doch an, die Dessous. Wenn der besagte Mann von einer Reise zurückkommt zum Beispiel. Heute ist so ein Tag, denke ich. Andererseits: Warum sich extra umziehen? Echte Leidenschaft wird sich nicht an Baumwollslips stoßen. Im Gegenteil.

Zweite Reihe
vgl. bester Freund

Danke. Danke. Danke.

Bei aller gebotenen Bescheidenheit: Ein Buch in der Hand zu halten, auf dem der eigene Name steht, ist kein schlechtes Gefühl. Tatsächlich ist es sogar das mindestens drittbeste Gefühl der Welt. Aber die Namen all jener, die uns in den vergangenen sechs Monaten beraten, verköstigt, beschallt, gelesen, geschrieben, geholfen – und vor allen Dingen: ertragen – haben, sollen auch nicht unerwähnt bleiben.

Unser beider huldvoller Dank geht also an: Jörg Thadeusz für sein charmantes Vorwort und sein nicht minder charmantes Werk *Rette mich ein bisschen – Ein Sanitäterroman* (Kiepenheuer & Witsch), um das wir ihn ein bisschen beneiden; Harald Braun und Christian Sobiella dafür, dass sie auf ein paar Abende an der Carrera-Bahn verzichtet und stattdessen *Die Verräter* geschrieben haben; Simone Buchholz und Mascha Kurtz für ihre wunderbaren Gastbeiträge; Axel Martens, Sybille Scharmann und Kristin Ahlring für ihre fotografische Versiertheit, zwei – fatale Mischung – verkrampfte, selbstkritische *und* eitle Autorinnen fast schon natürlich aussehen zu lassen.

Frau Bongertz dankt an erster Stelle Rascal für das geduldige Ertragen verschiedener Strapazen, seine liebevolle Unterstützung und das kompetente Feedback. Das nächste Bundesverdienstkreuz geht an dich! Ferner ergebensten Dank an Mäppi, der seinen Rechner immer wieder als Zwischenspeicher unterschiedlicher Manuskriptstadien zur Verfügung gestellt hat. Vor Christiane, Carena, Carla, Claudia, Danila, Erna, Frau Fleckenstein, Juli, Katja, Krischan, Lothar, Lucia, Mascha, Merle, Michael, Micky, Sabine, Simone, Sonja, Stefan, Susanne, Thorsten und Wolfgang verneige ich mich für geduldiges Beantworten zahlreicher merkwürdiger Fragen. Udis und Carsten schulde ich mindestens eine »Erfrischung« im Strandcafé für das Bereitstellen eines Kapitelanfangs. Christine Ellinghaus, Claudia Hüppe, Sabine Kobes, Christiane Kolb, Stephan Schäfer und Meike Schnitzler sei gedankt für ihre Meinung, Katja Kullmann für kompetente Beratung. Douglas Adams danke ich einfach so und schicke einen Gruß ins Restaurant am

Ende des Universums, wo er sich vermutlich gerade befindet. Außerdem bedanke ich mich bei Irmgard Bongertz von ganzem Herzen dafür, dass sie einfach da ist, und – last, but not least – bei Natali für einen weisen Entschluss und dafür, dass sie nicht »nur« Co-Autorin, sondern auch Freundin ist.

Frau Michaely dankt Axel Martens außerdem noch für sein Verständnis, seinen qualifizierten Rat und sein gutes Herz. Er ist ein ganz Großer. Besonderen Dank auch an Uli Behrend und Till Jonas für ihren lobenswerten Einsatz in Sachen Titelfindung, Andrea Saggau und Susanne Wernsted für ein unangestrengtes Gespräch über ein nicht unanstrengendes Thema, Frau Dr. Stamm für ihr offenes Ohr. Was für nette Kollegen und Kolleginnen ich habe und wie erstaunlich gut die sich mit so seltsamen Dingen wie Scannern, Bildagentur-Codes, Diskettenlaufwerken und Hängeregistern mit Aufsteckreitern auskennen, muss auch erwähnt werden: Vossi, Susanne, Mathias, Steffi, Mareile, Oda, Mö, die Kaddels und alle anderen Allegras, besonders natürlich Harald – danke! Kniefall vor Christiane, weil sie so eine geduldige Co-Autorin und Freundin ist, und Barbara Hillig, weil sie schon so viele Telefoneinheiten in mich investiert hat und anscheinend findet, dass sich das lohnt. Und natürlich dicker Dank an Jonathan, weil er die tollsten Frösche der Welt fangen kann.

Abdrucknachweis

Adler, Polly, Chaos de Luxe, 2003, Deutscher Taschenbuch Verlag, München

Anderson, Dan; Maggie Berman, *Ein Schwuler verrät seiner besten Freundin, was Männer wirklich antörnt*, 2000, Eichborn

Béjar de, Sylvia, *Warum noch darauf warten. Sextipps für Frauen*, 2003, Deutscher Taschenbuch Verlag, München

Bieker, Sylvia; Christine Ellinghaus, *Kleine Philosophie der Passionen. Schuhe*, 1999, Deutscher Taschenbuch Verlag, München

Blossfeld, Hans-Peter; Sonja Drobne (Hg.), *Careers of Couples in Contemporary Societies: A Cross-National comparison of the Transition from Male Breadwinner to Dual Earner Families*, 2002, Oxford University Press, Oxford

Diamond, Jared, *Warum macht Sex Spaß?*, 2000, Goldmann, München

Goethe, Johann Wolfgang von, *Die Wahlverwandtschaften* und *Die Leiden des jungen Werther*, in: Werke. Hamburger Ausgabe, Band 6, Romane und Novellen, 1999, Deutscher Taschenbuch Verlag, München

Grammer, Karl, *Signale der Liebe*, 2000, Deutscher Taschenbuch Verlag, München

Heidtmann, Horst, *Sexualität in Film und Fernsehen. Heimlicher Lehrplan der Sexualerziehung*. In: Petra Milhoffer (Hg.), *Sexualerziehung von Anfang an!*, 1995, Arbeitskreis Grundschule, Beiträge zur Reform der Grundschule Bd. 97, Frankfurt/M.

Hersey, George L., *Verführung nach Maß*, 1998, Siedler Verlag, Berlin

Kumar, Anant, *Die Handtasche*. In: *Die galoppierende Kuhherde*, 2001, Wiesenburg Verlag

Mary, Michael, *Fünf Lügen, die Liebe betreffend*, 2001, Hoffmann und Campe

Norwood, Robin, *Wenn Frauen zu sehr lieben*, 2003, Rowohlt, Reinbek bei Hamburg

Onken, Julia, *Herrin im eigenen Haus*, 2001, Goldmann, München
Pease, Allan; Pease, Barbara, *Warum Männer nicht zuhören und Frauen schlecht einparken*, 2003, Ullstein Verlag, München
Pease, Allan; Pease, Barbara, *Warum Männer lügen und Frauen immer Schuhe kaufen*, 2003, Ullstein Verlag, München
Ramster, John, *Ihr bester Freund*, 2001, Goldmann, München
Riemann, Silke, *Die Inszenierung von Popmusikern als Popstars in Videoclips*. 2002, Humboldt-Universität zu Berlin
Ronge, Bastian; Strehle, Samuel; Gehri, Florian, *Warum grillen eigentlich immer die Männer?*, 2002
Smith, Giles, *Lost in music*, 2002, Heyne, München
Süskind, Patrick, *Das Parfum*, 2000, Diogenes Verlag, Zürich
Tannen, Deborah, *Du kannst mich einfach nicht verstehen*, 1998, Goldmann, München
Theweleit, Klaus, *Objektwahl*, 1990, Stroemfeld Verlag, Frankfurt/M.
Watzlawick, Paul; Beavin, Janet H.; Jackson, Don D. *Menschliche Kommunikation*, 2000, Verlag Hans Huber, Bern
Zoladz, Márcia, *Das Männerkochbuch*, 1998, Deutscher Taschenbuch Verlag, München